Christoph Borchelt

Christoph Borchelt

Überall ist Lönneberga

Ein Deutscher unter Schweden

Karl Blessing Verlag

FSC

Mix

Produktgruppe aus vorbildlich
bewirtschafteten Wäldern und
anderen kontrollierten Herkünften

Zert.-Nr. SGS-COC-001940
www.fsc.org
© 1996 Forest Stewardship Council

Verlagsgruppe Random House FSC-DEU-0100
Das für dieses Buch verwendete
FCS-zertifizierte Papier *Munken Premium Cream*
liefert Arctic Paper Munkedals AB, Schweden.

1. Auflage
Copyright © 2010 by Christoph Borchelt und Karl Blessing Verlag
in der Verlagsgruppe Random House GmbH
Umschlaggestaltung: Hauptmann und Kompanie
Werbeagentur, Zürich
Herstellung: Gabriele Kutscha
Satz: Leingärtner, Nabburg
Druck und Bindung: GGP Media GmbH, Pößneck
Printed in Germany
ISBN: 978-3-89667-415-9

www.blessing-verlag.de

Für Ute

Inhalt

Prolog: Warum eigentlich Schweden? 13

Nachtpassage
Mit der Fähre nach Trelleborg – Ostseefähren – Der nördliche
Sternenhimmel – Öland: Insel der Leuchttürme und Windmühlen 19

In Schweden unterwegs
Fernstraßen im Norden – Stahldrahttrossen – Campen – Allmansrätt –
Zivile Verkehrskontrolle – Von Rasern und Schleichern 29

Mein schwedisches Zuhause
»Mama, Tysken!« – Schwedenflagge – Schwedisch- oder Preußischblau –
Vollkornbrot 41

Grußrituale
Hej – Wir Südländer – Auf Wiedersehen? 49

Wie deutsch ist Schwedisch?
Die amerikanischste Nation – Schwedisch für Anfänger – Emanzipation
der Frauen – Die schwedische Presse – Luftholen beim Sprechen 54

Der letzte Wikinger war eine Frau
Auf Wikingfahrt – Langboote und Drachen – Die Svea – Bohus –
Schloss Gripsholm – Wie Schweden Großmacht wurde (Dreißigjähriger
Krieg) – Königsschloss Stockholm – Vasa-Museum 67

Die Königin aus Deutschland
Bürgerliche Majestät – Die Schöne aus München: Silvia Sommerlath –
Königlicher Sommersitz: Schloss Solliden auf Öland –
Prinzessinnenproblem – Viktoria und Daniel – Schloss Drottningholm
auf Lovön 82

Vom alten Björn
Gewalttätige Banden – Möchtegernwikinger – Nationalismus
in Schweden? – Erste Gegenwehr 96

Kinder machen den Unterschied

In Deutschland Armutsrisiko, in Schweden Wohlstandsgaranten –
Ein Kind im Rosenbeet – Kritik der Disziplin – Frauenrecht – Der Jugend
freie Bahn – Das schwedische Schulsystem 103

Jugendliche Schweden

Randale im Hafen von Visby – Vi svenskar! – Anpassungsdruck
auf Jugendliche – die Idee des *folkhemmet* (Volksheim) –
Freiraum und Kontrolle 120

Ein Heim im Norden

Das schwedische Holzhaus – Carl Larssons Welt – Ingvar Kamprad
und IKEA – Festtafeln mit Bierbüchsen 130

Was man hier auf den Tisch bringt

Smörgasbord – Abbas Dosenfisch – Janssons Versuchung –
Fisch und Zimt – Vergrabener Fisch – Sommereis 140

Eine nüchterne Nation

Systembolaget – Wie Brännvin nach Schweden kam – Kartoffelschnaps –
Das Elend – Flaschen unter dem Tisch 154

Die Natur des Vorgartens

Gartenzwerge – Der deutsche Märchenwald – Der Naturbegriff
der Schweden – Schwedische *jultomter* 165

Schweden unter sich

Unser Dorf auf Öland – Der Landhandel schließt – »Komisch ist
das schon!« – *Alla tiders ö* 171

Von Berlin nach Kalmar

Unser Lebensgefühl – Wasserstadt Stockholm – Kalmar – Die Welt
der Wartemarken – Das Versorgungszentrum 180

Milchtüten im Klimawandel

Sommer in Schweden – Das Eiszeitland – Schweden im Urlaub –
Mitsommerfest 188

Elchtest

Der große Unsichtbare – Besuch im Elchpark – Unheimliche Begegnung –
Elchwarnschilder – Vogelschau 198

Im Kanu durch Dalsland
Nordic Walking — Stora Le, Dalsland — Latrin spade und Shit-Island —
Mückenplage 207

Ein Störfall wird besichtigt
Atommüll im Seebad — Schweden steigt wieder ein — Der unmögliche
Störfall — Strom für Europa 215

Das Schweigen der Steine
Thorsborg auf Gotland — Der schwedische Superlativ — Rätselhafte
Monumente: Ismanstorp und Eketorp auf Öland — Runensteine
und Schiffe — Glashütten — Kunst und Können — Ulf Lundells Hymne 224

Mord und Totschlag
Schwedens Presse: Faszination des Grauens — Schwedenkrimi:
Zerstörung der heilen Welt — Henning Mankells Ystad — Abschaffung
der Prostitution — Stieg Larssons Helden 234

Besuch im Pippilotta-Land
»Astrid Lindgren Värld« in Vimmerby — Heimliche Heimat —
»Niemals Gewalt!« — Astrid Lindgren, die Steuer und der Sturz
der Sozialdemokratie — Petterson und Findus 244

Echte Profis
Der Dienstoverall — Die Schweden sind multifunktional —
Vom Rasenmähen — Singende Manager 255

Eis und Eisen
Der Norden Schwedens: Kupfer und Eisenerz — Falun und Kiruna —
Schwedens schönstes Gebäude und höchster Berg — Das erste Eishotel
der Welt — Fernstraßen, Verbindungen — Mehr Handys als Schweden 267

Was des Königs ist
Selbstversorger — Am Zoll — Des Königs Kronen — Besuch vom Kronvogt —
Winterblues — Wasserschaden und Hilfe 278

Epilog: Abschied
Heimreise — Jazz — Das schwedische Modell in der Finanzkrise —
Der Sozialstaat — Was ich vermisse 292

Personenregister 301

Ortsregister 303

Jag trivs bäst i öppna landskap,
nära havet vil jag bo;
några månader om året
so att själen kan få ro.

Ich fühle mich am wohlsten in der offnen Landschaft,
nah am Meer will ich wohnen;
einige Monate im Jahr,
damit die Seele zur Ruhe kommt.

Ulf Lundell, *Öppna landskap*

Prolog: Warum eigentlich Schweden?

Vor rund zwanzig Jahren erwarben meine Schwiegereltern ein Haus auf der schwedischen Insel Öland. Keine Hütte im Wald, sondern ein richtiges Haus, mitten im Dorf. Öland ist eine etwa 130 Kilometer lange und nur drei bis zehn Kilometer breite Insel vor der südschwedischen Ostseeküste, einst die kleinste schwedische Provinz, jahrhundertelang von Schweden, Dänen und Holländern heftig umkämpft. Öland ist heute Teil des Verwaltungsbezirks Kalmar und seit 1972 durch eine sechs Kilometer lange Brücke – die *Ölandsbro* war bis 1998 sogar die längste Brücke Europas – mit dem Festland verbunden. Ausländer dürfen auf schwedischen Inseln eigentlich keinen Grund und Boden als Eigentum erwerben, unsere Nachbarn im Norden haben eine durchaus berechtigte Angst vor *brunpapper-hus*, vor Häusern also, deren Fenster elf Monate im Jahr mit braunem Packpapier verschlagen sind, weil die Inselbewohner sie an Touristen verkauft haben. Durch die langjährige Bekanntschaft meiner Schwiegereltern mit Herbert Wehner und seiner Frau – die nach Wehners Internierung in Schweden während des Zweiten Weltkriegs später ein Haus auf Öland erworben hatten – und vor allem durch die Zustimmung der Nachbarn ließ sich der Verwaltungschef von *Kalmar län* (Kreis) damals dazu bewegen, den Kauf zu genehmigen. Unter der Bedingung, dass das mitten im Dörfchen, dicht neben der Kirche gelegene Haus nicht leer stünde.

Seither sind meine Frau und ich Jahr für Jahr in Schweden, inzwischen mit unseren beiden Söhnen, wochenlang, oft mehrmals im Jahr. Es fiel mir leicht, Wurzeln zu schlagen: Wir hatten sehr schnell das Gefühl, dazuzugehören. Die einstige Ausnahmeregelung hatte für zahlreiche Kontakte gesorgt, aus denen allmählich gute, tiefe Freundschaften wurden: »Mama, *tysken!*« – der Deutsche! So rief die kleine Tochter unserer schwedischen Freunde ihren Eltern zu, wenn ich mal wieder auftauchte. Und so lernt man Schwedisch.

Schwedisch ist eine sehr schöne, weiche und geschmeidige Sprache, die geschrieben viel nordischer aussieht, als sie sich gesprochen anhört. Schwedisch zu sprechen war meine Eintrittskarte in den exklusiven Club der Skandinavier. Wer eine der nordischen Sprachen spricht, kann – mit Ausnahme des zur uralischen Sprachfamilie gehörenden Finnischen – alle skandinavischen Sprachen leidlich verstehen und sich verständlich machen. Was ich erst spät herausfand, war, dass das Schwedische trotz der in deutschen Augen sehr kleinen Sprachgemeinschaft neben der Hochsprache, dem *rikssvensk* (Reichsschwedisch), noch einige ausgeprägte regionale Dialekte umfasst. Das Öländische, eine insulare Variante des für Stockholmer bereits schwer verständlichen, bäuerlich-småländischen Idioms, ist einer dieser Dialekte. Wenn ich in Stockholm bin, fühle ich mich ungefähr so wie ein Schwabe in Berlin: irgendwie fremd. Als ich in Jönköping zum ersten Mal vor einer Gruppe schwedischer Unternehmer einen Vortrag hielt und diesen auf Schwedisch einleitete, lachten alle im Saal schon nach den ersten paar Worten los. In den Ohren der Manager hörte ich mich ungefähr so an wie ein Bauer aus der tiefsten schwedischen Provinz. Dennoch: Es ist immer wieder wunderbar zu erleben, wie ausgesprochen herzlich und erfreut unsere Nachbarn im Norden darauf reagieren, von einem Deutschen auf Schwedisch angesprochen zu werden. Dänisch, Schwedisch und Norwegisch sind europäische Kultursprachen, die dem Deutschen verwandt sind und gerade deutschen »Muttersprachlern« viele überraschende

Einblicke in die eigene Sprache bieten. Wo es mir möglich war, habe ich sie in diesem Buch dargestellt und erläutert. Und gerade die auffälligsten Ähnlichkeiten beinhalten oft zugleich überraschende Unterschiede!

Man muss in Schweden jedoch nicht unbedingt schwedisch sprechen können: Das Königreich Schweden ist zwar die größte und volkreichste der skandinavischen Nationen, mit über 410 000 Quadratkilometern Fläche annähernd anderthalbmal so groß wie Deutschland, zählt aber nur knapp neun Millionen Einwohner, die in der Altersgruppe der Fünfzehn- bis Fünfzigjährigen meist sehr gut Englisch sprechen; für die Älteren ist früher sogar Deutsch die erste Pflichtfremdsprache gewesen. Ich habe mich bisher vor allem in Süd- und Mittelschweden aufgehalten, doch wenn man weiss, dass von den neun Millionen Schweden fast zwei Drittel südlich von Stockholm leben – etwa in Schonen, der Heimat von Selma Lagerlöfs Romanhelden Nils Holgersson und Henning Mankells Kommissar Wallander, im urschwedischen Småland von Astrid Lindgrens Michel aus Lönneberga und Jan Theorins Öland –, erscheint mein Fokus auch aus schwedischer Sicht berechtigt.

Als es mich 1986 zum ersten Mal nach Schweden verschlug, war der Anteil der zumindest leidlich Deutsch sprechenden Schweden noch größer als heute. Das erleichterte es mir, mich rasch heimisch zu fühlen. Doch als ich, *tysken*, der Deutsche, anfing, Schwedisch zu sprechen – mit vielen Fehlern, die mir nie jemand vorhielt – fand ich Nachbarn und Freunde, von denen wir Deutschen eigentlich überraschend wenig wissen. Wer weiß denn, dass die Schweden im Dreißigjährigen Krieg (1618–1648) fast das ganze heutige Deutschland, von der Ostseeküste bis München, erobert hatten? Dass Schweden nach diesem Krieg als eine der Sieger- und Besatzungsmächte in Teilen Sachsen-

Anhalts, Brandenburgs und Mecklenburg-Vorpommerns beherrschend blieb, noch 250 Jahre lang, zuletzt in Wismar? Das haben wir aus unserem kollektiven Geschichtsbewusstsein ausgeblendet. Die Schweden wissen es aber sehr wohl – es war ihre *stormaktstid,* ihre Großmachtzeit, die von 1630 bis 1730 währte. Eine der großen Attraktionen Stockholms ist die 1958 im Schlick des Hafengrundes wiederentdeckte und (noch schwimmfähig!) geborgene *Vasa*, ein bedrohliches 80-Kanonen-Segelkriegsschiff, auf der Jungfernfahrt gesunken in jenem Jahr 1628, als die schwedischen Truppen München belagerten. Schwedische Besucher des *Vasa-varvet* – des zum Museum ausgebauten heutigen Liegeplatzes dieses Schlachtschiffes – betrachten das düster dräuende Schiff mit ganz anderen Augen als die arglosen deutschen Touristen. Schweden als Großmacht? Merkwürdig, dass ausgerechnet wir Deutschen, im Nordosten unseres Landes jahrhundertelang von Schweden besetzt, uns das überhaupt nicht mehr vorstellen können!

Als 1989 die Mauer fiel, entdeckte ich eine Menge schwedischer Unternehmen im Ostteil Berlins. Banken, Bau- und Handelsunternehmen, die mit der DDR Geschäfte gemacht hatten und sich nach der Wende die Frage stellten, ob sie durch die Wiedervereinigung einen Markt gewonnen oder verloren hatten. Das traditionell neutrale Schweden war ein geschätzter Handelspartner der untergegangenen DDR gewesen. Ausgerechnet das nordische Königreich! Zeitweilig war ich Mitglied der Schwedischen Handelskammer in Deutschland – und stellte überrascht fest, dass schwedische Unternehmer gern singen. Im Anschluss an Business-Konferenzen. Lauter Manager ohne Jackett, zum Beispiel bei einer abendlichen Kanalfahrt durch Berlin. Singende Geschäftspartner. Es waren keine Trinklieder, wie die deutschen Gäste anfangs vermuteten, sondern schwedische Volkslieder. Gefühlvoll, ohne Hemmungen. Deutsche

16

Manager hingegen singen nicht. Die saßen stumm dabei und wirkten etwas verlegen.

Ich habe gute Freunde in Schweden gefunden – und mich mit zugegebenermaßen sehr schwedisch geprägten Sinnen auch in Dänemark und Norwegen umgesehen. Allerdings stellen die Schweden mit fast neun Millionen Einwohnern gegenüber rund fünf Millionen Dänen und dreieinhalb Millionen Norwegern auch die größte der skandinavischen Gesellschaften dar. Die Einwohnerzahl Norwegens entspricht ungefähr der von Berlin – in der Großstadt lebt man also schon ein wenig beengter. Bis 1909 stand Norwegen unter schwedischer Herrschaft, heute pflegen die beiden Länder eine Art Hassliebe zueinander, von der die vielen Norwegerwitze der Schweden künden.

Im Laufe der Jahre bin ich Zehntausende von Kilometern durch Skandinavien gereist: von den norwegischen Fjorden bis zum dänischen Legoland, von Gotland, mitten in der Ostsee, bis nach Oslo, von Töndern nahe der deutsch-dänischen Grenze bis nach Stockholm. Die Insel Öland, *solen och vindarnas ö* (Insel der Sonne und der Winde), und die schwedischen Freunde dort waren – und bleiben – mein Anker, mein schwedisches Zuhause. Ihnen schulde ich dieses Buch. Sie haben mir nicht nur immer wieder Schweden erklärt, sie haben mir auch einen schwedischen Blick auf Deutschland ermöglicht. Und die vielleicht überraschendste Erkenntnis war, ausgerechnet im dünn besiedelten Norden Europas immer wieder auf Phänomene und Entwicklungen zu stoßen, die in Europas Mitte erst Jahre später wahrgenommen wurden.

Nachtpassage
Mit der Fähre nach Trelleborg — Ostseefähren — Der nördliche
Sternenhimmel — Öland: Insel der Leuchttürme und Windmühlen

In deutschen Städten ist die Nacht der äußerlich dunklere Teil
des Tages. Wir bemerken sie kaum. Nacht ist, sobald die
meisten Läden geschlossen sind, die Straßenlaternen leuchten
und *Tatort* oder *Deutschland sucht den Superstar* läuft. Nacht ist,
wenn sich die Diskos füllen und die Szenekneipen, wenn sich
die Staus auf den Autobahnen langsam auflösen und die LKW-
Fahrer ihre Schlaftankstellen aufsuchen. Nacht ist, wenn die
Tageszeitungen in Druck gehen, die Kneipen schließen und in
den Werbeblöcken der Privatsender stöhnend die 0900-Telefon-
nummern eingeblendet werden. Nacht ist, wenn sich die Gewerkschaften über Spätöffnungszeiten ärgern, wenn die Zahl
der Handygespräche ab- und die Zahl der Zugriffe auf obskure
Internethomepages langsam zunimmt. Nacht ist, wenn man in
Deutschland das Abblendlicht einschaltet.

Außer in Stockholm, Göteborg und Malmö ist es in Schweden nachts dagegen unvergleichlich viel dunkler. Fast beängstigend. Für den skandinavischen Markt gebaute Volvos schalten das Abblendlicht deshalb auch automatisch ein, wenn man
den Motor startet, selbst im Juli mittags um zwölf Uhr. Oder
schalten es fürsorglich beim Abstellen des Motors aus – in
Skandinavien fährt man immer mit Licht. Das offenbar reiche
Schleswig-Holstein gibt Geld dafür aus, landesweit Eulenpla-
kate aufzustellen mit der Botschaft, ebenso wie in Skandinavien auch bei Tag sicherer mit Licht zu fahren. Aber warum
dann ausgerechnet Eulen? Die sind nachtaktiv und sehen be-

19

sonders gut im Dunklen. Eine Eule und dann der Spruch »Sicher mit Licht!«. Eulen mit Licht wären bestimmt schon ausgestorben! Was will mir die schleswig-holsteinische Landesregierung sagen? Wenn du am Tag schlechter als eine Eule bei Nacht sehen kannst, mach besser das Licht an? Nein, es geht ja eher darum, das Licht einzuschalten, um besser gesehen zu werden. Eulen sind aber nun mal nicht beleuchtet, auch wenn das die Mäuse gern hätten. Also? Wenn du nicht gerade eine Eule bist, mach das Licht an? Jedesmal, wenn ich über Lübeck oder Kiel nach Skandinavien fahre, grüble ich über diesen Blödsinn. Ich stelle mir eine europaweite Ausschreibung, zwei Dutzend hochrangige Vertreter des Verkehrsministeriums und ein paar smarte Typen von Werbeagenturen vor, die lässig von *Targetgroups*, *Eyecatchern* und *Customerrelations* sprechen und schließlich den Auftrag gewinnen, weil irgendein überforderter *Creativedirector* beim Prosecco am Vorabend unter Freunden die Frage stellte »Hey, sagt mal, was fällt euch zu »sehen« ein?«. Nein, nicht ausgerechnet Eulen, sondern Maulwürfe gehören auf die Plakate!

Im Hafen von Travemünde ist wieder so viel Licht, dass Sie Ihres schon mal getrost abschalten können, auch wenn das jetzt von den Landeseulen nicht gern gesehen wird. Auf der Nachtfähre nach Schweden werden bereits ungefähr eine Stunde nach dem Ablegen die Rezeption, das Bordbistro und der *Travel-Value*-Laden geschlossen. Travel Value (Reisewert) ist ein kurioser Kunstbegriff, der als innereuropäischer Notbehelf für die *Duty-free-Shops*, die einst zollfreien Zigaretten- und Schnapsläden erfunden wurde: keineswegs mehr steuerfrei, aber ein paar Prozente lässt die Fährgesellschaft schon noch nach. Sie schließen aber schon nach einer Stunde, denn die heftig umworbenen LKW-Fernfahrer haben ihr im Fährpreis enthaltenes, kiloschweres mitternächtliches »Truckermenue« routinemäßig innerhalb der ersten 15 Minuten an Bord verspeist und geistern nur noch ein paar Minuten lang in Unterwäsche durch den Kabinentrakt. PKW-Reisende haben endlich ihre aufgeregten Kinder in der zwar sargengen, aber Fünf-Sterne-teuren Kabine zur Ruhe gebracht und hören nun auf dem Weg zum Bordbistro dreisprachig den Hinweis, dass Shop und Bistro schließen und um halb sechs Uhr wieder öffnen. Frustrierend!

Vor Jahren stieg man schon kurz nach dem Ablegen über Passagiere, die in Schlafsäcken oder unter mitgebrachten Bettdecken überall im »Loungedeck« auf dem Boden schlummerten. Selten waren es Einzelreisende oder junge, Citroen –Enten fahrende Pärchen, sondern meist ganze Feldlager nächtigender Großfamilien mit Kleinkindern, die bis zwei Uhr nachts quengelten. Diesem Phänomen haben die Fährgesellschaften inzwischen gegengesteuert: Auf jedem Quadratmeter freier Fläche sind sperrige Tische und unbequeme Stühle festgeschraubt worden. Ich kann die Argumente der Reeder und Schiffsingenieure geradezu hören: »Oh, da könnte noch einer herumliegen! Bitte hier noch fünf Stühle anschrauben!« – »Dann kommt doch niemand mehr durch!« – »Ja, aber dann kann hier auch keiner mehr herumliegen! Wieder eine Kabine mehr vermietet.« – »Na dann ...«

Irgendwie vermisse ich diese entspannte Atmosphäre. Es war eigentümlich, nachts um zwei Uhr auf der nicht immer ruhigen Ostsee ganz allein in der nach erkaltendem Pommesfett und Dieselöl riechenden Kajüte des nach dem Mauerfall zur LKW-Fähre umgebauten DDR-Frachters *Kahleberg* zu sitzen. Während meine Frau und meine Kinder ein Deck tiefer bei halb offenem Bullauge Schweden entgegenträumten, hatte ich eine Stunde lang das Gefühl, genau das zu machen, was die Marketingstrategen der heutigen TT-Line angestrengt *mi-

nikryss, Mini-Kreuzfahrt, nennen. Von der alten *Kahleberg* besitze ich noch ein bedrucktes Werbe-T-Shirt, darauf eine schlichte, maßstabsgetreue Zeichnung des Frachters mit gelb-blauen Streifen und dem Nachwende-Schriftzug TR-Line, Trelleborg-Rostock, auf weißem Baumwollstoff. Unvergessen das deutsche Personal, das damals, in den anbrechenden »blühenden Landschaften« um jeden Fährgast kämpfte. Ahoi, *Kahleberg*: Ihr wart toll!

Nacht auf der Ostsee. Die See, im Sommer oft träge, wellenlos, kann im Herbst und Winter wild und selbst für große Schiffe gefährlich werden. Dann peitschen die Wellen schon mal fünf, sechs Decks hoch, und man denkt unwillkürlich an die 1993 vor Rügen gekenterte *Jan Heweliusz* – 50 Tote – oder an den Untergang der *Estonia* 1994, vor der finnischen Insel Utö, 852 Opfer. Gelegentlich pflügte das Schiff, die *Trelleborg*, die Nachfolgerin der *Kahleberg*, mit erschreckend lautem Schrammen und Krachen durchs erste Eis. Kamen Wind und Seegang hinzu, begann die große Fähre schwer zu rollen, sich also langsam von einer Seite zur andern zu neigen. Und spät in einer solchen Herbstnacht, als ich wieder allein in der leeren Cafeteria saß, stand plötzlich meine Frau mit unserem kleinen Sohn vor mir, wetterfest angezogen, blass, erschrocken. In unserer Kabine tief unter dem LKW-Deck hatten sie das zunehmende Rollen und Stampfen des Schiffes noch stärker als ich oben auf dem Kajüt-Deck wahrgenommen. Und außerdem, erklärte sie mir besorgt, hätte sie plötzlich lautes Rauschen und Gurgeln von Wasser gehört, ganz so, als hätte es einen Wassereinbruch gegeben. Ein Albtraum. Umso irrealer erschien meiner Frau nun hier auf dem Oberdeck die friedliche Stille. Was war geschehen? Die Schiffsführung hatte dem zunehmenden Rollen der Fähre durch gegenläufiges Fluten der seitlichen Ballastwassertanks entgegengewirkt. Die unteren Kabinen lagen so tief im Schiff, dass das durch große Rohre rauschend von Steuerbord nach Backbord und wieder zurück gepumpte Wasser dort wie ein massiver Wassereinbruch zu hören war. Objektiv war das Schiff nicht ernsthaft in Gefahr gewesen. Doch in jener Nacht auf der Ostsee war an Schlaf nicht mehr zu denken gewesen.

Apropos *mini-kryss*: Ich glaube, das Angebot der Mini-Kreuzfahrt richtet sich mehr an die Skandinavier als an uns deutsche Fährpassagiere. Wir wollen ja nur über die Ostsee. Für die Schweden bietet die Trelleborg-Rostock-Fähre trotz des Beitritts zur EU und der damit verbundenen Abschaffung der zollfreien Läden noch immer das ganz ungewöhnliche Vergnügen, mal ein halbes Wochenende in einem seetüchtigen Schnapsladen zu verbringen. Das sind die meist jugendlicheren Gäste, die man beim Betreten der Nacht-Fähre in Rostock in meist schon sehr aufgeräumter Stimmung (oder bereits tief betäubt) antrifft. Wir Deutschen kannten das mal als »Butterfahrt«, und ich habe das als Schulausflug miterlebt, nachts von Fehmarn aus mit einem kleinen Ausflugsschiffchen in einer Stunde auf der sogenannten Vogelfluglinie ins dänische Rödby Havn, ohne Anlegen, Wenden im Hafenbecken und wieder zurück. Ich habe mir die Zeit damit vertrieben, mal »Deckwache« zu spielen – und war auch nach Rückkehr in das Schullandheim in Lübeck Stunden später noch nicht wieder warm. Doch unsere Lehrer, die die ganze Zeit fröhlich unter Deck verbracht hatten, waren ausgesprochen guter Laune.

Da es in Schweden so etwas wie die deutschen Bundesautobahnen nicht gibt, sondern höchstens – auf meiner Strecke von Trelleborg nach Öland jeweils nur um Malmö, Kristianstad und Kalmar herum – vierspurige Landstraßen (*motorvägar,* max. 110 km/h), erlebt man die nordische Nacht in ihrer ganzen Pracht. So leere Straßen haben wir in Deutschland zuletzt am autofreien Sonntag während der Ölkrise 1972 gesehen. Ich fuhr die Europastraße 22 entlang, die Hauptstrecke von Trelleborg, der südlichsten Stadt Schwedens, nach Stockholm. Nach einer halben Stunde passiert man Lund, die alte Universitätsstadt im noch etwas belebten Großraum Malmö, und dann wird es einsam. Es gibt zwar überall Ortsschilder mit so hübschen Bullerbü-Namen wie Ringsjökloster, Linderödsåsen, Nedre Bagby und Övre Tong oder Fågelmara – aber nach zehn Uhr abends sind alle Dörfer wie ausgestorben. Da es in Schweden keine Kneipen gibt und alle Imbissbuden und Tankstellen bereits geschlossen sind, ist niemand mehr unterwegs. Man fährt nachts hunderte von Kilometern Landstraße durch ein scheinbar menschenleeres Land. Und das ist noch der am dichtesten besiedelte Teil Schwedens.

Die älteren Schweden rechnen übrigens noch in *mil* (Meilen) – diese skandinavische oder auch sogenannte metrische Meile misst 10 km. Es sind also gerade mal 64 schwedische Meilen von Malmö nach Stockholm. Und da es im Norden keine richtigen Autobahnen gibt, sucht man vergeblich Autobahnraststätten. Kleiner Tipp: Wer bei Kristianstad, Karlskrona oder Kalmar die Landstraße verlässt und den Schildern »Statoil: *Nattöppet*« folgt, findet heraus, wo sich die einzigen, zumeist jugendlichen Nachtschwärmer Schwedens nach Mitternacht herumtreiben. Wer dagegen Trelleborg nachts mit weniger als 20 Litern Benzin im Tank verlässt, sollte besser wissen, dass an den einsamen Automatentankstellen das Wort *sedel* (Zettel) hier Geldschein bedeutet. Ohne zuvor auf der Fähre (ganz schnell!) oder zuvor noch in Deutschland eingetauschte 50- oder 100-Kronen-Scheine bleibt man unweigerlich liegen. Wer hat schon eine Statoil-*Kontokort*? Und man sollte möglichst nicht nur einen

100-Kronen-Schein dabei haben: Mit fünf bis sechs Litern Benzin kommt man nicht weit, und diese Automaten funktionieren manchmal nicht. Nächster Bankomat: 120 Kilometer Entfernung. Ende der Mobilität. Bei *Automat*-Tankstellen kommt übrigens auch am nächsten Morgen niemand. Automat ist Automat!

Gelegenheit, mal in den Nachthimmel zu schauen. Man kann auch in Mecklenburg-Vorpommern 50–60 Kilometer von der nächsten Autobahn-Tankstelle entfernt sein, jwd also, wie der Berliner sagt, »janz weit draußen«, doch es soll deutsche Skandinavienfahrer geben, die sich beim ersten zufälligen Blick in den Nachthimmel unwillkürlich irgendwo festgehalten haben. Ob von der Zugspitze oder von Wittstock irgendwo in Nordbrandenburg, vom Harzer Brocken oder von Amrum aus: Deutschland ist nachts derart hell erleuchtet und die Luft bis in große Höhen so voll von reflektierendem Feinstaub, dass wir vom eigentlichen Nachthimmel nur die verbilligte Volksausgabe sehen können. Ein Blick von Amrum aus in den winterlichen Nachthimmel ist schon eindrucksvoll (»Ich wusste gar nicht, dass wir« so viele Sterne haben!«), doch in einer sternklaren Winternacht irgendwo in Mittelskandinavien oder auf Gotland, mitten in der Ostsee, zum Sternenhimmel aufzublicken, ist eine andere Erfahrung. Satellitenbilder zeigen, dass das nächtliche Skandinavien, vor allem nördlich der Achse Oslo – Stockholm, geradezu sibirisch finster ist, und der zufällige Blick zum Nachthimmel enthüllt eine überwältigende Fülle von Sternen und eine atemberaubende Tiefe. Von Berlin aus ist das schwach schimmernde, himmelsüberspannende Lichtband der Milchstraße durch das Streulicht inzwischen mit bloßem Auge fast unsichtbar, in Skandinavien dagegen eine überraschende, geradezu schwindelerregende Nachterfahrung mit großem Suchtfaktor. Das kalt wabernde Nordlicht ist dagegen

25

so relativ hell und unter dem sich ganz langsam mit der Erdrotation drehenden Himmelsgewölbe so sichtbar tief unter den Sternen, dass man beides zusammen nur mit bloßem Auge sehen und in seiner Wirkung kaum fotografieren oder filmen kann.

Unser Haus auf der Insel Öland steht etwa einen Kilometer vom Meer entfernt. Von der Tür über dem *altan* genannten Windfang aus können wir die Ostsee sehen. Felder und Kuhweiden erstrecken sich bis zur Küste. Sechs Kilometer nördlich liegt der kleine Fischerhafen Kårehamn, südlich davon nichts. Nur nahe Bredsätra und in Gräsgards Hamn gibt es zwei kleine Leuchtzeichen, sogenannte Quermarkenfeuer. Hundert Kilometer entfernt, an der Südspitze Ölands, steht Schwedens ältester und mit fünfundvierzig Metern auch höchster Leuchtturm, Långe Jan, erbaut Mitte des 18. Jahrhunderts. Ansonsten ist die Küste dunkel, Bauernland. 34 Kilometer nördlich unseres Hauses markiert der rund 100 Jahre jüngere Leuchtturm Långe Erik die Nordspitze von Öland. Beide Leuchttürme, der Långe Jan und der Långe Erik sind Wahrzeichen der Insel und im Sommer auch öffentlich zugänglich.

Die Nordspitze Ölands besteht eigentlich aus zwei Spitzen, auf der Seite zum Festland hin die Landzunge von Långe Erik, zur offenen See hin der schmale, verwunschene *Trollskog* (Geisterwald), dazwischen die fast kreisrunde, windgeschützte Bucht Grankullavik. Bei Sturm sucht, wer kann, hier Schutz. Am seeseitigen Strand des Trollskogs liegt das Wrack des hölzernen Schoners *Svix*, der Mitte der zwanziger Jahre in einer Orkannacht sank. Die Mannschaft rettete sich bei Nacht und Nebelsturm an die waldige Küste und irrte dort umher. Jahrzehnte später warf ein erneuter Nachtsturm das halb verrottete Vorschiff des Seglers und Unmengen Holztrümmer an die Küste und bis in den verwunschenen Wald hinein. Da liegt es bis heute.

Doch das eigentliche Symbol Ölands sind die Windmühlen! Etwa 400 der alten, hölzernen Bockwindmühlen sind noch erhalten, einst waren es ein paar Tausend, fast alle Höfe hatten eine, die meisten aufgereiht entlang des öländischen Höhenzuges. Bei Störlinge und Lerkaka stehen auch heute noch fünf bis sieben dieser kleinen, alten Bockwindmühlen dicht nebeneinander am Straßenrand – ein überraschender Anblick. Sehenswert ist die größte, der sogenannte *kvarnkonung*, Mühlenkönig, an der Abzweigung der »Weststrecke«, Regionalstraße 136, nach Färjestaden, hoch auf dem Inselriff, nicht zuletzt auch ein bäuerliches Statussymbol. Bei Bockwindmühlen dreht sich die ganze, meist nicht besonders große viereckige, hölzerne Mühle auf einem niedrigen Pfosten – im Gegensatz zu den niederländischen Turmdrehmühlen, bei denen nur die Haube mit der Achse der Mühlenflügel gedreht wird. So konnte man größere Mühlen bauen. *Sandviks kvarn* ist solch eine große, niederländisch geprägte Windmühle auf Öland – und sie ist in der Tat die größte Mühle Nordeuropas! 1856 im småländischen Vimmerby erbaut, wurde die Mühle nach einem Schaden 1885 in nummerierte Einzelteile zerlegt und in Sandvik wieder aufgebaut. Allein der steinerne Mühlenturm ragt acht Stockwerke empor.

Nördlich von Köpingsvik ebenfalls an der Inselstraße 136 gelegen, nur wenige Kilometer von unserem Haus entfernt, ist *Sandviks kvarn* heute ein Touristenziel, mit Selbstbedienungsrestaurant, Andenkenladen, Minigolfplatz und sogar einem Feldflugplatz für Sportflugzeuge. Doch man kann dort, in der baumlosen *Alvar*-Heide über dem Sund und dem kleinen Hafen, unter den großen, weißen Mühlenflügeln auf eine Tasse Kaffee einkehren und herrlich in der Sonne sitzen! Dass allerdings nicht *Sandviks kvarn*, sondern die weniger große hölzerne Bockwindmühle bei Färjestaden den Ehrentitel *Kvarnkonung* trägt, liegt allein an der Mäkeligkeit der Öländer: *Sandviks kvarn* ist eben keine typisch öländische Bockwindmühle!

Wir wohnen jedoch auf der anderen, abgelegenen Seite, zur offenen Ostsee hin. Unmittelbar vor unserem Haus verläuft die sogenannte Oststrecke, die hundertzehn Kilometer lange Landstraße auf der wenig touristisch erschlossenen Bauernseite der Insel. Nach zehn Uhr abends fährt auch hier niemand mehr. Doch wenn ich nachts um zwei Uhr noch im Obergeschoss sitze, um zu schreiben oder versonnen an einem Segelschiffmodell zu basteln, werde ich am nächsten Morgen so begrüßt: »Hej, Christoph! Was hast du denn letzte Nacht getrieben? Ich hab nach zwei noch Licht oben bei dir gesehen!«

In Schweden hat man kein Privatleben! Schon den Begriff habe ich im Norden nie gehört. Manche meiner Landsleute finden solche Transparenz aufdringlich. In Deutschland leben wir so dicht aufeinander, dass wir uns zwangsläufig um ein wenig Distanz bemühen. Doch davon haben die Schweden mehr als genug. Ob bei Nacht oder Nebel: Im Norden nimmt man Anteil. Es ist nicht nur Neugierde – das auch –, sondern Anteilnahme. Wenn wir auf die Insel kommen und uns erst einmal zwei Tage ausruhen und die unglaubliche Stille des Landes genießen, sind unsere schwedischen Nachbarn und Freunde beleidigt: »Warum meldet ihr euch denn nicht?!«

In Schweden unterwegs

Fernstraßen im Norden – Stahldrahttrossen – Campen – Allmansrätt –
Zivile Verkehrskontrolle – Von Rasern und Schleichern

D eutschland ist ein Transitland. Besonders für uns selbst.
Wir leben auf der Straße, im guten wie im schlechten Sinne. Jede anständige Wegbeschreibung beginnt zum Beispiel
mit einer bestimmten Autobahnausfahrt – Kommunen ohne
eigene Autobahnausfahrt sind im nationalen Bewusstsein daher auch nicht existent. Das erklärt vielleicht den übergroßen
Eifer vieler Lokalpolitiker bei Straßenbauvorhaben: Je mehr
Straßen, desto wahrscheinlicher wird ein eigener Autobahnanschluss. Landstraße ist nur so lange okay, wie es hell und das
Wetter freundlich ist. Doch bei Nacht und Nieselregen wird
uns die Landstraße unangenehm.

Die Bundesautobahn dagegen ist im Bewusstsein der Autofahrer eine fast nacht- und wetterfreie Strecke, ein mentaler
Leuchtpfad: »So, bis Köln sind es 350 Kilometer. Wenn wir jetzt
aufbrechen, sind wir noch vor Mitternacht da!« Dass es stockfinster und regnerisch ist, spielt keine Rolle: *Wir fahr'n, fahr'n,
fahr'n, auf der Autobahn,* sangen *Kraftwerk* schon 1974, und diesen Song haben wir heute noch im Ohr. Viele, vor allem viele
Männer genießen geradezu nächtliche Autobahnfahrten, weil
man dabei vollkommen auf das reine Fahren reduziert, sozusagen eins mit dem Auto wird. Keine überraschenden Kurven,
keine Kreuzungen, kaum plötzlich kreuzende Keiler! Die meisten nächtlichen Unfälle auf bundesdeutschen Autobahnen werden durch unangepasste Geschwindigkeit oder durch schlafende Fahrer verursacht. Befürworter eines Tempolimits auf

Bundesautobahnen wissen längst, dass es eine Symbiose zwischen deutschen Autobahnen und deutschen Autoherstellern gibt: Jahrzehntelang wurden deutsche Autos vor allem für Autobahnen und Autobahnen für deutsche Autos gebaut: Manch einer erinnert sich vielleicht noch an den ominösen Cw-Wert, den sogenannten Luftwiederstandsbeiwert, ein heute nicht mehr beworbener Messwert für die Fahrtwindschlüpfrigkeit einer Karrosserie. Dieser Wert, der nur bei Höchstgeschwindigkeit und damit nur auf deutschen Autobahnen überhaupt einen Sinn hatte, erlaubte Mitte der achtziger Jahre des vorigen Jahrhunderts, selbst ästhetisch völlig verunglückte Karrossen an den Mann zu bringen. Ein besonders niedriger Cw-Wert spart Benzin, hieß es im Nachgang der Ölkrise, obwohl bereits eine moderate Fahrweise selbst bei einem Fahrzeug mit dem Cw-Wert eines Scheunentores mehr Benzin sparte.

Inzwischen nehmen ohnehin so viele freie deutsche Bürger das Recht auf freie Fahrt auf deutschen Autobahnen in Anspruch, dass sich auf den wichtigsten Autobahnstrecken die Forderung nach einem Tempolimit erübrigt: Lohnt sich die verbindliche Einführung einer Höchstgeschwindigkeit von 130 Stundenkilometern, wenn die auf den Hauptstrecken maximal erreichbare Durchschnittsgeschwindigkeit zwischen Massen von LKWs 50 Stundenkilometer nicht übersteigt?

Für die Harten und Zähen unter uns aber gibt es ein Fernreiseziel mit einem fast ebenso großen Chillfaktor wie Mallorca, das grundsätzlich nur mit dem eigenen Auto bereist wird, richtiges fernes Ausland: Skandinavien! Nach Skandinavien fliegt man nicht, nach Skandinavien fährt man. Mit dem Auto und der Fähre. Oder – inzwischen – nur mit dem Auto: über Dänemark, über die Öresundbrücke, eine Schrägseilbrücke, die von Kopenhagen aus über den Öresund nach Malmö führt, eine massive weiße Stahlbetonkonstruktion für Straßen- und Schienenverkehr. Wer hingegen fliegt, outet sich als Geschäftsreisender, und für die gibt es in ganz Skandinavien erst einmal nur ein Ziel: Kopenhagen-Kastrup. Dort kann man dann feststellen, dass es in Skandinavien außer Stockholm und Oslo und Helsinki tatsächlich noch zwei, drei weitere Flughäfen gibt. Kalmar zum Beispiel, zwischen Malmö im Süden und dem über 500 Kilometer weiter im Norden gelegenen Stockholm die einzige nennenswerte Stadt an der Ostküste Schwedens: zwei Flugsteige, von denen in der Regel nur einer in Betrieb ist: *Passengers to Jönköping please proceed to Gate Number ... 1!* Aufregend.

Skandinavienfahrer erkennt man nicht an aufgemotzten Dreier-BMWs, sondern an möglichst großen Kombis, vorzugsweise Volvos. Das ist eine sehr deutsche Angewohnheit: Jenseits rationaler Argumente drückt man so mit der Fahrzeugmarke und der Kombivariante ein ebenso elitäres wie scheinbar robustes, praktisches Selbstverständnis aus, ein Bekenntnis zum Elch unter den Autos. Dazu wird gern ein kleiner Aufkleber in Form des schwedischen rot-gelben Warnschildes für Wildwechsel – im Gegensatz zum deutschen springenden Rehbock ein gravitätisch schreitender Elch – als Erkennungszeichen für Gleichgesinnte ans Heckfenster geklebt.

Ich hatte auch mal einen Volvo. Modell 850 Kombi, erste Baureihe. Beim ersten Besuch in Schweden mit diesem Wagen fiel mir auf, dass Volvo-Kombis in Schweden nur von ganz bestimmten Leuten gefahren wurden: Polizisten, die den üppigen Stauraum dazu nutzten, ständig eine komplette Überlebensausstattung für jeden Eventualfall bis hin zum dritten Weltkrieg mit sich zu führen, Handwerker und Familienväter – diese jedoch nur, solange Kinderwagen unverzichtbar waren – und schließlich Touristen aus Deutschland! Mein stolzer Volvo-Kombi war in Schweden überraschenderweise kein Statussymbol. Schweden, die etwas auf sich halten, leidlich gut verdienen und nicht gerade zwei oder drei Kinderwagen transportieren müssen, kaufen lieber eine Limousine, mit Anhängerkupplung für den obligatorischen Wohnwagen.

Wir Deutschen bezichtigen immer die Niederländer, das fahrende Volk der Wohnwagenbesitzer zu sein, doch das ist eine irreführende Wahrnehmungsverengung durch unmittelbare Nachbarschaft: Die heimliche Heimat der Wohnwagenbesitzer Europas ist Schweden! Warum? Vergleichen Sie einfach mal: Nach Sylt, der deutschen Angeberinsel jetzt und immerdar, kommen Sie nur per Autoverladezug (inklusive abschreckendem Aufpreis für Wohnwagengespanne). In Westerland angekommen, stellen Sie fest, dass die Insel zu 89 Prozent aus Unterkünften, Ferienhäusern, Hotels, teuren Hotels, Pensionen, Restaurants, noch mehr Restaurants, Cafés und Souvenirshops besteht, die Quartiere allerdings leider, leider schon seit 1982 ausgebucht. Kinder?! Oh nein, da sind wir schon seit 1953 komplett ausgebucht.

Öland, das Sylt der Schweden, ist seit 1972 durch eine sechs Kilometer lange Brücke mit dem Festland verbunden und somit kostenlos auch für Wohnwagengespanne erreichbar geworden. Auf Öland macht jeden Sommer die Königsfamilie kurz Pflichturlaub – die Kronprinzessin muss am 15. Juli, dem *Victoriadag*, Landschaftsverbundenheit zeigen –, und das bedeutet, dass sich das royale und das ambitioniert bürgerliche Schweden jeden Sommer wieder auf Öland einfinden. Für drei, vier Wochen steigt die Bevölkerungszahl der zwar 130 Kilometer langen, aber kaum mehr als 5 Kilometer breiten Insel von ca. 20 000 (August bis Juni) auf 200 000 (Juli). Im Unterschied zu Sylt besteht Öland allerdings nur zu 0,89 Prozent aus Unterkünften, Hotels, Restaurants, Cafés und Souvenirshops. Den Großteil der touristischen Infrastruktur machen Campingplätze aus. Wer also herausfinden möchte, was die europäischen Wohnwagenhersteller so im Angebot haben, sollte im Juli Öland besuchen und sich das tägliche Defilee von rund 50 000 Wohnwagen aller Marken und Hersteller auf dem etwa 50 Kilometer langen Straßenstück zwischen Mörbylånga und Borgholm ansehen.

Wer denkt, dass man mit einem Wohnwagen am Haken zu einem bestimmten Ziel (Campingplatz) fährt, dort zwei, drei Wochen bleibt und dann wieder abreist, verkennt das ruhelose Wesen der Schweden: Hier herrscht das *allmansrätt*, das Recht, überall und jederzeit kurzzeitig Quartier aufschlagen zu dürfen. Und davon wird auch leidlich Gebrauch gemacht; ein Schwede koppelt seinen Wohnwagen nicht ab, sondern fährt damit sogar Brötchen holen: Man könnte ja noch einen schöneren Platz finden! Deutsche Camper, die gern auf ihre Mobilität pochen, sind auf Öland regelmäßig überfordert: Sie vermissen die Campergemeinschaften mit langjährig gebuchten Standflächen, Plastikjägerzäunen, gemeinschaftlichen Grillabenden und traulichem Miteinander! Was in Deutschland Stoff für Fernsehserien bietet, findet in Schweden kaum statt: Der vorgestern eingetroffene schwedische Nachbar mit dem dicken Volvo und dem riesigen Knaus-Wohnwagen ist am zweiten Morgen bereits wieder verschwunden. Brötchenholen. Ob er wiederkommt – ungewiss. Es gibt andere schöne Orte.

Das *allmansrätt*, auf Deutsch Jedermannsrecht genannt, ist ein uraltes Gewohnheitsrecht, das darin besteht, sich auf unbestelltem, unbebautem Gelände frei bewegen und aufhalten zu dürfen. Ausgenommen sind bestellte Äcker und Felder und alle eingezäunten Parzellen, also Höfe, Gärten, Anlagen. Außerhalb dieser eingefriedeten Bereiche kann man praktisch frei

33

und ungebunden leben, sein Zelt aufschlagen, Feuer machen und in den großen Seen beliebig fischen – zumindest einen Tag lang. Das Privateigentum an Grund und Boden steht in Schweden hinter diesem alten Recht zurück: Es kann nicht gänzlich verwehrt, sondern höchstens aus Schutz- und Sicherheitsgründen eingeschränkt werden. Jahrhundertelang hatte dieses Grundrecht nicht einmal einen Namen, so selbstverständlich erschien es den Schweden. Es handelt sich um ein tatsächlich »ungeschriebenes Gesetz« (*lex non scripta*), was Juristen hierzulande mit Misstrauen betrachten würden. Die Tatsache, dass es ungeschrieben ist, hat Konsequenzen: Jeder denkbare Rechtsstreit über Freiheiten und Grenzen des *allmansrätt* wird mangels einer sogenannten Gesetzeslage seit jeher fallweise entschieden – und das hat zur Folge, dass es kaum Streitfälle gibt. Das *allmansrätt* beruht auf einem nationalen Konsens: Also vermeidet man eben Streit. Auch der Begriff *allmansrätt* bürgerte sich erst vor 50, 60 Jahren ein – ohne dass es schriftlich fixiert wurde. Bemerkenswert für ein Grundrecht, das in Schweden heute sogar Verfassungsrang hat.

Dieses Prinzip trägt der geringen Einwohnerdichte Schwedens Rechnung: 410 000 Quadratkilometer Fläche mit einer Bevölkerungsdichte von 22 Einwohnern pro Quadratkilometer (Deutschland hat ca. 267 Einwohner/km²). Doch das ist ja nur ein Mittelwert. Schauen wir mal genauer hin: In Südschweden beträgt die mittlere Bevölkerungsdichte stolze 43, in Nordschweden unter 10 Einwohner/km². Zum Vergleich: Das über grassierende Entvölkerung klagende Bundesland Brandenburg bringt es auf 73 Einwohner pro km², Berlin auf rund 3000. Und Stadt ist nicht gleich Stadt: Die durchschnittliche Bevölkerungsdichte der Einmillionenstadt Stockholm liegt bei 1600 Einwohnern/km². Schweden verfügt also über eine riesige Reserve wilder, nahezu menschenleerer Natur. Selbst im dichter besiedelten Süden, denn jede Kleinstadt mit ein paar tausend Einwohnern ist auch in Südschweden umgeben von weiten, ziemlich einsamen Landstrichen.

Deutsche Autofahrer, die im schwedischen Hafen Trelleborg von der Fähre rollen, fahren aus dem Hafengelände auf ein gut ausgebautes Fernstraßennetz mit geringem Verkehrsaufkommen. Nur in Schonen, der sogenannten Kornkammer Schwedens, der südlichsten Provinz des Landes, entspricht die Siedlungsdichte etwa der von Schleswig-Holstein und Dänemark. Wer zum ersten Mal von Trelleborg Richtung Malmö oder über die schon erwähnte hypermoderne Sundbrücke von Kopenhagen nach Malmö fährt, erreicht das ebenfalls neue Hauptverteilerkreuz für allen Verkehr vom Kontinent, den »Trafikplats Rosenfors«. Das ist ein Verkehrsknotenpunkt wahrhaft amerikanischen Zuschnitts und Ausdruck der Erwartung der Schweden, dass die Brücke nach Kopenhagen das Verkehrsaufkommen vervielfachen würde. Ob sie sich darauf freuen oder sich davor fürchten sollen, darüber rätseln die Schweden heute noch. Hier wurde wirklich raumgreifend gebaut, was sich einem besonders dann erschließt, wenn man in einer Wochenendnacht kilometerweit über vollkommen leere, riesige Straßenanlagen fährt. Fährt, wie gesagt. Man rast nicht, nicht in Schweden. Die höchste zugelassene Geschwindigkeit auf einem vierspurigen Teilstück der Fernstraße Malmö-Göteborg beträgt 120 km/h, die Riesenanlage Rosenfors weist als Höchstgeschwindigkeit 90 km/h aus. Aber wer fährt schon dauernd Höchstgeschwindigkeit?

Reisende aus dem Land der unbegrenzten Geschwindigkeit erkennt man in Südchweden auch ohne einen Blick auf das Kennzeichen: Sie fahren auf den Fernstraßen meistens zu dicht auf. Wer die Strecke Berlin – Rostock ab Autobahndreieck

Wittstock mit Überschallgeschwindigkeit zurückgelegt hat, sieht sich bei der Ausfahrt 4 aus dem Hafen Trelleborg plötzlich gezwungen, sich auf einer fast leeren, vierspurigen, leuchtend grün beschilderten Straße mit 90 km/h zu begnügen. Manche meiner Landsleute können das gar nicht! Deutsche Fahrzeugingenieure setzen ihren ganzen Stolz daran, Autos so zu bauen, dass man bei Richtgeschwindigkeit 130 Motor-, Räder- und Luftgeräusche kaum hört. Bei schwedischem Tempo auf guter Straße bemerkt der deutsche Autofahrer kaum noch, dass er überhaupt fährt; für junge Fahrer von 3er-BMWs oder spätjunge Porsche-Fahrer ein irritierender Zustand.

Es ist allerdings ratsam, sich in Schweden an die vorgeschriebene Höchstgeschwindigkeit zu halten, sogar sonnabendnachts um zwei Uhr, denn um diese Zeit hat auch die schwedische Polizei nichts anderes mehr zu tun, als die wenigen, einsamen Fahrzeuge zu beobachten, die noch im Land unterwegs sind. Und das können sie – zumindest in Südschweden – erstaunlich gut: So endlos weit die zu überwachenden Landstriche auch sind, so gering ist die Zahl der Fernstraßen und größeren Landstraßen. Da gibt es viele Messstrecken, zudem im Dutzend über viele Kilometer aufgestellte Blitzanlagen, und auch die Überwachung aus der Luft funktioniert beklemmend zuverlässig.

Ich bin immer wieder erstaunt, wer in Schweden alles mit wem worüber spricht. In Deutschland wachen Datenschutzbeauftragte darüber, dass das Militär nicht mit der Polizei spricht, das Ordnungsamt nicht mit dem Sozialamt, die Polizei nicht mit dem Finanzamt. Wenn unser Innenminister eine dieser Barrieren durchlöchern will, gibt es regelmäßig einen medialen Aufstand. Schweden würde ihm vermutlich gefallen: Hier stehen die Steuerverzeichnisse aller Bürger einsehbar in jeder Polizeiwache, alle Einkommen oberhalb von 50 000 Kronen wurden lange in einem besonderen Verzeichnis –, dem *taxe-ringskalender* –, für die Öffentlichkeit zugänglich aufgelistet – das erleichtert im Zweifelsfall die Strafverfolgung. Das Militär wird auch schon mal im Inland eingesetzt: Wer schweres Gerät hat, räumt Schnee beiseite, im Winter brettern ungeniert sowohl das Militär mit Kampfpanzern als auch größere Speditionen mit ihren LKWs – jeweils mit Räumschilden ausgerüstet – über die Landstraßen und schieben Schnee beiseite. Und wer immer auch gerade mit einem Fluggerät in der Luft ist, hat kein Problem damit, die Polizei zu informieren, wenn er ein ungewöhnlich schnell fahrendes Fahrzeug bemerkt.

Hinzu kommt eine geradezu erschreckend umfassende gegenseitige, zivile Kontrolle. Ich bin nach mitternächtlicher Ankunft auf der herbstlich einsamen Insel Öland am Morgen von unserem Nachbarn Bengt mit dem Hinweis begrüßt worden, Pers aus dem fünf Kilometer entfernten Nachbarort habe ihn gerade angerufen und ihn gebeten, »seinem Deutschen« zu sagen, das Straßenverkehrsrecht würde in Schweden auch nachts gelten und an der Pinnekulla-Kreuzung stünde nun mal ein Stoppschild. Ich war zunächst sprachlos. In Deutschland beginnen so Nachbarschaftskriege (fünf Kilometer Entfernung gelten in Schweden noch als »gleich nebenan«). Doch Pers Anruf war fürsorglich gemeint: Er hätte, wenn ich nicht ein bekannter Nachbar gewesen wäre, genauso gut gleich die Polizei verständigen können, als er spät nach Mitternacht meinen vorbeifahrenden Wagen erkannte.

Erleichtert wird das Einhalten der Geschwindigkeitsbeschränkung dadurch, dass schwedische Straßen viel weniger abgenutzt werden als deutsche, sodass man seltener durch lästige Baustellen aufgehalten wird. Hinzu kommt, dass Schweden, bevor es 1995 der EU beitrat, offenbar die Auflage erhielt, auf den Fernstraßen etwas unseren Leitplanken Vergleichbares zu installieren. Früher waren Fernstraßen in Schweden breite, zweispurige Straßen, auf denen man ewig dahinrollte. Schweden, die nicht immer Höchstgeschwindigkeit fahren wollten, wichen von selbst entspannt zum rechten Rand, wenn sie im Rückspiegel jemanden heranbrausen sahen. Das ist jetzt nicht mehr möglich. Ich weiß nicht, ob oder was Brüssel damals verlangt hat, jedenfalls haben die Schweden nach dem Beitritt begonnen, auf ihren Fernstraßen das wohl merkwürdigste Verkehrshindernis zu errichten, das die Welt je gesehen hat: Stahldrahttrossen, drei übereinander, über Hunderte von Kilometern, die Fahrbahnmitte entlang. Durch diese Trossen wird jedes Überholmanöver zum russischen Roulette. Und damit nicht genug: Man hat aus den einst zweispurigen Straßen dreispurige Straßen gemacht, zwei Spuren in eine Richtung, Stahldrahttrossen und dann eine Spur in die andere Richtung. Alle drei bis fünf Kilometer wird gewechselt – bergauf zweispurig, bergab einspurig. Der stete Wechsel hält geistig jung.

Unsere Nachbarn im Norden, gewohnt, ihren Schnaps nur beim Staat zu kaufen (oder selbst zu brennen), sind offen für Schnapsideen und haben die Stahldrahttrossen klaglos hingenommen. Das ist typisch: In Schweden nimmt man Entscheidungen der Regierung immer erst einmal hin. Björn, mein bester Freund in Schweden, ist Busfahrer und befährt regelmäßig die Hauptstrecke Malmö – Stockholm, 600 Kilometer die Stahltrossen entlang. Ich habe ihn noch kein Wort über die Stahldrähte verlieren hören, obwohl er viel öfter als ich den staatlich organisierten Zusammenbruch des Fernverkehrs erlebt haben wird, der immer dann entsteht, wenn jemand auf einem einspurigen Teilstück seine Ausfahrt verpasst hat und nun unsicher und immer langsamer wird. Während der irritierte Fahrer im Schritttempo orientierungslos oder nebenbei Landkarten lesend vor sich hin zockelt, kommt hinter ihm der nordeuropäische Fernverkehr nach Stockholm zu der staatlicherseits erwünschten Ruhepause. So sinkt die Durchschnittsgeschwindigkeit auf solchen Fernstraßen – auch ohne nennenswerten Verkehr – gern mal auf 30 Stundenkilometer. Wenn es gar zu einem Unfall kommt, auch nur einem leichten, sorgt die stahldrahtbewehrte Einspurigkeit dafür, dass auf der Fernstraße stundenlang gar nichts mehr geht. Falls man gerade noch irgendeine Ausfahrt oder Kreuzung erreicht, folgt man dann mitten in der Nacht den Rücklichtern eines polnischen LKW auf nicht ausgeschilderten Umleitungen durch schwedische Urwälder. Hat man die ganze Familie dabei, wird die Vorstellung, aus irgendeinem Grund liegenzubleiben, zu einer Urangst. Auf uns wirkt das so, als habe der schwedische Staat versucht, seine Bürger mal etwas erleben zu lassen, was man sonst nur aus Ballungszentren kennt: den Stau.

Der deutsche Autofahrer fährt in Skandinavien etwa ein, zwei Stunden lang zu schnell und zu dicht auf, bevor er oder sie eingesehen hat, dass das Zurücklegen von 50 bis 90 Kilometer Distanz in einer Stunde doch viel mehr ist, als man selbst unter besten Bedingungen zu Fuß erreichen könnte.

Wer von Schweden nach Deutschland fährt, erlebt dagegen eine andere Überraschung: Raser. Gewiss, auch schwedische Autofahrer brechen manchmal die Regeln und fahren schnell – moderne Volvos und Saabs können das durchaus auch! –, doch wir reden hier von 120 bis 140 km/h statt 90 km/h. Das ist für Schweden schon atemberaubend. Und in Deutschland über weite Strecken völlig legal! Doch dann kommt der Stolz der deutschen Automobilindustrie. Mit 180 bis 210 km/h, fahrtechnisch gekonnt dicht an der Mittelleitplanke und mit aufblitzendem Fernlicht frühzeitig auf diesen straßengebundenen Tiefflug aufmerksam machend. Die Geschwindigkeitsdifferenz zu unserem gerade am Rausch der automobilen Freiheit teilnehmenden Schweden beträgt also 60 bis 70 km/h. Es soll, heißt es, vereinzelt auch deutsche Betreiber alter Nuckelpinnen geben, die sich zur mühsamen Überholung eines mit für uns geradezu mäßigen 130 dahinbrausenden Omnibusses auf die linke Tiefflugspur wagen, doch in den meisten Fällen handelt es sich wahrscheinlich um eingebürgerte Schweden, die mit den üblichen Gepflogenheiten auf Bundesautobahnen noch nicht vertraut sind.

Festzuhalten ist, dass ein Volvo mit gerade 140 Stundenkilometern auf der linken Bundestiefflugspur hierzulande ein erhebliches Verkehrsrisiko darstellt. In wenigen Metern von 210 auf 140 herunterzubremsen ist nicht ungefährlich! Man hat dabei schon rot glühende Bremsen und rauchende Reifen gesehen, von Auffahrunfällen einmal abgesehen! Dabei ist es völlig unerheblich, ob der schwedische Volvo ein deutsches Kennzeichen, ein anderes Markenschild oder eine für schwedische Volvos ungewöhnlich kleine Karosse hat: Kein deutscher Autofahrer würde sich doch mit »nur« 140 Sachen jemals auf die Tiefflugspur der Autobahn trauen!

Dass so viele Schweden trotzdem heil durch Deutschland nach Italien und wieder zurückkommen, liegt allein an den Wohnwagen. Wer mit einem Wohnwagen unterwegs ist, reiht sich in die unendliche Kette der LKWs ein und folgt klaglos mit Tempo 90 dem Zug dieser Lemminge durch die deutschen Mittelgebirge bis zu den Alpen. Das mag deutschen Autofahrern entsetzlich öde erscheinen, ist aber relativ sicher – und entspricht ungefähr der ohnehin maximalen Höchstgeschwindigkeit in Schweden!

Mein schwedisches Zuhause

»Mama, tysken!« — Schwedenflagge — Schwedisch- oder Preußischblau —
Vollkornbrot

Mamaaa! *Tysken!!!*«, brüllte Klein-Frida, als ich mal wieder
auf dem Hof unserer Freunde auftauchte und zufällig sie
die Tür öffnete. Der Deutsche. Da ich diese Tatsache vor mir
selber nicht verheimlichen kann, zuckte ich beim ersten Mal zusammen. Ein alarmierter Aufschrei »Der Deutsche kommt!« –
das ist einem doch schon peinlich! Meine Güte, was sollten
denn die Nachbarn denken! Hier, im Dorf? Vermutlich: *Javisst!*
(Na klar!) Weil Maud, die Nachbarin mit dem ICA-Landhandel, es ja schon am frühen Morgen erwähnt hatte: Sohn Jakob
hatte bei seinem frühmorgendlichen Rasenmähen meinen Wagen hinten auf unserem *tomt*, unserem Grundstück, bemerkt.
Wir waren hundemüde gewesen, als wir nach einer 400 Kilo-
meter-Fahrt auf nächtlicher Landstraße erst gegen ein Uhr
morgens eintrafen. Nachbar Bengt war schon bei Sonnenauf-
gang vorbeigekommen, um mich von Pinnekulla-Per zu grü-
ßen (»Ja, hör det, du, ...«), der mich um 0:30 Uhr vorbeifahren
gesehen hatte. Annika, Fridas Mutter, die gegen fünf Uhr früh
die Kühe gemolken und danach bei Maud *småfranskar* (Brötchen) gekauft hatte, war also bereits im Bilde. Die Kunde, dass
die Deutschen bei Nacht und Nebel mal wieder *Alberts hus* auf
der südschwedischen Ostseeinsel Öland besetzt hatten, erreichte bereits gegen acht Uhr morgens die königliche Regierung in
Stockholm. Angesichts der Größe und der dünnen Besiedlung
Schwedens eine beachtliche nachrichtendienstliche Leistung.
Die Nachricht traf allerdings nicht im Verteidigungsministeri-

41

um, sondern auf dem privaten Handy einer leitenden Mitarbeiterin der nationalen Altenfürsorge ein. So ist das in Schweden. Sie hatte nämlich gerade in Stockholm zu tun und wurde beim Frühstück vom Gatten Gustaf angerufen, der ihr von der Invasion der Deutschen auf dem Nachbargrundstück berichtete.

Guten Morgen, Schweden, die Deutschen sind da! Am späten Vormittag jagten donnernd zwei Saab-Draken-Jets im Tiefflug die Ostküste der Insel entlang. Ich nahm es als Hinweis und beeilte mich, zum Zeichen meiner friedlichen Absichten unsere etwas fadenscheinige Schwedenfahne mit Plastikstiel in die Halterung neben der Haustür zu stecken. Bei der Gelegenheit fiel mir wieder einmal auf, dass ausgerechnet wir Deutschen die Einzigen im Dörfchen sind, die noch immer keinen anständigen Flaggenmast vor dem Haus haben! Dabei gibt es die genormt – mit goldener Spitze! – in jedem Baumarkt. Acht oder zehn Meter, Aluminium, weiß lackiert, mit rostfreier Flaggleine aus Stahldraht. Das leise Klirren, mit dem diese Drahtleinen gegen die Alu-Masten schlagen, ist in langen, windigen Nächten oft das einzige Geräusch im Dorf. Es heißt, Katzen fänden ihr Zuhause mit dem Gehör wieder: Wäre ich eine Katze, würde ich in Berlin-Spandau eine nächtliche Geräuschmischung suchen, gespeist aus dem Dröhnen nah vorbeirauschender ICE-Fernzüge und Tegel ansteuernder Flugzeuge, dem an- und abschwellenden Brummen von Gabelstaplern auf dem Lagerhof der Fabrik hinter dem Bahndamm und fernen Polizei- und Feuerwehrsirenen. Auf Öland hingegen wäre dieses leise Klirren der Flaggleinen an den Alu-Fahnenmasten in den Vorgärten für mich als Katze das einzige akustische Signal, um meine Heimat wiederzufinden.

Was Flaggen angeht, ist man in Schweden aber nachsichtig mit uns Deutschen: Besser eine Billigansteckfahne als gar kein

Blau-gelb. Ich habe bisher noch keinen Alu-Mast gekauft, weil ich für meinen *kors-vimpel* (Schwedenkreuzwimpel) unbedingt einen originalgetreu getakelten, hölzernen Schiffsmast haben wollte. Die Reste liegen heute hinter dem roten Werkstatt-häuschen im Abfallholz: Ein Schiffsmast wird seitlich durch Spannseile abgestützt – und die waren Nachbar Bengt beim Rasenmähen im Weg.

Rasenmähen aber hat in Schweden eine noch höhere Priori-tät als Flaggezeigen. Bengt hat in seinem Vorgarten natürlich einen schönen Alu-Mast stehen, um den er mit seinem Rasen-mähertraktor so dicht herumkurven kann, dass kein Gras-halm mit mehr als drei Zentimetern Länge stehen bleibt. Er hatte auch bei uns mähen sollen – wir wollten schließlich nicht unangenehm auffallen. Man kann aber nicht anständig Rasen mähen, wenn der Deutsche da breit aufgetakelte Holzmasten hinstellt.

Irgendwann soll in unserem Dorf auch mal ein anderer Deutscher statt der schwedischen die Berliner Fahne gehisst haben. – Die hier eingefügte Pause machten unsere Nachbarn, als sie uns das erzählten. Eine vielsagende Pause. Sie vermittel-te uns das Gefühl, von etwas zutiefst Unanständigem zu hören. So etwas tut man nicht! Schweden, Dänemark und Norwegen sind liberale, tolerante, kunterbunte Holzhausländer, doch in dieser Beziehung verstehen sie keinen Spaß. Wer Astrid Lind-grens *Michel aus Lönneberga* gelesen hat und die Episode kennt, in der Michel seine Schwester Klein-Ida am Fahnenmast hoch-zieht, um ihr mal ganz Katthult zu zeigen, erinnert sich viel-leicht auch an die Irritation der Gäste beim Anblick des rot-weißen Kleides am Mast: »Warum hat der Bauer denn den Dannebrog (die Flagge Dänemarks) setzen lassen?!« Lönneber-ga liegt in Småland, und das war jahrhundertelang umkämpf-tes Grenzland zu Dänemark. Die Smålanderin Astrid Lindgren wusste, dass sich diese Frage für ihre schwedischen Leser weit weniger lustig anhört als für uns deutsche Michel. Aber dass man mit uns die Köpfe zusammensteckte und bedeutsam zuraunte, da habe mal einer ..., war dagegen Ausdruck wohligen Gemeinschaftsgefühls: Alle Nachbarn wussten, dass wir Deutsche sind, sogar Berliner, aber wir waren eben »ihre« Deutschen, mit unserem kleinen Schwedenfähnchen an der Haustür.

Als »adoptierter« Angehöriger einer kleinen schwedischen Dorfgemeinschaft habe ich auch keinen rot-gelben Elchschildaufkleber an meinem Auto. Kein Schwede fährt damit herum, nur Touristen verfallen auf diese Idee. Kein Tourist zu sein bedeutet, auf der rund 130 Kilometer langen, im Herbst und Winter recht einsamen Insel Öland immer wieder aus vorbeifahrenden Autos oder vom Straßenrand lässig gegrüßt zu werden. Man kennt sich. Meist nur mit dem Vornamen, aber das reicht: Da der größte Teil der Bevölkerung entweder Svensson, Johansson, Andersson oder Persson heißt, redet sich hier niemand mit Nachnamen an. Und weil unsere Schweden prinzipiell keine Gelegenheit zum Feiern auslassen, erfreuen sich die Namenstage großer Beliebtheit. Das hat zur Folge, dass schwedische Eltern ihren Kindern seit jeher bevorzugt Namen geben, denen im allgegenwärtigen Almanach ein bestimmter Namenstag zugeordnet ist. Die in Deutschland so überaus beliebten ausgefallenen Doppelnamen wie Thorben-Till, Hosea-Che, Kiera-Leonie oder Maybritt kommen nicht vor, denn so benamte Kinder würden im Jahreslauf ja lebenslang einen Feiertag weniger haben. Und da Namenstage für Jahrzehnte festgelegt sind, wirken schwedische Vornamen heute auf uns merkwürdig beharrlich, fast altmodisch: Da gibt es die christlichen Marias, Brigittas, Fridas, Christers, Simons und Johanns und die alten nordischen Sivs, Ingers, Börjes, Håkans und Svens. Die Charlottas, Gustafs und Alfreds. Das Bedürfnis, mit Namen

Botschaften an die Mitmenschen zu senden und einen Wettbewerb der Originalität zu eröffnen, ist in Schweden geringer ausgeprägt als bei uns. Mit Christoph, Max und Lukas lagen wir namensmäßig innerhalb des schwedischen Identitätskosmos, nur der Name meiner Frau, Ute, hatte überraschenderweise große Akzeptanzprobleme. Ihr altdeutscher Name ist in Skandinavien ungebräuchlich. Unsere Freunde und Nachbarn weigerten sich schlicht, sie mit »Ute« anzureden, denn *ute* ist in Schweden kein Name, sondern das Wort für »draußen«. *Ute i landet*, draußen auf dem Land. Unmöglich. Die nächste, für unsere Freunde akzeptable Annäherung an den Namen meiner Frau klang wie Udo. Eine äußerst grenzwertige Lösung.

Dazugehören ist einerseits eine Ehre, andererseits eine Verpflichtung, der man sich nicht entziehen kann. Unser Haus auf Öland steht mitten im Dorf, wenige Schritte von der Dorfkirche entfernt, ein weißes Holzhaus auf einem gemauerten, grau verputzten Kellersockel. Da die blauen Sprossenfenster dringend Farbe benötigten, machten wir uns eines schönen Sommertages daran, alle Fenster mit blauer Lackfarbe nachzustreichen. Die Farbe hatten wir vor der Abreise in Deutschland gekauft. Wir waren noch nicht fertig, da erreichte uns ein Anruf meines Schwiegervaters, dem das Haus gehört: »Aufhören, sofort aufhören! Alles falsch!« Was war geschehen? Die Farbe, die wir in Deutschland gekauft hatten, war Preußischblau, kräftig, leuchtend, nicht das eher taubenblaue »Schwedenblau«, das wir, noch unerfahren, für schlicht ausgeblichen gehalten hatten. Unsere Nachbarn waren schockiert. Fenster für Fenster verlor unser Haus in ihren Augen seinen weiß-taubenblauen schwedischen Charakter. Besorgt riefen sie in Berlin an: »Klaus, stopp deine Kinder, die verhunzen das Haus!« Also auf zum Baumarkt und für teures Geld das richtige, das schwedische Blau gekauft. Den Farbton gibt es in Deutschland überhaupt nicht zu kaufen! Aber die tiefe Zufriedenheit unserer Nachbarn war anschließend fast mit Händen zu greifen. Und das war es wert.

Nachdem wir schließlich die Fenster unseres Hauses korrekt schwedenblau lackiert hatten, wurden wir auch wieder gern eingeladen: Zum Gemeindefeuer am *Valborgsmässoafton* (Walpurgisnacht, 30. April), *Midsommar* (erster Sonnabend nach Sommersonnenwende), *Kräftordag* (Krebsessen, 5. August) oder *Skördefest* (Erntedankfest), *Påsk* (Ostern), *Jul* (Weihnachten) oder *Nyårsafton* (Sylvesterabend). Und irgendwann bemerkte Ute – nicht ich, dies war offenbar zuerst eine Sache unter Frauen –, dass sie von den uns bislang so zugewandten Nachbarinnen merkwürdig geschnitten wurde. Warum? Sie wandte sich an Annika, unsere beste Freundin: »Alle sind plötzlich so reserviert. Sag mal, was ist denn auf einmal los?« Antwort, ganz offen und direkt: »Ja, du, ihr wart jetzt bei uns allen zu Gast. Jetzt wollen die anderen natürlich auch mal sehen, wie ihr so eingerichtet seid.« Wie wir eingerichtet sind? Na klar: Wie nah und wie vertraut sind uns denn »unsere« Deutschen? Wie leben sie denn so, mitten unter uns? Man war, ohne dass uns das richtig bewusst geworden war, sozusagen »in Vorleistung« gegangen. Und jetzt waren wir am Zug. Das war der Tag, an dem wir aufhörten, im Norden nur zu Gast zu sein.

Natürlich waren wir jedes Mal immer nur ein paar Wochen lang da und viel schlechter als unsere Nachbarn und Freunde darauf vorbereitet, zwanzig, mit Kindern (nur den jüngsten, die man nicht allein lassen wollte) sogar dreißig Nachbarn auf einmal zu bewirten. Doch die Botschaft war eindeutig und – wie ich heute weiß – bezeichnend für die nordische Variante der Integration: Wir nehmen dich mit offenen Armen auf –, aber du musst das auch tun! Während Deutschland inzwischen versucht, Fremde durch Verpflichtungen und Bekenntnisse zu unseren Spielregeln zu integrieren, ohne ihnen privat näherkommen zu wollen, funktioniert die schwedische Gesellschaft anders: Wir wollen wissen, wie du in deinem Leben eingerichtet bist. Wir laden dich ein, aber irgendwann wollen wir auch von dir eingeladen werden. Und wenn du zu uns gehören willst, muss uns das gefallen, was wir von dir erfahren. Sonst bleibst du uns fremd. Und mit betonter, anhaltender Fremdheit kann die schwedische Gesellschaft nur schwer umgehen. Man kann in Schweden nicht anders als die Schweden leben, kann seine Fenster nicht einfach Preußischblau streichen, kann an Flaggtagen nicht fremde Fahnen hissen, kann Gastfreundschaft nicht in Anspruch nehmen, ohne sie auch bald zu erwidern.

Uns Deutschen kommt die »gefühlte« Fremdheit gegenüber unseren nördlichen Nachbarn oft im ersten Moment nicht sehr groß vor, doch sie reicht allemal, um ernsthafte Verständigungsschwierigkeiten zu verursachen. In Dänemark und Norwegen besteht zudem bei manchen – auch gebildeten und weltläufigen Jüngeren! – noch eine Abneigung, sogar Verachtung, mit der man als Deutscher umgehen muss. In Schweden, das vom Zweiten Weltkrieg weitgehend verschont blieb, ist man zwar unbefangener, doch wenn man *Michel aus Lönneberga* einmal zwischen den Zeilen liest und sich klarmacht, dass Astrid Lindgren sozusagen »hinter« den amüsanten Abenteuern ihres kleinen »Emil« – wie er im schwedischen Original heißt – mit akribischer Genauigkeit die schwedische Gesellschaft zu Beginn des letzten Jahrhunderts beschrieben hat – eine weltferne, verbreitet arme, landwirtschaftlich geprägte Gesellschaft mit hungernden Alten, perspektivlosen Landarbeitern und Mägden, Guttemplern gegen die verbreitete Alkoholsucht, fehlender Infrastruktur und Angst vor Missernten –, dann versteht man, dass die Schweden und die Norweger den Aufstieg zu modernen Industrienationen noch immer als nationales Glück feiern.

Schweden hat viele Hungersnöte durchlitten. Sie haben die Nation tief geprägt. Als wir unseren neuen Freunden, selbst Bauern, einmal beim ersten Wiedersehen aus Deutschland mitgebrachtes Vollkornbrot (gibt es so in Schweden nicht) vorsetzten, kosteten sie es neugierig, verzogen aber bald alle das Gesicht: »Sehr – kompakt!«, lautete das Urteil; das kernige, kräftige, krustige Brot wurde nicht als urig, sondern als hartes »Hungersnotbrot« empfunden. Das heutige schwedische Gegenstück, der *fullkornslimpan*, ist weich, mit Sirup gesüßt und versichert der Nation bei jeder Mahlzeit, dass keine Hungersnot droht. Die einzige Alternative ist tatsächlich Knäckebrot, das gern in der klassisch runden Form gegessen wird. Knäckebrot – einst der Zwieback des Nordens – wird inzwischen allerdings überwiegend so genossen wie in Deutschland heute die salzigen Cracker: als knuspriger Snack.

Essen ist in Schweden jedoch ein ganz eigenes Kapitel.

Grußrituale
Hej – Wir Südländer – Auf Wiedersehen?

Hej! Nein, das ist kein Alarmruf. *Hej* – gesprochen etwa so: häiij! – ist die alltägliche Begrüßung, etwas unverbindlicher als »Guten Tag!«, aber weitaus förmlicher als das amerikanische »Hi« und etwas ganz anderes als das deutsche »He!«, mit denen es dennoch eng verwandt ist. Wenn man Sie so begrüßt, sind Sie wirklich in Schweden angekommen. Ihr Gegenüber hat Sie wahrgenommen, und sein *Hej* signalisiert Ihnen, dass Sie jetzt dran sind. Mehr erst einmal nicht. In Schweden wünscht man Ihnen nicht gleich einen guten Tag. Erstens kennt man Sie (meistens) gar nicht, weiß zweitens sowieso nicht, was Sie eigentlich wollen, und drittens hat man womöglich selbst gerade einen schlechten Tag. *Hej* entspricht inhaltlich also ungefähr dem Dingeling-Geräusch, das ein Computer von sich gibt, wenn das Betriebssystem hochgefahren ist.

Wir reden einfach zu viel! Das ist ganz eindeutig. Deutsche brauchen für alles viel mehr Worte als die nördlichen Nachbarn. Wir sind uns dessen oft gar nicht bewusst. Daran gewöhnt, uns eher mit den temperamentvolleren Südeuropäern zu vergleichen, halten wir uns selbst eher für kühl, rational und vergleichsweise maulfaul. Doch das ist – wie alles – relativ: Von Norden aus gesehen, wirken wir Deutschen ausgesprochen schwatzhaft. Überträgt man einen englischen Text ins Deutsche, so wird er deutlich länger – bis zu 30 Prozent! Auch das Schwedische ist knapper: Man vergleiche mal *hej* mit »Guten Tag«: 150 Prozent mehr Text – das will mental erst mal verarbeitet sein. Unser wort- und bedeutungsreicher Standardgruß

»Guten Tag!« und – in Geschäften – das noch viel wort- und bedeutungsreichere »Was kann ich für Sie tun?« bestärken die Schweden in der Annahme, dass ihre Nachbarn auf der anderen Seite der Ostsee redselige Südländer sind. So kann für einen Schweden in Deutschland bereits eine simple Begrüßung zu einem anstrengenden Kulturschock werden: »Hej!« – »Guten Tag!« – »Ja. Ja men hej!?« – »Wie bitte?«. Ungefähre Übersetzung, die das Problem deutlich macht: »Dingeling.« – (Ratlos:) »Guten Tag?!« – »Äh wie? Ach so, ja, nun: Dingeling!« – »Was wird das jetzt?«. Und so läuft das Schiff namens Kommunikation bereits bei der Begrüßung auf Grund.

Ach übrigens: Die deutschsprachigen Schweizer, Angehörige einer sehr kostenbewussten Nation (und geografisch südlich von uns, also auf der eher temperamentvollen Seite gelegen!), haben eine genial kurze Reaktion auf solche Unverständlichkeiten oder Denkpausen ihres Gegenübers erfunden: »Wird's?!« Die hochdeutsche Übersetzung dieses Ausdrucks lautet etwa: »Was wird das jetzt?« oder »Kommt noch etwas?«. Eine Silbe statt vier, also 75 Prozent weniger Sprachaufwand; dabei viel teilnahmsvoller als unsere knappste Unverständnisbekundung (»Häh?) oder unser herrisch forderndes »Und?«. Ganz zu schweigen von der schweizerischen Standardbegrüßung: »Grüezi!« Ich vermute mal, dass das eine sparsame, aber wunderschöne Verknappung von »Ich begrüße dich!« ist (»I grüaß di«). Sparsam, aber trotzdem respektvoll. Das niederdeutsche »Moin!« (in Hamburg gern »Moin-moin!«), verwandt und abgeleitet vom angelsächsischen »Good morning!« und dem alten skandinavischen »god moron«, erlaubt in seiner Kürze kaum eine negative Einfärbung. Die drei verbundenen Silben von »Guten Tag« ermöglichen dem Sprecher jedoch deutlich erkennbare Betonungsbögen, vom herzlichen »Guten Tag« bis zum unwirsch gebellten »Guten Tag!« mit ganz kurzem »A«. Wohl jeder hat schon einmal die Erfahrung gemacht, mit einem »Guten Tag!« eher angeblafft als begrüßt zu werden.

Wir gestalten unsere Begrüßung gern durch ein paar zusätzliche Worte oder Laute individuell, je nachdem, wen wir wie begrüßen wollen: »Ach, guten Tag!«, oder »Oh. Guten Tag!?«, oder »Guten Tag, Frau Maier!« und manchmal sogar »Ach, hallo! Guten Tag!«. Die Schweden hingegen können das nicht. Mehr noch: Sie wollen es auch nicht. »Hej, Herr Svensson« ist ganz unmöglich: Wenn ein Schwede weiß, dass er Herrn Börje Svensson vor sich hat, müsste er – weil man sich in Schweden nicht mit dem Nachnamen anredet – freundlicherweise mindestens »Hej, Börje« sagen, was aber nicht geht, weil man das knappe *hej* nicht in Verbindung mit einem Namen benutzt. »Hallo Börje!« geht auch nicht, weil »Hallo« allein, ohne Zusatz, in Schweden nicht üblich ist – *Hallo där!* ruft man nur, wenn man jemanden zur Ordnung mahnen will, die Bedeutung entspräche etwa einem Warnruf: »Was soll denn das?!« Es gibt tatsächlich nur eine Möglichkeit, Börje Svensson korrekt zu begrüßen: *Hej!* Punkt.

Deutsche tun sich sehr schwer, zum Beispiel einen schwedischen Polizisten einfach mit einem *hej* anzureden. Verglichen mit den deutschen Oberförstern in halbzivilem Beige-Grün trägt die schwedische Polizei ehrfurchtgebietende, schwarzblaue Uniformen mit hundert Taschen und mindestens zwei Dutzend sichtbaren Ausrüstungsgegenständen unklaren Zwecks. Zu so jemandem möchte unsereiner höchst ungern einfach nur *hej* sagen. Das ist uns zu knapp, wir vermissen den gewohnten, friedensstiftenden Hinweis und den Wunsch nach einem guten Tag. Der schwedische Polizist, der mich für eine Alkoholkontrolle angehalten hat, legt jedoch keinen Wert darauf, dass ich einen »Guten Tag« wünsche. Ob der Tag gut ist, will er ja gerade herausfinden. Ich mache mich also gleich verdächtig. Nein, es ist am besten, ich sage nur »Dingeling«, äh: *hej* und lasse den Polizisten alles Weitere selbst herausfinden.

Übrigens: Der Begriff vom »Guten Tag« ist in Schweden auch bekannt, allerdings nur in einem ganz speziellen Zusammenhang: *Goddag, mina damer och herrar!* Doch wenn Sie das hören, haben Sie hoffentlich ein Stullenpaket dabei: Es ist eine übliche Vortragseinleitung.

Eine andere Art der Begrüßung, die man als Besucher Schwedens nur bei bestimmten Gelegenheiten verwenden sollte, ist das jugendliche *Hej, hur är läget?* (Wie steht's denn so?) Das wird gern betont cool noch mehr verknappt: *Läget?* Als allgemeiner Gruß eher ungeeignet, kommt es doch bei der Polizei noch schlechter an als das deutsche »Guten Tag«!

Was macht der Computer, wenn man das Betriebssystem wieder herunterfährt? »Dingeloong!« Auf schwedisch: *Hej do!.* Ende, aus. Man wünscht sich in Schweden kein Wiedersehen, was merkwürdig ist, denn in dieser zahlenmäßig kleinen Nation mit ihren großen Entfernungen besitzt das Wiedersehen tatsächlich einen hohen Wert. Schweden fürchten Einsamkeit und zelebrieren jedes Wiedersehen. Während wir möglichst Abstand voneinander halten und Fenster ohne Gardinen oder Vorhänge nicht leiden können, suchen die Schweden Kontakt um jeden Preis: Hat jemand Geburtstag, wird schon mal mit Kreide groß auf die Straße vor seinem Haus gemalt: »Lars hat Geburtstag – bitte hupen!«. Was dabei allerdings tatsächlich auf der Straße steht, hat schon manchen deutschen Schwedenfahrer rätseln lassen: LARS HAR FD, VSG TÜTA! (*Lars har födelsedag, varsågod tüta!*).

Und dann kein »Auf Wiedersehen«? Was geht da vor? Eigentlich das Gleiche wie bei der Begrüßung: Mit einem *Hej do!* ist das Treffen förmlich korrekt beendet. Wenn man ein klein wenig verbindlicher sein will, kann man auch *hej-hej!* sagen. Zweimal; bloß nicht dreimal! Dreimal wäre wieder eine – allerdings alberne – Begrüßung. Nur wenn man wirklich den Gesprächspartner wiedersehen will, fügt man eher ein verbindliches *vi ses* (wir werden uns sehen) an. Es ist aber keineswegs unhöflich, darauf zu verzichten – wer will schon beispielsweise die Polizei wiedersehen? Und die wünscht in Deutschland auch lieber »Gute Fahrt!«, wenn man seinen Führerschein behalten darf. Daher wirft das in Deutschland sonst überall gebräuchliche »Auf Wiedersehen!« für unsere schwedischen Fast-Nachbarn ein mentales Problem auf: Will man das?

Wie deutsch ist Schwedisch?

Die amerikanischste Nation — Schwedisch für Anfänger — Emanzipation der Frauen — Die schwedische Presse — Luftholen beim Sprechen

Schweden ist die amerikanischste Nation Europas. Klingt komisch, nicht wahr? Wir Deutschen haben seit 1945 immer angenommen, wir seien das – womit ich mich gerade als ehemaligen Westdeutschen geoutet habe. Sind wir aber nicht. 2007 legte ich mit meiner Familie bei einer Reise quer durch Schweden einen Zwischenstopp im Dörfchen Bunn nahe Jönköping ein, der Stadt, in der sich das weltweit einzige Streichholzmuseum befindet, am Vätternsee, dem zweitgrößten See des Landes. Wir übernachteten dort in einer aus kleinen, schwarz-weißen Holzhäusern bestehenden Anlage, *Rum och frukost* (Zimmer mit Frühstück) genannt, betrieben von einer schwedisch-evangelikalen Gemeinschaft. Die einzigen anderen Gäste waren Amerikaner, eine Familie aus Alaska, die in Schweden die ältere Verwandtschaft treffen wollte. Kein Sightseeing, nein, das Ehepaar mit erwachsenem Sohn und Tochter war unterwegs zu einem Familienbesuch.

Das ist in Schweden völlig alltäglich. Denn nahezu jede Familie hat irgendwo amerikanische Verwandte. Im 19. Jahrhundert nämlich wanderte – von Missernten, Hunger und Elend getrieben – fast ein Viertel der schwedischen Bevölkerung nach Amerika aus. Aus Deutschland kamen der Zahl nach sogar noch mehr Auswanderer, mein Familienname ist heute in den USA viel verbreiteter als in Deutschland selbst, doch ich kenne keine Verwandtschaft in Amerika. Irgendwann wurden alle Verbindungen gekappt.

Vor dem Fall der Mauer empfanden viele Westdeutsche die Bundesrepublik manchmal als 51. Staat der USA, so ähnlich wie viele Ostdeutsche die DDR als Exklave der Sowjetunion sahen. Beides sind wir nicht, waren es eigentlich nie. Es gibt eine ältere Geschichte, eine noch bis vor gerade einmal hundert Jahren (nur drei Generationen!) lebendige gemeinsame Geschichte von Deutschland, Schweden, Russland und Amerika. Der Zweite Weltkrieg hat sie aus unserer Erinnerung gelöscht.

Dabei waren die Schweden einst sogar mal Besatzungsmacht in Deutschland gewesen, im Dreißigjährigen Krieg. Russland geht zurück auf die schwedischen »Kiewer Rus«, einst, im Mittelalter, eine Gründung der Schweden. Stockholm, Visby und Kalmar waren im Mittelalter Mitgliedsstädte der deutschen Hanse gewesen, Visby sogar neben Lübeck eines der Hauptkontore. Hundertsechzig Jahre lang, von 1658 bis 1818, haben in Schweden deutsche Könige geherrscht, auch Zarin Katharina die Große von Russland war eine Deutsche gewesen. Hunderttausende Deutsche und Schweden und tausende Russen wanderten im 19. Jahrhundert nach Amerika aus, prozentual viel mehr Schweden als Deutsche. Der Freiheitskämpfer Carl Schurz, ein Spandauer, der 1848 an den revolutionären Aufständen in Deutschland mitgewirkt hatte, musste auswandern und wurde Mitglied des US-Senats, die schwedische Stummfilmschauspielerin Asta Nielsen machte in Hollywood Karriere und besaß ein Haus auf der deutschen Insel Hiddensee, Greta Garbo, eine Ikone des deutschen Films, war eine Schwedin, so wie die Sängerin Zarah Leander, der Deutsche Herbert Wehner saß während des Krieges in einem schwedischen Gefängnis.

Gerade Herbert Wehner, der 1985 meine Schwiegereltern während eines Besuchs auf Öland anregte, sich auch nach einem Haus auf der Insel umzusehen, ist ein Beispiel für die einst engen wechselseitigen Verbindungen: Wehner, der nach der Machtergreifung der Nazis nach Moskau geflohen war, gehörte dort ebenso wie Walter Ulbricht (der spätere Staatsratvorsitzende der DDR) zu den im berühmt-berüchtigten Hotel Lux untergebrachten deutschen Kommunisten. Von der »Gruppe Ulbricht« wurde Wehner zweimal als angeblicher Verräter denunziert und in das sowjetische Staatsgefängnis Lubjanka eingeliefert, bis er von der Gruppe Ulbricht den Auftrag erhielt, mit deutschen Genossen im neutralen – aber dem Deutschen Reich »freundlich« gesinnten – Schweden Kontakt aufzunehmen. Das gefährliche Vorhaben wurde allerdings entdeckt, und Wehner geriet bis Kriegsende hinter »schwedische Gardinen« – im Gefängnis betreut von der Deutschen Charlotte Burmester, die schon früher mit ihren Kindern Peter und Greta vor den Nazis nach Schweden geflohen war.

Nach dem Krieg heirateten die beiden und kauften ein Haus im Dörfchen Spjuterum auf Öland, das den Wehners bis zu Herbert Wehners Tod 1990 gehörte. Für den sich nach dem Krieg zur Sozialdemokratie bekennenden Politiker war das große, helle Haus ein sommerliches Refugium, in dessen Garten mit dem kleinem Gästehaus die Wehners auch die schwedischen Ministerpräsidenten Tage Erlander und Olof Palme, den deutschen Bundespräsidenten Gustav Heinemann und Bundeskanzler Willy Brandt zu Gast hatten.

Der Zweite Weltkrieg hat viele Erinnerungen zerstört, nicht aber die schwedischen. Die blieben in der Tat weitgehend erhalten. Das geteilte und in die Machtblöcke des Kalten Krieges eingefügte Deutschland fiel für Schweden auch als Wirtschaftspartner aus, da das neutrale Land nicht in die damalige EWG wollte. Die Nabelschnur zum Westen waren die vielen Familienbindungen in die USA. Seit 1945 übernahmen die Schweden Werte, Lebensstile, Vorlieben, Sprache, Moden und Abneigungen in einem Ausmaß von Amerika wie zuvor nur von Deutschland. Auch heute noch, nach der Wiedervereinigung Deutschlands und dem Beitritt Schwedens zur EU, ist das Verhältnis der Schweden zu den USA viel enger und auch unkritischer als das der Deutschen zum großen Bruder. Schon lange ist Schweden so eine Art heimlicher 51. Staat der USA. Wir Deutschen fühlten uns nur eine Zeitlang so – bis uns die nach der Wiedervereinigung gewandelte Rolle Deutschlands schon ungewohnt gewordene Entscheidungen abverlangte. Das nach einem halben Jahrhundert enger Gefolgschaft ausdrückliche deutsche »Nein« zum Irakkrieg der US-Amerikaner hat viele Schweden überrascht. Wir haben es noch nicht bemerkt, aber von Schweden aus gesehen wirkte es so, als meldete sich damit auch der »alte« große Partner im Süden bei dem ja bis heute militärisch neutralen Schweden zurück.

Dass die Schweden im Schnitt noch besser Englisch sprechen als die Deutschen, liegt einerseits an den zahlreichen Familienbindungen in die USA, andererseits an einer uns gar nicht recht bewussten Ausgrenzung und Abwendung von unserem schwedischen Nachbarn, die in Schweden jedoch sehr wohl bewusst erlebt wurde. Deutschland, jahrhundertelang bedeutendster Handelspartner, kulturelles Vorbild und politische Interessensphäre Schwedens, wurde nach dem Krieg geteilt und in West und Ost den Blöcken zugeordnet. Schweden blieb neutral – und geriet ins Abseits. Seither hat in Schweden das Englische Deutsch als Pflichtfremdsprache abgelöst. In Deutschland wurden 300 Jahre bewegter deutsch-schwedischer Geschichte als offenbar »entbehrlich« aus den Lehrplänen genommen.

Und von Schwedisch als Fremdsprache in Deutschland schweigen wir lieber: Schwedisch ist keine Weltsprache. Schwedisch wird nur in Schweden (und noch vereinzelt in Finnland) als Muttersprache gesprochen – von insgesamt nicht mehr als 10 Millionen Muttersprachlern, im Gegensatz zu rund 110 Millionen deutschsprachigen Europäern. Vielen Deutschen gelten die untereinander eng verwandten nordischen Sprachen auch als schwierig. Vielleicht liegt es ja am ungewohnt nachgestellten Artikel. Als ich den mal erklären sollte, fiel mir spontan ein etwas albernes Beispiel ein: Ein Schoschone heißt auf Schwedisch *en schoschon*, mehrere Schoschonen *några schoschoner*. Wenn ich jetzt aber mit dem Finger auf einen zeige und »Der Schoschone!« sage, heißt das in Schweden *schoschonen!*, wobei das plötzlich angehängte »en« kein Plural, sondern unser »der« ist, der sogenannte »bestimmte Artikel«. Er wird in allen skandinavischen Sprachen grundsätzlich angehängt – und das macht eigentlich auch den größten strukturellen Unterschied zu den anderen germanischen Sprachen, also etwa Deutsch, Englisch oder Holländisch, aus. Mehrere Schoschonen heißen auf schwedisch: *schoschoner*. Und wenn ich jetzt sagen will: »Ach, die Schoschonen!«, also diese bestimmten Schoschonen, heißt das: *Oj, schoschonerna!* Der bestimmte Artikel wird auch im Plural angehängt und lautet dann immer »-na«.

Der nachgestellte Artikel stellt für viele Deutsche das größte grammatikalische Hindernis beim Erlernen einer skandinavischen Sprache dar. Er hebelt unsere Art zu sprechen und zu betonen aus. Wir betonen gern auf der ersten Silbe – die Schweden aber auf der vorletzten. Wir »stechen« geradezu mit unseren betonten Artikeln zu: D<u>e</u>r Mann da, während im Schwedischen ausgerechnet unser drastischer Artikel – weil angehängt – immer unbetont gesprochen wird: *M<u>a</u>nnen där!* Daran muss man sich erst einmal gewöhnen, das Englische mit seinem gewohnt vorangestellten Artikel ist uns da trotz dessen starkem frankonormannischen Einschlags viel näher: Ein Auto ist *en bil*, das schwedische *bil* ist – wie unser »Auto« – eine Verkürzung von »Automobil«, das Auto ist *bilen*, mehrere Autos sind *bilar* und die Autos sind eben *bilarna*. Da kann man nichts machen; Fremdsprache bleibt Fremdsprache.

Schwedisch wird manchmal als das »Französisch des Nordens« bezeichnet. Das liegt am fortschreitenden Lautwandel, der unser vertrautes, hartes »K« im schwedischen *kök* (Küche), *kista* (Kiste) und *kex* (Keks) bereits weich und gleitend gemacht hat: gesprochen werden sie »schök«, »schista« und »scheks« – wobei sich der Lautwandel bei *kex* derzeit gerade erst ereignet: Auf Öland sagen wir noch »keks«. Das sind Feinheiten, in die man sich mit der Zeit hineinhört. Das im schwedischen Alphabet auffällige »Å« wird zum Beispiel immer wie ein langes »O« (etwa in unserem Wort Boot) ausgesprochen, schwedisch »A« wie unser kurzes »O« und das schwedische »O« schließlich wie unser »U«. Und falls Sie ein schwedisches Wörterbuch aufschlagen und nach Begriffen suchen, die mit »Å«, »Ä« oder »Ö« beginnen – z. B. *år* (Jahr), *äkta* (echt), oder *öde* (einsam, verlassen) –, müssen Sie ganz am Ende nachschlagen – diese Buchstaben sind in Schweden unserem bekannten lateinischen Alphabet angefügt.

Wer als Urlauber nach Skandinavien fährt und aus dem Auto heraus Werbeplakate, die Schildchen im Supermarkt oder die Infoflyer in Tourismusbüros liest, stößt immer wieder auf Wörter, die sich uns Deutschen intuitiv zu erschließen *scheinen*. Wörter, die sowohl das Deutsche als auch das Schwedische kennen – und die trotzdem *ganz* unterschiedliche Bedeutungen haben. Ach ja: *ganska* ist auch so ein falscher Freund!

Nyårsafton (Sylvester) auf Öland. Es war eine schöne Feier gewesen, und nach dem Feuerwerk wollte ich mich bei unserer Gastgeberin Britta bedanken. Ich wollte wenigstens zum Ausdruck bringen, dass es »ganz toll« gewesen sei, *Det var ganska brå!*. »Toll« (auch »gut«, »richtig« oder »in Ordnung«) ist ein Wort, das man in Schweden sehr rasch kennenlernt: *brå* (ausgesprochen: »broo«, das Wort ist entfernt mit unserem »brav« verwandt) begegnet einem immer und überall. Was ich noch nicht wusste: Das Wort taugt nicht als Lob, es ist dafür viel zu schwach. Man hat wohl ein *brå känslan* (gesprochen: broo schänslan), ein gutes Gefühl, doch um jemanden ernsthaft zu loben, muss *brå* aufgewertet werden, am besten durch *jette*, Riese, riesig, die absolut mindeste Steigerungsform des Schwedischen. Also, wenn die Feier wirklich gut war, dann war sie wenigstens *jettebrå*. Und wenn sie wirklich ganz, ganz toll war, dann kam das Wort *ganska* jedenfalls überhaupt nicht infrage! Man sagt zwar, etwas sei *ganska tråkig (tråkig* = langweilig), und wir Deutschen verstehen das denn auch als »ganz langweilig«, aber das ist ein Kurzschluss: *ganska* bedeutet nicht »ganz«, sondern »ziemlich« – und das ist etwas *ganz* anderes. Was ich unserer perfekten Gastgeberin Britta also mit bemühtem Schwedisch mitteilte, war, dass ihre Feier »ziemlich gut« gewesen war. Schlimmer kann man es kaum machen.

Die ganze eben noch so fröhliche Gesellschaft verharrte auf einmal in tiefem Schweigen. Alle Schweden hielten die Luft an und warteten auf eine Erlösung, einen gelungenen Scherz. Doch der kam nicht: Ich sah mich verwirrt um, und die plötzliche Spannung legte sich erst, als mein bester Freund Björn begriff, wo mein Fehler lag, und laut loslachte. Britta war das unschuldige Opfer der nur noch scheinbaren Nähe des Schwedischen und des Deutschen geworden: Viele Wörter, vor allem die alten, alltäglichen Bezeichnungen vieler Dinge, entsprechen unseren und verweisen auf die gemeinsame Sprachwurzel, doch während der kleine, abgelegene schwedische Sprachraum weiter an den alten Bedeutungen festhält und neue Begriffe hemmungslos importiert, hat sich die Bedeutung vieler dieser Worte in der deutschen Sprache – unter dem Druck jahrhundertelangen Austausches – stark verändert. Noch im Mittelalter war uns der »Rock« ein umgehängtes Kleidungsstück, etwas, das wir heute wahrscheinlich »Cape« nennen würden. Als der Rock Ärmel bekam, wurde daraus in Deutschland sprachlich der »Mantel«, lateinischen Ursprungs; der alte »Rock« rutschte auf Hüfthöhe und bezeichnet im Deutschen heute eine Damenbekleidung. Diesen Bedeutungswandel haben die Schweden zum Beispiel nicht mitgemacht: Der Mantel heißt in Schweden heute noch *rock* und man sagt *Glömma inte rocken!*, wenn man jemanden erinnert, doch seinen Mantel nicht zu vergessen. Für den heutigen Damenrock fand das Schwedische den neuen Begriff *kjol*, in den Kaufhäusern unter dem Plural *kjolar* zu finden – falls Sie mal danach suchen sollten.

Ein weiteres gebräuchliches, für uns scheinbar intuitiv verständliches Wort ist *finden*. *Vå finns bröd?*, fragt der Deutsche auf der Suche nach Brot und löst bei dem gefragten Schweden Verblüffung aus: *Här, naturligtvis!*, hier natürlich, doch das hilft uns nicht wirklich weiter. Wir wollten ja fragen, wo man in dem riesigen *stormarknad*, dem Großmarkt, das Brot findet, aber übersetzt lautet unsere Frage »Wo gibt es Brot?«. Ich finde, das ergibt einen kleinen, fast philosophischen Einblick in die nordische Seele: Alles, was es gibt, kann gefunden werden, und was man findet, das gibt es auch. Suchen wir also weiter.

Sprachliche Feinheiten verraten immer viel über die Mentalität eines Volkes. Was uns ein »Vorsitzender« ist, das ist den Schweden *en ordförande*, wörtlich: ein Wortführer. Ein Wortführer ist für uns eher ein Meinungsmacher, aber die Schweden sind eine konsensorientierte Nation, die Amtsinhabern selten öffentlich widerspricht. Daran haben Politik und Medien sich gewöhnt: Dem Wortführer steht das Wort zu, und wer sich öffentlich äußert, ist in Schweden immer irgendwie ein *chef*, ganz besonders im öffentlichen Leben, dem *svensk näringsliv*: Da gibt es den lokalen *polis-chef*, den Polizeichef, den *förbundschef*, also Verbandschef, den *förvaltningschef* (Verwaltungschef) oder *partichef*, den Parteichef. Die Schweden akzeptieren amtliche Autorität anders als wir: Wir Bundesrepublikaner nehmen sehr genau wahr, ob sich eine Ministerin zu einem Thema äußert oder ein Staatssekretär, eine Landrätin oder ein Verwaltungsleiter. Im Zweifelsfall warten wir auf ein »Machtwort«. Diesen Begriff kennen die Schweden bezeichnenderweise nicht: Die Schweden glauben an ihre Institutionen – und sie nehmen sie sehr ernst. *Ansvarlighet*, Verantwortlichkeit, ist ein wichtiger Begriff. Auch wir suchen immer nach Verantwortlichen, doch die schwedische *ansvarlighet* hat eine umfassendere Bedeutung als das deutsche Pendant: Alle Amtsinhaber genießen einen auf ihrer Verantwortung für die *samhället*, die Gemeinschaft, beruhenden Vertrauensvorschuss.

Amtsbezeichnungen oder Dienstgrade sind in Schweden dagegen weit weniger wichtig als bei uns, die Hierarchien sind deutlich flacher. Das ist für die Presse sehr angenehm: Jeder, der sich zu irgendeiner Sache äußert, ist *en chef*, den man gern mit einer persönlichen Ansicht konfrontiert; *Kalmaren Eva Nybrand är inte tillfred med det*, Eva Nybrand aus Kalmar (wörtlich: die Kalmarerin) ist damit nicht einverstanden (wörtlich: zufrieden). Steigerung: *Eva Nybrand är upprört* (ist aufgebracht) oder noch kürzer: *Upprörda Eva Nybrand anklaga polis-chefen!* (Die aufgebrachte Eva Nybrand macht den Polizeichef verantwortlich.) Und das ist für schwedische Verhältnisse schon ziemlich starker Tobak. So lauten Schlagzeilen in *Expressen* oder *Aftonbladet*, den schwedischen Revolverblättern.

Wer sich über die scheinbar rein männlichen Bezeichnungen der Chefs wundert und mich männlicher Einseitigkeit verdächtigt, irrt: Das Schwedische kennt keine männlichen, weiblichen oder sächlichen Begriffe, kann zwischen »Chef« und »Chefin« nicht unterscheiden: Linda Vahlin ist *en chef,* ebenso wie Lars Bengtsson *en chef* ist: »en mann, en fru, en barn«, ein Mann, eine Frau, ein Kind. Weder aus der Schlagzeile noch aus Amtsbezeichnungen erschließt sich, ob *en chef* ein Mann oder eine Frau ist. Und obwohl Frauen im Königreich Schweden politische Bürgerrechte auch erst im Zuge der Emanzipationsbewegung erhielten – die schwedische Gesellschaft neigt zur Konformität und hat sich bis 1933 besonders an Deutschland orientiert –, besaßen Frauen in ganz Skandinavien seit alters her größere Persönlichkeits- und Besitzrechte als ihre Geschlechtsgenossinnen in Mittel- und Südeuropa. Die Folgen sind bis heute spürbar. Bei IKEA zum Beispiel sind 40 Prozent aller Topmanager Frauen – eine hierzulande noch schwer vorstellbare Quote. Die Frage nach dem modernen Männerbild zum Beispiel und dem modernen Rollenverständnis von Männern und Vätern, die Deutschland seit einigen Jahren beschäftigt, ist in Schweden schon früh, sehr unaufgeregt und in meinen Augen sehr schwedisch beantwortet worden: Wenn etwas nicht passt, zerreibt man sich nicht in kontroversen Grundsatzdiskussionen, sondern weicht eben die Norm auf. Es gibt einfach kein irgendwie definiertes Frauen- oder Männerrollenbild mehr. Ich habe gestandene Führungskräfte in kunterbunten Jogginganzügen Kinderwagen schieben und martialisch wirkende Wikinger auf Rathausplätzen Babys die Flasche geben sehen, ich habe treusorgende Familienväter mit schweren Gewehren auf Elchjagd und schwedische Landfrauen ekstatisch bei militärischen Machtdemonstrationen klatschen und jubeln gesehen.

Nicht politische Konflikte beherrschen die Schlagzeilen, sondern Katastrophen. *Expressen* und *Aftonbladet* überbieten sich täglich mit Katastrophenmeldungen, mit gruseligen Gewaltakten, Algenpest, Monsterstürmen, »riesigen« Verkehrsunglücken und Sexorgien. Vorzugsweise in Schweden. Katastrophen im Ausland beschäftigen die Schweden eigentlich nur dann, wenn Schweden dabei mitbetroffen sind. Politik und soziale Fragen dagegen sind die Domäne der seriösen Tageszeitungen, von *Svensk Nyheter* oder *Svenska Dagbladet*, kleingedruckt und unaufgeregt sachlich, selbst dann, wenn es um zentrale Fragen geht.

Politik ist nicht das Feld der Boulevardblätter, die auf der Titelseite gern riesengroß *Svensk paret naken på strand!* zeigen, ein ausdrücklich schwedisches Pärchen nackt am Strand. Warum es der Zeitung wichtig ist, darauf hinzuweisen, dass es sich bei dem freizügigen Pärchen um Schweden handelt? Weil es nicht um Nacktheit, sondern um Sex am Strand ging und wir uns womöglich falsche Vorstellungen über die schwedische Freizügigkeit in sexuellen Angelegenheiten machen. Sex ist ein wichtiges Thema in Schweden, ja, und Aktfototitel finden sich in jeder schwedischen Zeitungsauslage, aber nicht, weil die Schweden so besonders offenherzig sind, sondern weil das schwedische Interesse daran so groß und der gesellschaftliche Widerstand gegen diese Art des Exhibitionismus so gering ist. Aber Geschlechtsverkehr in der Öffentlichkeit war für *Expressen* dann doch ein Aufreger.

Aber man muss als Deutscher bei diesen Schlagzeilen aufpassen: Wenn berichtet wird, ein *polis-chef* sei irritiert (*irriterad*), dann bedeutet das nicht, dass er oder sie über einen Vorgang verwirrt und unschlüssig ist, sondern dass er oder sie zornig bis kurz vor der Explosion ist. Man gibt sich in Schweden gern »moderat«, und wenn man das weiß, wundert es auch nicht, dass neben den Sozialdemokraten die »Moderaten« – *Moderaterna* – als konservative Partei eine große Rolle spielen und viele Wähler anziehen, zuletzt 26 Prozent der Bevölkerung. Und dann gibt es in Schweden – so wie in Norwegen und Dänemark – noch einen nationalen Aufreger, den die deutschen bunten Blätter vermutlich schmerzlich vermissen. Eine Institution, die eine Art Klammer zwischen der Gesellschaft und der Politik, dem Märchenhaften und dem Repräsentativen bildet: das Königshaus, in Schweden gern *svensk kungaparet*, das schwedische Königspaar genannt, eine Hommage an die zwar nicht herrschende, aber ungemein beliebte, deutschstämmige Königin Silvia. Das Königspaar und deren prinzlichen, längst erwachsenen Kinder sind ein unerschöpflicher Quell aufregender Nachrichten für *Dam*, Schwedens führende Frauenzeitschrift: *Victoria: Blev henne lycklig med Daniel?* Ob die Kronprinzessin mit Daniel, ihrem Verlobten, wohl glücklich wird – eine Frage, die das Land bewegt und der wir Deutschen nichts Vergleichbares entgegenzusetzen haben. Oder macht sich bei uns jemand ernsthaft Gedanken um das Liebesleben unseres Bundespräsidenten?

Über all das sprechen wir in Schweden. Und während wir sprechen, fällt uns das schwedische Luftholen auf, eine kuriose nationale Marotte: Wenn wir jemandem zuhören, geben wir gelegentlich ein »Hm« von uns oder beweisen unsere Aufmerksamkeit durch ein Brummen, das durch hörbares Ausatmen entsteht. Die Schweden hingegen signalisieren zuhörende Aufmerksamkeit durch ein kurzes, vernehmliches Einatmen: *japp*. Das kann Fremde, die zum ersten Mal in diesen Breiten sind, hochgradig verunsichern. Nach mehreren solchen Luft holenden »Japsern« hat man unwillkürlich das Gefühl, der gerade zuhörende Gesprächspartner pumpe sich – ohne auszuatmen – langsam, aber sicher voll Luft! Man hört also auf zu

65

sprechen, um seinem schwedischen Gegenüber Gelegenheit zu geben, endlich auszuatmen. Bevor er oder sie platzt. Doch dann gucken einen die Schweden verständnislos an und warten darauf, dass man weiterspricht – nur um beim unsicheren Fortfahren gleich wieder mit dem nächsten, aufmerksamen und bestätigendem *japp* zu reagieren. So ganz werde ich mich wohl nie daran gewöhnen!

Der letzte Wikinger war eine Frau

Auf Wikingfahrt – Langboote und Drachen – Die Svea – Bohus –
Schloss Gripsholm – Wie Schweden Großmacht wurde (Dreißigjähriger
Krieg) – Königsschloss Stockholm – Vasa-Museum

Im Kieler Hafen geht es um fünf Uhr nachmittags an Bord.
Auf dieser Reise ist es die *Stena Germanica*, eine dieser riesigen, kastenförmigen Fähren, mit denen man von der Landes-
hauptstadt über Nacht nach Göteborg kommt, der zweitgrößten Stadt Schwedens. Vom Fährhafen tuckert das Schiff nach
dem Ablegen im Schritttempo durch die Kieler Förde, die an
diesem Sommernachmittag voller weißer Segelboote und einiger Großsegler ist. Die Förde ist eine alte Wikingerroute. Die
nordischen »Seekönige« – wie sie sich auf vielen erhaltenen
Runensteinen selbst gern nannten – schätzten solche windgeschützten fjordähnlichen Einbuchtungen, die von See her ein
rasches, tiefes Eindringen in das Hinterland erlaubten. Etwas
weiter nördlich, in der Nähe von Schleswig, liegt Haithabu,
einer ihrer beiden großen Häfen und Handelsplätze. Der andere, Birka, lag einst in der Nähe von Stockholm, an der Mündung
des Mälarsees in die Ostsee. Das ist auch so eine fjordähnliche
Einbuchtung. Von Haithabu am Ufer einer Seitenbucht der
Schlei ist auf den ersten Blick nicht viel übrig, kaum mehr als
ein halbkreisförmiger Wall, über den man – wäre da nicht das
an umgedrehte Bootsrümpfe erinnernde Museum – vermutlich achtlos hinweggestolpert wäre. Doch der Wall ist bezeichnend: auf der Insel Amrum, der Westküste Schleswig-Holsteins
vorgelagert, findet man einen ähnlichen Hafenwall und einen
Grabhügel, der den Königsgräbern im nahen dänischen Vejle

entspricht. Einst wohl von hölzernen Palisaden gekrönt, lassen die Wälle ahnen, dass auch Wikinger gelegentlich ein Schutzbedürfnis hatten.

Eigentlich gab es *die* Wikinger gar nicht. »Wiking« ist kein Stammesname, sondern eher so etwas wie ein Stigma, eine Bezeichnung, so ähnlich wie »Pirat«, die Kennzeichnung einer ganz bestimmten Gruppe seefahrender Marodeure, die vier Jahrhunderte lang – zwischen 700 und 1100 – mit überragend seetüchtigen Booten, den *drakkar* (Drachen), von der offenen See her Küsten überfielen. Auch deutsche Siedlungen, Bremen, zum Beispiel, litten darunter. Die mittel- und südeuropäischen Küstenbewohner erlebten diese Nordländer vor allem als Verbrecher, als Plünderer und Vergewaltiger. So steht es immer wieder in den alten Chroniken geschrieben. Wenn die Wikinger kamen, dann nicht als Eroberer oder Siedler, sondern als Räuber, Sklavenjäger und Vergewaltiger, die über eine überlegene Schiffbautechnik verfügten: Die wegen ihres Stevenschmucks »Drachen« genannten Boote hatten einen Umlegemast und geringen Tiefgang, so konnten sie auch in flache Gewässer vordringen und selbst tief im Binnenland flußnahe Siedlungen überfallen. Mit ihrer Segelerfahrung trotzten die Wikinger jedem Wetter, tauchten überraschend auf, brandschatzten die Küsten und verschwanden rasch wieder. Die frühmittelalterlichen Deutschen, Engländer und Franzosen haben die Wikinger einst so gefürchtet wie etwa die Deutschen später die Mongolen Dschingis Khans, gerade weil die Wikinger mit ihren »Drachen« so schnell, grausam und unerreichbar waren.

Wer aber waren die Wikinger? Es waren Dänen, Nordmannen – die Bewohner Norwegens (*Norge*), die die Franzosen als »Normannen« kennenlernten – und die im heutigen Schwe-

den beheimateten Svea und Göta, die Goten, die in der Völkerwanderungszeit, Jahrhunderte vor dem ersten Auftauchen der
Wikinger, von Mittelschweden nach Spanien und Italien, sogar
bis nach Nordafrika gewandert waren. Göteborg, das südschwedische Götaland, die Insel Gotland und der im späten
Mittelalter in ganz Europa verbreitete Baustil der Gotik erinnern noch an diesen Stamm. Zum Namensgeber Schwedens
wurden jedoch die »Daheimgebliebenen«, der Stamm der
Svea: Bis heute ist Schweden das Reich der Svea, das *svearike*,
im modernen Schwedisch *sverige*.

Die *Stena Germanica* verlässt nun die Förde und nimmt Kurs
Nordost, vorbei an der Insel Fünen, quer durch das dänische
Inselreich. Vierzehn, fünfzehn Stunden bis Göteborg, eine der
Nachtrouten, die erst nach dem Aufkommen der Dampfschiffe
im späten 19. Jahrhundert schiffbar gemacht worden war. Die
eigentliche Hauptverkehrspassage, der Sund, liegt weiter öst-
lich, zwischen Kopenhagen auf der dänischen Insel Seeland
und Malmö auf der schwedischen Seite. Nachts und unter Segeln galten die flachen Gewässer um die dänischen Inseln seit
den Tagen der Wikinger als äußerst gefährlich.

Wikinger, das waren für die Westeuropäer vor allem marodie-
rende Dänen, die – nach der Völkerwanderung der nordger-
manischen Angeln und Sachsen nach Britannien – im 8. Jahrhundert das östliche, inzwischen angelsächsisch gewordene
England unter ihre Kontrolle brachten. Als *danelag*, als Gebiet
dänischen Rechtes. Obwohl die Dänen weder einwanderten,
noch ein zentral regiertes Fürstentum errichteten. Die dänischen Wikinger, die »Seekönige«, eroberten die See, nicht das
Land. Sie beherrschten die Meere mit ihren um 800 nach
Christus unvergleichlich hochseetüchtigen Schiffen, jenem *drak-*

kar genannten schnellen Kriegsschiff und dem als *knorre* bezeichneten Lastsegler, zum Abtransport sperriger Beute ebenso gut geeignet wie für den Transport von Stockfisch und Kühen, auf denen die Landwirtschaft der Kerle mit den Hörnerhelmen beruhte.

Denn wenn sie nicht gerade mit ihren Drachenbooten unterwegs waren, benahmen sich die Skandinavier wie brave Fischer, Viehzüchter und Getreidebauern. Mangels Salz trockneten sie Fisch auf ausgedehnten Stellagen. Rinder und Schafe lieferten Milch, Fleisch, Wolle und Leder, und im recht milden Klima des frühen Mittelalters produzierte die nordische Landwirtschaft beträchtliche Überschüsse. Die Bevölkerung wuchs kontinuierlich, und mit den von ihnen erfundenen, den Schiffbau der kommenden Jahrhunderte prägenden hochseetüchtigen Langbooten kamen sie weit herum. Übrigens: Das vielleicht am besten erhaltene Langboot der Wikinger, das sogenannte Osebergschiff aus dem 9. Jahrhundert, ist nicht in Schweden, sondern im Osloer Wikingermueum zu besichtigen.

Während die Dänen vorzugsweise England, Irland und Norddeutschland überfielen und beraubten, segelten die verwandten Norweger, die »Normannen«, weiter nach Westen, über Island und Grönland bis nach Nordamerika, weiter nach Süden, bis nach Malta und Sizilien, und zeigten ein größeres Beharrungsvermögen. Wo sie eintrafen, versuchten sie Wurzeln zu schlagen, so wie Erik der Rote, der das damals an den Küsten tatsächlich »grüne« Grönland besiedelte, oder Rollo der Wikinger, der im Jahr 911 in Nordfrankreich sesshaft wurde und sich zum Herzog der »Normandie« ernannte. Der französische König war machtlos und behalf sich damit, die Normandie als französisches Herzogtum anzuerkennen. Die nordischen Eindringlinge nahmen das nicht ernst und haben lange darüber gelacht, zuletzt allerdings auf Französisch. Im Jahr

1066 setzte Rollos Erbe Wilhelm, genannt der Eroberer, Herzog der Normandie, nach England über, besetzte die Insel und vereinte die Reste der einst britannischen Herrschaften und des angelsächsich besiedelten *danelag* unter der nun normannisch gewordenen Krone von England. Dabei sollte es bleiben.

Die Entscheidungsschlacht bei Hastings 1066 markiert das Ende der wilden Wikingerzüge. Kopenhagen, der Kaufmannshafen, wurde gegründet, Haithabu verfiel, und die Dänen begannen ihren jahrhundertelangen Streit mit der aufblühenden deutschen Hanse. Wo waren die Schweden geblieben? Die heutige Landkarte verstellt da vielleicht ein wenig den Blick: Das alte Schweden, das Land der Svea und Göta, umfasste bei weitem nicht das heutige Staatsgebiet Schwedens, sondern erstreckte sich in der weiten, flachen und von zahllosen Seen geprägten Tiefebene, die sich von Göteborg am Skagerrak entlang der drei großen Seen Vänern, Vättern und Mälaren bis zur Ostsee hinzieht. Ein Binnenland also, mit nur zwei ganzjährig eisfreien Häfen. Die *västkust*, die heutige schwedische Westküste, und die Ebene von Schonen sowie das hügelige Blekinge südlich der Wälder Smålands waren bis vor 300 Jahren dänisch. Man spricht in Schonen noch immer einen stark vom Dänischen geprägten Dialekt, und die Fahne des schwedischen *Skåne* zeigt selbstbewusst das rote Tuch Dänemarks, allerdings mit einem schwedischgelben Kreuz. Die Seekönige, das waren die Dänen, und sie versperrten den Schweden den Weg aus der Ostsee hinaus.

Doch auch die Schweden verfügten über die nordische Schiffbautechnik und damit über die Fähigkeit, überraschend aufzutauchen, zu plündern und schnell wieder in der Weite des Meeres zu verschwinden. Um 936 nach Christus (in jenem Jahr

71

nahm in Deutschland Otto I., genannt der Große, gerade die römisch-deutsche Kaiserkrone an) herrschten in Dänemark ein Seekönig namens Gorm der Alte und in Schweden Björn der Alte aus dem Geschlecht der *Ynglingar*, der Jünglinge. Offenbar war es in der Spätzeit der Wikinger bemerkenswert geworden, alt zu sein. Das gibt zu denken. Es ist nicht ganz klar, was genau in den folgenden 200 Jahren in Schweden geschah: Nach den lückenhaften Aufzeichnungen folgte auf den alten Björn um das Jahr 950 ein Erik VII. *Segersäll*, der Siegreiche, auch ein Yngling, aber man weiß nichts über die vorherigen sechs Eriks. Den Beinamen »der Siegreiche« erhielt er wegen eines überraschenden Sieges über die Dänen. Ihm folgte 955 bis 1022 Olaf III., genannt *Skötkonung*, Schoßkönig, von dem eigentlich nur bekannt ist, dass er sich christlich taufen ließ. Was sein merkwürdiger Beiname bedeutet, habe ich nie herausgefunden. Doch im mittelschwedischen Städtchen Berg gibt es ein uraltes Nonnenkloster – das erste im Reich –, von dem es heißt, dass dort die Witwen einstiger Könige als Nonnen lebten. Offenbar nicht wenige, denn es ist ja verdächtig, dass auf König Björn den Alten gleich ein siebter Erik folgte: Man wurde anscheinend nur sehr selten alt auf dem Thron von Schweden. Hinzu kommt, dass die Schweden damals freie Bauern waren, die ihre Könige wählten – und regelmäßig auf Wikingerfahrt gingen.

Behindert von den Dänen im Südwesten der Ostsee richteten sie ihr Augenmerk allerdings eher nach Osten.

So gab es in jenen Jahren zwischen 700 und 1100 nach Christus auch schwedische Wikinger, gewalttätige Beutemacher und Handelsfahrer, doch von denen wissen die Slawen und Finnen mehr als wir Deutschen. Diese schwedischen Wikinger entdeckten den Ladogasee beim heutigen St. Petersburg, den Übergang zum Dnjepr, folgten ihm nach Süden, gründeten

Kiew als Umschlagplatz für die begehrten Pelze und fanden den Weg ins Schwarze Meer. Von der slawischen Bevölkerung wurden sie *Rus* genannt. Der Begriff blieb hängen. Der schwedisch-wikingische Einfluss ließ zwar mit den Jahren nach, doch das Land blieb auch für die Nachfolgenden »Russland«.

Während über Malta und Sizilien die Normannen von Westen her in das östliche Mittelmeer vordrangen, erreichten die Kiewer Rus von Norden, über das Schwarze Meer kommend, Konstantinopel (das heutige Istanbul). Die uralte griechisch-römische Metropole hat sie offenbar mächtig beeindruckt. Sie nannten diese Stadt *Miklagard*. Sie nötigte ihnen Respekt ab. Plündern oder einnehmen konnten sie die von starken Mauern umgebene Stadt am Bosporus nicht, und das machte *Miklagard* zu einer Vision, zu einem Eldorado des Nordens. Nicht wenige schwedische und normannische Wikinger traten in den Dienst des Kaisers von Ostrom – und bildeten dessen gefürchtete »Warägergarde«.

Auf dem Heimweg nahmen sie alles mit, was sie kriegen konnten: römische Münzen, arabische Amulette, Goldschmuck und Sklaven. Und sie lernten: Das *futhark*, das nordische Runenalphabet (benannt nach dessen ersten sechs Buchstaben f, u, th, a, r und k) war zwar vom griechischen Alphabet beeinflusst, wurde aber nicht auf Pergament oder Papier geschrieben, sondern erst in Holz und später in Stein geritzt. Mangels Büchern waren die Schriftzeichen denn auch keine Buchstaben, sondern geschnittene »Runen«. Die *skalden*, die Sänger der nordischen Völker, waren davon fasziniert, doch Schnitzen oder Meißeln ist viel mühsamer als Schreiben. Außer kurzen, heute rätselhaften Inschriften (»Ragnar setzte diesen Stein für Björn, seinen Sohn, und Leif, der mit ihm fuhr«) sind nur ganz wenige Zeugnisse der Wikinger von diesen selbst überliefert worden. Und doch: Der nur etwa anderthalb Meter hohe, ungeformte »Karlevi-Sten« nahe Färjestaden auf der Insel Öland überliefert ein fast 1000 Jahre altes Gedicht, den Abgesang auf einen verstorbenen Seekönig aus *Danmarku*, verfasst in senkrechten Zeilen und einem strengen, *drottkvoet* genannten höfischen Versmaß. Hier hatte ein unbekannter nordischer Dichter zu schreiben versucht, obwohl ihm nur die ungelenken Schnitzrunen zur Verfügung standen; jemand, der mehr ausdrücken konnte und wollte als seine marodierenden Zeitgenossen.

Am frühen Morgen des nächsten Tages erreicht die *Stena Germanica* den Hafen von Göteborg; die früh aufgestandenen Passagiere an Deck ziehen unwillkürlich den Kopf ein, als das große Schiff die hohe Hängebrücke über den Götaälv passiert. Ausschiffung in Schweden: Göteborg, mit rund 750 000 Einwohnern die zweitgrößte Stadt des Königreiches, präsentiert sich an diesem dunstigen Sommermorgen als lärmende Industriestadt: Der eisfreie Seehafen ist Schwedens Fenster zur Welt. Die Landungsbrücke überragen die Masten der *Viking*, des weißen, stählernen Windjammers, der am Museumskai unweit des *sjöfartmuseet*, des Seefahrtsmuseums, seine letzte Liegestätte gefunden hat und nun als Tagungsort und Ausflugscafé dient. Aber man denkt hier nicht sehr an Tourismus, Göteborg hat keine Zeit, Göteborg ist die Heimat von Volvo und Schwedens Exporthafen – der Exportanteil der schwedischen Wirtschaft liegt mit 38 Prozent etwa so hoch wie der Deutschlands (40 Prozent). In Göteborg, heißt es, schreibt man keine Gedichte, sondern Rechnungen. Auch gern für Touristen: Mit Liseberg hat die Stadt den größten Vergnügungspark Nordeuropas, mit spektakulären Achterbahnen und hunderttausenden von Blumen.

Also weiter! Wenn man vom Göteborger Hafen nordwärts fährt, entlang der neu ausgebauten Fernstraße in Richtung Oslo, passiert man nach wenigen Kilometern bei Kungsälv die siebenhundert Jahre alte, auf einem Felsen gelegene, gut erhaltene Festung Bohus, ein wuchtiges graues Gemäuer, Namensgeber der Landschaft Bohuslän, das die vereinigten Dänen und Norweger einst gegen die Schweden bauten. Man war sich nicht grün, auch Jahrhunderte nach den letzten Wikingerzügen nicht. Obwohl in Schweden seit 1364 mit Albrecht von Mecklenburg und in Dänemark und Norwegen seit 1442 mit Christoph von der Pfalz deutsche Fürsten regierten. Die einstigen Seekönige – mit so vielsagenden Namen wie Harald Blauzahn oder Erik Blutaxt – waren inzwischen ohne männliche Nachfahren ausgestorben. Der letzte Wikinger war eine Frau, Margarete von Dänemark, und sie erreichte, was die wilden Kerle so lange vergeblich versucht hatten: 1389 wurde sie in Kalmar, in der Nähe der einstigen schwedisch-dänischen Grenze, zur Königin der »Kalmarer Union« gekrönt: Dänemark, Norwegen und Schweden endlich unter einer Krone vereint!

Die Stadt Kalmar hat 1989 pompös »600 Jahre Kalmarer Union« gefeiert. Da war es passend, dass in Dänemark gerade wieder eine Königin Margarete herrschte. Ein Jubeljahr, die großen Schilder »600 Jahre Unionsstadt Kalmar« ließ man lange stehen. Die Jubiläumsfeier der Festung Bohus fiel 2008 jedoch buchstäblich »ins Wasser«, es regnete ununterbrochen. Aber das war irgendwie passend: Man muss kein Historiker sein, um zu bemerken, dass die gefeierte Union der nordischen Königreiche, das Reich der drei Kronen, nicht sehr dauerhaft war. Die Schweden spielten nicht mit, fühlten sich übervorteilt und wählten 1448 mit Karl VIII. Knutsson wieder einen eigenen Gegenkönig.

Oslo, 300 Kilometer nördlich von Göteborg, wirkt auf den ersten Blick wie dessen Schwesterstadt, doch der Eindruck täuscht. Im Gegensatz zur schwedischen Industrie- und Hafenstadt ist Oslo eine relativ junge Residenz- und Verwaltungsstadt, in deren weiterem Umkreis ungefähr ein Drittel der dreieinhalb Millionen Norweger lebt. Vom Zeitalter der Wikinger bis zum Wiener Kongress 1815 gehörte das Königreich Norwegen zu Dänemark – was man bis heute an der Sprache merkt –, danach für ein Jahrhundert zu Schweden, bis es zu Beginn des 20. Jahrhunderts wieder souverän wurde. Beeinflusst von den Einheitsbestrebungen in Deutschland im 19. Jahrhundert gab es auch im Norden eine Strömung, die drei Reiche zu vereinen – den besonders in Schweden verbreiteten Skandinavismus – doch Norwegen strebte nach Unabhängigkeit, und Dänemark, das eine Kolonialmacht gewesen war und noch heute die Hoheit über Grönland besitzt, hatte schon immer andere Interessen als Schweden.

Von Oslo geht es weiter, zurück nach Schweden, nun in östlicher Richtung. Mit dem Auto entlang der E 18, nördlich der großen Seen quer durch das schwedische Stammland, Richtung Stockholm. Man fährt scheinbar endlos durch ein weites, flaches Wald- und Bauernland. Nirgends Burgen oder Festungen, keine Spuren der Wikinger: Erst nach einer ganzen Weile wird einem bewusst, dass man durch die wohl einzige größere Region Europas reist, die nie Krieg erlebt, die nie ein fremder Soldat betreten hat. Die Menschen, die hier seit der Völkerwanderungszeit siedeln, leben seit einem Jahrtausend in tiefem Frieden. Das Leben war nicht leicht – das Klima ist hart, und Hungersnöte waren nicht selten – doch die kleinen Städte, die man passiert, wirken alle so jung und frisch wie Oslo: Örrebro am Vänersee – mit einem hübschen historischen Stadtkern rund um das Schloss und mit den roten Holzhäusern seines Freilichtmuseums – Eskilstuna – malerisch an einem kleinen Fluss gelegen – und Mariefred am See Mälaren: Hier findet sich das Grab Kurt Tucholskys und das von ihm in Romanform verewigte Schloss Gripsholm mit seinen roten Ziegeln und runden Kuppeln. Tucholsky hatte 1929 über die Sommermonate für sich und seine Geliebte Lisa Matthias das nah gelegene Haus Fjälltorp gemietet. Alle diese Städtchen, an denen man vorbeifährt, sind erst mit der aufkommenden Industrialisierung im 19. Jahrhundert gewachsen, hervorgegangen aus einst kleinen Dörfern und verstreuten Herrschaftssitzen.

Die Besetzung von Dänemark und Norwegen durch die Deutschen im Zweiten Weltkrieg war für diese Reiche ein tiefer, heute noch nachwirkender Einschnitt – und doch nicht die erste Fremdherrschaft. Im Dreißigjährigen Krieg hatte der deutsche Generalissimus Wallenstein halb Dänemark überrannt; eine Besetzung durch Napoleons Armee konnten die Dänen nur durch Unterwerfung vermeiden; das Königreich verlor 1864 das Herzogtum Schleswig an die Deutschen; Norwegen gehörte bis vor 100 Jahren zu Schweden. Nicht durch Krieg, sondern durch eine politische Entscheidung des Wiener Kongresses von 1815, aber es war doch eine Verbeugung vor der Großmacht Schweden – und ein Preis für die künftige Neutralität dieser Macht. Im Innenhof des 1537 von Gustav I. erbauten Schlosses Gripsholm bei Mariefred am Mälarsee kann man sie noch besichtigen, die Zeugen der *stormaktstid*, der schwedischen Großmachtszeit, bis zu sieben Meter lang und viele Tonnen schwer: die Bronzekanonen einer stolzen nordischen Großmacht. Doch Gripsholm hat außer Kanonen mehr zu bieten: Im Schloss wird eine berühmte Gemäldesammlung aufbewahrt, ca. 400 Portraits und historisches Mobiliar, besonders im sogenannten Königinnenflügel, und im dritten Obergeschoss ein im 18. Jahrhundert eingerichtetes Schlosstheater mit 20 noch erhaltenen regionaltypischen Bühnenbildern.

Wie aber wurden die Schweden zu einer Großmacht? Als die Schweden 1523 Gustav I. Eriksson aus dem Hause Wasa (nach *vasa*, der Kornähre im Wappen) als erblichen König des Reiches anerkannten und die ohnehin brüchige Kalmarer Union aufkündigten, sah alles erst einmal nach einem Rückfall in das alte Königschaos und die Bedeutungslosigkeit aus. Dänemark rüstete gerade wieder auf, und Deutschland war durch die Reformation in Aufruhr. Hierzulande nahm man kaum wahr, dass auch das abgelegene Bauernreich im Norden die Reformation annahm und lutherisch wurde. So wie zuerst in Brandenburg und Sachsen schied damit die katholische Kirche auch in Schweden als Machtfaktor aus. Auf die Krone Schwedens hatte die neue evangelische Staatskirche allerdings einen unerwarteten Stabilisierungseffekt. Wie dann aus dem nordischen Wald- und Wiesenkönigreich eine europäische Großmacht wurde, ist eine unglaubliche Geschichte – und wir Deutschen hängen da mit drin!

Als die bisher im Norden vorherrschende Großmacht Dänemark das deutsche Chaos des Dreißigjährigen Krieges (1618 – 1648) nutzen wollte, um das dänische Reichsgebiet weiter nach Süden, in das deutsche Reich hinein auszudehnen, überrannten kaiserliche Truppen unter Albrecht von Wallenstein Dänemark bis nach Jütland. Das war eine so völlig unerwartete, geradezu ungeheuerliche Machtdemonstration des katholischen deutschen Kaisers und seines Oberkommandierenden, dass die evangelischen Reichsteile, darunter Brandenburg und Sachsen, die Schweden um Hilfe gegen die eigene kaiserliche Reichsregierung baten. Während diese einen dänischen Angriff zurückschlug, begaben sich also auf einmal alle evangelischen Reichsstände unter den Schutz und die Vorherrschaft

Schwedens. Im Grunde haben die evangelischen Länder damit das alte deutsche Reich platzen lassen. Die Schweden, bis dahin ewig von den Dänen bedrängte politische Hinterwäldler und damals erst seit 50, 60 Jahren überhaupt so etwas wie eine Nation, sahen ihre Chance, sich gegenüber dem nun angeschlagenen Dänemark einmal so richtig zu profilieren. Zu Dänemark gehörte bis ins 17. Jahrhundert fast die Hälfte der heutigen schwedischen Küstenlinie – mit den vier noch heute am dichtesten besiedelten Provinzen Bohuslän, Halland, Schonen und Blekinge, mit Ausnahme von Göteborg. König Gustav II. Adolf Wasa erkannte, was ihm die Deutschen anboten: ein Großschweden, das vom Polarkreis bis zum Main reichte (mindestens), mit der Ostsee als Binnenmeer und statt drei Millionen künftig 16 Millionen Untertanen. Der Weg war frei, schließlich würden die Deutschen ja alle Unkosten tragen. Dass in dem Reich, das ihm vorschwebte, 80 Prozent seiner künftigen Untertanen deutschsprachig sein würden, hielt ihn nicht auf: Die Schweden ließen sich nicht zweimal bitten. Sie kamen »wie gerufen«. Und sie kamen bis München! Der deutsche Kaiser, der seinen so unglaublich erfolgreichen Feldherrn Wallenstein zwischenzeitlich vorsichtshalber entlassen hatte, rief ihn dringend zurück, als es so aussah, als würden die Schweden sogar die Kaiserstadt Wien erreichen können. Und Wallenstein machte wieder das Unmögliche möglich und stoppte den Vormarsch der Schweden. König Gustav Adolf fiel 1632 in der Schlacht bei Lützen (in Sachsen) – und der Kaiser ließ wenig später Wallenstein ermorden. Er war ihm schon zu erfolgreich gewesen. Schweden aber kontrollierte noch immer den Norden Deutschlands – und wurde zur Besatzungsmacht.

So haben wir Deutschen mitten in unserem Dreißigjährigen Krieg in nur wenigen Jahren aus dem abgelegenen Wald- und Tundrenreich Schweden eine nordische Großmacht gemacht.

Der schwedische König, hierzulande sinnigerweise der »Löwe aus Mitternacht« genannt, war zwar tot und der schwedische Vormarsch in Deutschland gestoppt, doch wo die Schweden in Norddeutschland damals waren, da blieben sie auch. Denn Wallenstein war nun ebenfalls tot, und der Kaiser hatte keine Kraft mehr, sie zu vertreiben: Die Schweden blieben im Reich, so, als hätten sie schon immer dazugehört, noch fast 100 Jahre lang, in Wismar länger. Als Großmacht hatten sie mit deutscher Hilfe erfolgreich die Dänen abgelöst, die Kontrolle über die Ostsee erreicht und sich in Norddeutschland, Polen und Finnland festgesetzt. Den Dänen gelang es einstweilen, mit der Festung Helsingör die entscheidende Kontrolle über den Zugang zur Ostsee und die Herzogtümer Schleswig und Holstein zu behalten. Das Heilige Römische Reich überlebte den Dreißigjährigen Krieg als Gespenst, denn im Norden und Osten gaben zunehmend selbstbewusst die Hannoveraner, Brandenburger und Sachsen den Ton an – oder, anders gesagt, deren herrschende Familien, die Welfen, Hohenzollern und Wettiner.

Ankunft in Stockholm, dem »Venedig des Nordens« mit vierzehn Inseln und 57 Brücken. Ein später Sonntagnachmittag im Sommer, die Stadt in den Schären ist leer. Die Hauptfassade des hell verputzten spätbarocken Königsschlosses, Amtssitz der schwedischen Könige, wird von der tief stehenden Abendsonne beleuchtet. Es liegt direkt am inneren Hafen, auf der Insel Stadsholm, die auch die Altstadt – *Gamla stan* – mit der *tysk kyrkan*, der »deutschen« Kirche beherbergt. Das Schloss wurde auf dem Fundament einer älteren, von Gustav Wasa im 16. Jahrhundert ausgebauten Burg errichtet, brannte 1697 ab und wurde dann nach italienischen Vorbildern neu errichtet. Die große, quadratische Residenz der schwedischen Könige hat nicht weniger als 600 Räume. Dem Schloss gegenüber, auf der anderen Seite des inneren Hafens, steht – schon im Schatten – der wuchtige Klotz des *Vasa-varvet*, der zum Museum ausgebauten alten Werft, in die Gustav II. Adolfs stärkstes, aber glückloses, schon beim ersten Auslaufen gesunkenes Kriegsschiff, die *Vasa*, nach fast 350 Jahren im Hafenschlick auf eigenem Kiel schwimmend einlief und bis heute restauriert wird. Spätes Ende einer Jungfernfahrt. Ein Besuch lohnt sich: Da ist sie wieder ganz nah, die schwedische *stormaktstid*.

Die Königin aus Deutschland
Bürgerliche Majestät – Die Schöne aus München: Silvia Sommerlath –
Königlicher Sommersitz: Schloss Solliden auf Öland – Prinzessinnen-
problem – Viktoria und Daniel – Schloss Drottningholm auf Lovön

Wildgänse ziehen mit fernen Rufen hoch am Himmel über Stockholm hinweg. Ein würdevoller alter Herr sieht von den Akten auf seinem Schreibtisch auf und lauscht einen Moment. Dann steht er auf, tritt auf den Balkon vor seinem Arbeitszimmer und schaut zum Himmel. Da ziehen sie nach Norden, Akka von Kebnekajse und ihre Schar, ein lang gezogener Keil in strenger Formation, eine einzelne Gans folgt mit etwas Abstand. Der großbürgerlich-distinguiert wirkende Herr blickt ihnen nach – und zugleich entfernt sich unser Blick von ihm, steigt in die Höhe, als würden wir mit den Gänsen davonfliegen. Immer kleiner wird der Mann auf dem Balkon, schon bald überschaut man das ganze Gebäude von oben: Es ist das Viereck des Königsschlosses, und da steht, nun ganz klein, der König von Schweden auf einem Balkon über dem Innenhof und schaut aus der Mitte seines Palastes den Wildgänsen hinterher.

Dies ist eine Szene aus dem Spielfilm *Nils Holgerssons wunderbare Reise mit den Wildgänsen,* einer schwedisch-deutschen Koproduktion aus dem Jahr 1962 unter der Regie von Kenne Fant. Der ältere Herr auf dem Balkon war der König persönlich, Gustav VI. Adolf, der Großvater und Vorgänger des jetzigen Königs Karl XVI. Gustaf – in der schwedischen Schreibweise. Ein stiller, würdevoller Gastauftritt, der König hatte es sich nicht nehmen lassen, sich selbst zu spielen. Keine tragende

Rolle sicherlich, doch dramaturgisch im Mittelpunkt: Da ist Stockholm, die Hauptstadt, die die Wildgänse nun nach der ersten Hälfte der Handlung überfliegen; da ist das Königsschloss im Stadtzentrum und dort, beim Aktenstudium, der König. Ein bürgerliches Idealbild und zugleich eine filmische Verbeugung des Regisseurs vor dem Staatsoberhaupt.

Ganz abgesehen davon, dass Kenne Fant eine damals schon über 50 Jahre alte Geschichte ohne nennenswerte inhaltliche Anpassungen in das Schweden der sechziger Jahre versetzen konnte, kann man aus dieser kurzen Szene noch immer einiges über das heutige Verhältnis der Schweden zu ihrer Monarchie herauslesen. Gleich zu Beginn der Szene fällt zum Beispiel die unmittelbare Nähe zu dem Herrn am Schreibtisch auf, das Kameraauge blickt ihm sozusagen über die Schulter. Die Schweden bemerken sofort, dass der König nicht gespielt ist, sein Konterfei ziert schließlich Geldmünzen und Briefmarken, doch die bürgerliche Nähe ist gewollt, vom Regisseur ebenso wie vom König. Die Verfasserin des *Nils Holgersson*, Selma Lagerlöf, war eine Lehrerin gewesen, und ihr Buch ist auch ein landeskundliches Werk, das an allen Schulen gelesen wird: eine Gelegenheit für den König, sich als »erster Diener« zu zeigen, eher nüchtern und präsidial, statt abgehoben und royal.

Die Kamera kommt dem König auch nicht entgegen wie in den bei uns so beliebten »Royalty«-Sendungen, sondern entfernt sich im Gegenteil sogar von ihm, immer weiter, bis er ganz klein auf einem kleinen Balkon des bildfüllend großen Palastes zu sehen ist. Die Person des Königs tritt auf diese Weise optisch hinter der Größe und Last des Amtes zurück. Das entspricht dem schwedischen Verständnis von Monarchie: Die schwedische Monarchie ist aus einem Wahlkönigtum hervorgegangen und war deshalb auch früher schon kein unanfechtbares Gottesgnadentum. Seit dem Mittelalter war das jedem schwedischen Monarchen bewusst. Zwar wurde die Krone im späten Mittelalter erblich – wodurch der ewige Machtkampf der Möchtegernkönige überwunden wurde –, doch die Schweden verloren nie aus dem Blick, dass sie immer dann mitzubestimmen hatten, wer König von Schweden sein sollte, wenn es dynastische Schwierigkeiten gab.

Der nicht nur in dieser Filmszene ganz bürgerlich bescheiden wirkende König Gustav VI. Adolf weiß das. Einer seiner Vorgänger, König Gustav II. Adolf Wasa fiel 1632 in Deutschland – mitten im Dreißigjährigen Krieg, auf dem Schlachtfeld von Lützen. Er hinterließ eine minderjährige Tochter, Kristina, sein einziges Kind. Kein Fürst, sondern sein Kanzler Axel Oxenstierna, der Regierungschef, übernahm die Vormundschaft über die gerade sechsjährige Prinzessin. Im Jahr 1644, als nunmehr 18-Jährige, wurde sie dann zur Königin von Schweden gekrönt – und verursachte wenige Jahre später einen Eklat, als sie zum Katholizismus übertrat, 1654 im Alter von 28 Jahren abdankte und nach Rom emigrierte (wo sie 1669 starb). Während im übrigen Europa absolutistische Monarchen von Gottes Gnaden herrschten – in Frankreich zum Beispiel Ludwig XIV., der Sonnenkönig – trat in Schweden der Ernstfall ein.

Die im Krieg zur Großmacht aufgestiegenen Schweden suchten nach einem evangelischen Fürsten als Nachfolger und fanden ihn – in Deutschland. Einen Pfälzer: Karl X. Gustav aus dem Haus Pfalz-Zweibrücken. Der Reichstag beschloss den Übergang der Krone an diese Erblinie. Sein zweiter Vorname, Gustav, war Programm: Von Stund an machte der zum König gewählte einstige Pfälzer Duodezfürst schwedische Großmachtpolitik im Sinne Gustav II. Adolfs, des »Löwen aus Mitternacht«. Mit Erfolg: Vier Jahre später (1658) hatte Dänemark die Provinzen an der Südwestküste, Schonen und Halland, an Schweden verloren. Als sein Enkel Karl XII., der letzte Großmachtkönig, 1718 verstarb, trat wieder das schon bekannte Prinzessinnenproblem auf. Karl hinterließ Tochter Ulrike-Eleonore, und die Krone Schwedens ging zwei Jahre später erst an das Haus Hessen und 1751 dann an das Haus Holstein-Gottorf über. Jedes Mal musste zuvor der schwedische Reichstag gefragt werden. Schweden war zwar eine Erbmonarchie, doch es galt eben die männliche Erbfolge. Wenn sie ausfiel, musste der Reichstag der neuen Erbfolge zustimmen.

Der König auf dem Balkon weiß das alles. Es betrifft auch seine Familie, denn er stammt nicht aus dem Hause Holstein-Gottorf. Der letzte Holstein-Gottorfer, Karl XIII., hatte keine Kinder. Um diesem Mangel abzuhelfen, adoptierte er 1810 einen von Napoleons Generälen, Jean Baptiste Bernadotte. Das war ebenso politisch wie dynastisch gedacht: Die Adoption eines Generals des französischen Kaisers sollte Napoleon von Feindseligkeiten gegenüber Schweden abhalten, und Bernadotte – ein bürgerlicher Offizier, den Napoleon erst nach der Eroberung Italiens durch Frankreich zum Grafen von Ponte Corvo ernannt hatte – war verheiratet und hatte bereits einen elfjährigen Sohn, Oskar. Bernadotte erwies sich als Glücksgriff: Er stellte sich, als Napoleon 1812 in Russland scheiterte, gegen den Kaiser, führte die Schweden in der Völkerschlacht bei Leipzig gegen Napoleon und verschaffte Schweden so einen Platz unter den Siegermächten. Im Jahr 1818 wurde Bernadotte, nun Karl XIV. Johann, als erblicher König von Schweden bestätigt. In dem 1951 erschienenen und in Deutschland viel gelesenen Roman *Désirée* hat Annemarie Selinko die Geschichte seiner Frau, der Seidenhändlertochter Désirée Clary aus Marseille, die zur Königin, aber in Schweden nie heimisch wurde, beschrieben.

Der König ist bereits 80 Jahre alt, als er auf dem Balkon des Königsschlosses gefilmt wird. Seinen ältesten Sohn, den Erbprinzen Gustav Adolf, hat er schon 15 Jahre zuvor verloren, 1947, bei einem Flugzeugabsturz. Vier junge Töchter standen damals am Grab des 41-jährigen Prinzen, und dessen Frau, Sibylla von Sachsen-Coburg-Gotha mit einem gerade einjährigen Söhnchen auf dem Arm. Das Kind, das seinen Vater kaum kennenlernen konnte, ist der heutige König von Schweden, Karl XVI. Gustav. Sein Großvater, der König auf dem Balkon, hat dem Enkel den früh verstorbenen Vater ersetzen müssen. 1961, bei den Filmaufnahmen im Palast, ist der Enkel 14 Jahre alt und von der Aussicht, König zu werden, nicht begeistert. Als 25-jähriger Kronprinz begleitet er dann die schwedische Equipe zu den Olympischen Spielen 1972 in München. In Stockholm repräsentiert weiterhin sein Großvater, nunmehr 90 Jahre alt, den schwedischen Staat.

Karl XVI. Gustav ist den Schweden durch dieses Schicksal schon als Kind ans Herz gewachsen, und die Nation verbindet eine weit verbreitete Zuneigung mit ihrem heutigen König. Sein Großvater, der noch im hohen Alter Sinn für Popularität und eine – altersbedingt etwas reservierte – Volksnähe zeigte, nahm hin, dass der junge Kronprinz sich wie viele junge Schweden für schnelle Autos begeisterte, eine Neigung, die immer noch gelegentlich für volksnahe Begegnungen sorgt. Da wird man dann von der Polizei freundlich zur Seite gewinkt, um den flotten Oldtimer des Königs vorbeizulassen, irgendwo auf Öland, auf einem staubigen Feldweg Richtung Küste. Zwei Polizisten in einem zivilen Volvo. Dahinter der Oldtimer, den der König selbst fährt, gut gelaunt, mit Sonnenbrille. Die Damen im Wagen tragen auch Sonnenbrillen und Hüte, man kann sie nicht so schnell erkennen, wahrscheinlich Königin Silvia mit Begleitung. Es folgen ein Dutzend weitere Oldtimer in einer sommerlichen Staubwolke. Schluss. Keine weiteren Polizeifahrzeuge, keine gepanzerten Limousinen, nichts. Glückliches Schweden! *Kungsrallye* heißt das, ein royales Sommervergnügen. Als ich schwedischen Freunden von der Begegnung erzählte, nickten die nur. Es ist allgemein bekannt, dass der König ein Autonarr ist.

Ich erinnere mich auch an einen Comic, *Nils Holgersson flyger igen* (Nils Holgersson fliegt wieder), in dem der König begeistert in einem schnellen, geradezu über der Straße schwebenden Auto dargestellt wurde, neben ihm die Königin, mit den Worten: »Carl-Gustaf, kör inte so schnell!«. Einfach hübsch! Das deutsche »schnell« ist schwedisch *snabbt* (*Snabbmat* = schnelles Essen, Fertiggericht); das schwedische *snäll* bedeutet auf deutsch »nett«. Aber vielleicht fiel das den Schweden weniger auf als mir, dem Deutschen: Die Schweden mögen ihre »deutsche Königin«. Es heißt, sie, die Bürgerliche, gleiche auf geradezu royal-unmerkliche Weise alle kleinen Fehler und Eigentümlichkeiten ihres gekrönten Gatten aus. Es ist seit langem bekannt, dass der König an einer Lese-Rechtschreib-Schwäche leidet. Ein erbliches Leiden: Auch seine Tochter, die Kronprinzessin, leidet unter einer Schreib- und Leseschwäche, einer Dyslexie. Doch das tut der Zuneigung keinen Abbruch: Carl-Gustaf taucht im Sommerurlaub gelegentlich auf den in Schweden so beliebten *Sterbhus-* (Nachlass-) Auktionen auf und ersteigert, gegen die anwesenden Bauern bietend, schon mal einen gebrauchten Rasenmäher für seine Sommerresidenz. Nichts könnte den Monarchen mehr mit seinen Schweden verbinden!

Zwei Länder, das Königreich Schweden und die Bundesrepublik Deutschland, verfolgten nach 1973 – nach dem Auftauchen erster Fotos des Kronprinzen zusammen mit einer anfangs unbekannten Schönen im offenen Porsche – gespannt die Romanze des schwedischen Thronfolgers mit der drei Jahre älteren deutschen Olympiahostess Silvia Sommerlath. Die Presse war damals etwas diskreter als heute und das Paar bot auch weniger »Stoff«: Der Prinz mit der mütterlicherseits deutschen Herkunft bestieg 1973 nach dem Tod seines Großvaters Gustav VI. Adolf den Thron, und 1976 heiratete das Paar. Das hat die seit 54 Jahren kaiserlosen Deutschen damals elektrisiert: eine deutsche Königin! Geboren und aufgewachsen in der Bundesrepublik, eine von uns! Die deutsche Republik nahm Anteil. Man fühlte sich geehrt und insgeheim auch ein klein wenig mitgeadelt. Immerhin: 1972 stand die Bundesrepublik noch unter der Kuratel der Siegermächte, die Olympischen Spiele wurden von einem furchtbaren Terroranschlag überschattet, und den Deutschen standen schwere Jahre bevor. Den Schweden übrigens auch, es gab einen Anschlag deutscher Terroristen auf die deutsche Botschaft in Stockholm, und die frischgebackene Königin Silvia musste sowohl den Erwartungen einer skandinavischen Monarchie als auch einer deutschen Republik genügen.

Die königliche Familie macht im Sommer immer kurz auf Öland Station, sie besitzt dort das hübsche kleine Sommerschlösschen Solliden in der Nähe von Borgholm, das zu Beginn des 20. Jahrhunderts gebaut wurde. Die damalige Königin Viktoria – genauer Viktoria von Baden, eine deutsche Prinzessin, 1862 in Karlsruhe geboren, als zweites Kind des Großherzogs Friedrich I. von Baden, die 1881 den Kronprinzen Gustav von Schweden heiratete – pflegte eine enge Freundschaft mit ihrem zeitweiligen Leibarzt, dem polyglotten schwedischen Schriftsteller Axel Munthe, und ließ sich von dessen legendärer Villa San Michele auf der italienischen Insel Capri inspirie-

ren: daher das quaderförmiger Gebäude mit flachem Kupfer-
dach, einer Loggia und nur wenigen dekorativen Elementen.
Der öffentlich zugängliche Schlosspark ist ungewöhnlich: Er
verläuft entlang einer Witterungsgrenze auf Öland, zwischen
dem rauen Osten und dem etwas milderen Westen, grenzt im
Osten an die karge Inselheide und weist am windgeschützten
Westhang sorgfältig gepflegte Gartenanlagen auf – einen italienischen, holländischen und einen englischen Teil, einst royale
Geschenke –, zahlreiche Rosenbeete, ein Spielhaus und eine
Kaskade. Am 14. Juli ist auf Öland *Victoriadag*, nach jener Ur-
großmutter der Kronprinzessin benannt. Aber Adel verpflich-
tet, und so wird von der gleichnamigen Thronfolgerin erwartet, dass sie jedes Jahr am 14. Juli um 11.00 Uhr in typischer
Ölandtracht öffentlich das *Victoriastipendiet* verleiht. Seit ihrem
15. Geburtstag. Das war für die Insel ein großes Ereignis, damals, die erste öffentliche »Aufwartung« der Prinzessin, die
ihre Eltern bisher vor der Öffentlichkeit geschützt hatten. Es
sollte in der Sportarena von Borgholm stattfinden und war von
den Medien heiß erwartet worden. Für uns deutsche »Adoptiv-
Öländer«, meine Frau und mich, war es überraschenderweise
trotzdem ganz einfach gewesen, Eintrittskarten zu bekommen.
Und wer bei »Sportarena« jetzt an so etwas wie das Olympia-
stadion München oder – royal-britisch – an das Wembley-Sta-
dion denkt, irrt: Der *Idrottsplats*, also der Sportplatz von Borgholm, fasst vielleicht gerade mal 3000 Besucher, war an jenem
Tag allerdings voll belegt. Und wir mittendrin, mitten in einem
Fan-Block alternder deutscher Damen – ich weiß nicht, wo die
plötzlich alle herkamen! – und klatschten pflichtschuldigst und
ganz unrepublikanisch, als eine einfache, offene Kutsche mit
dem König, der Königin und der Kronprinzessin ins Stadion rollte. Keine Polizei, nirgends. Jedenfalls nicht sichtbar.
Das damals 15-jährige Mädchen machte seine Sache gut, über-

reichte artig das Stipendium, ließ sich von dem solcherart geehrten jungen Sportler kurz umarmen, und der König erhob sich und brachte ein dreifaches »Hurra« aus: *Till kronprinzessan – hurrah!* Niemand ließ sich zweimal bitten, die deutschen Damen sprangen wie ein Mann auf und kreischten nach jeder Aufforderung des Königs schrill »Hurraah!« Ich meine gesehen zu haben, dass die deutsche Königin Silvia fein schmunzelte.

Irgendwo haben wir Deutschen anscheinend immer noch ein stark royales Gefühl – unsere nicht direkt gewählten, ein wenig über der Politik schwebenden und im Schloss Bellevue residierenden Bundespräsidenten profitieren davon. Schließlich haben wir als Nation eine tausendjährige Erfahrung mit Monarchen. Unser letzter, Kaiser Wilhelm II., verstarb 1941 im holländischen Exil, in das er sich nach dem Ersten Weltkrieg geflüchtet hatte. Man braucht sich nur die Titelseiten der »bunten Blätter« in deutschen Supermärkten angucken: Wo man auch hinschaut: Prinzessinnen. Letizia, Maxima, Mette-Marit, Alexandra, Victoria. Selbst adelig eher nachrangige, alternde Prinzessinnen aus Steueroasen sind in Deutschland immer ein Titelblatt wert. Doch wir haben im Gegensatz zu den Schweden schon nicht mehr das richtig royale Gefühl, denn uns bei dieser »Aufwartung« anwesenden Deutschen entging etwas offenbar Wichtiges. Obwohl die Feier sehr nett und sehr festlich gewesen war, regten sich die Lokalblätter am nächsten Tag nur über eines auf: Der Stipendiat hatte die Kronprinzessin umarmt!! Uns war das kaum aufgefallen, der armen Victoria womöglich auch nicht, doch zwei Tage lang wurde auf Öland über kaum etwas anderes diskutiert als über diesen anscheinend sehr unangemessenen »Übergriff«. Experten wurden gehört, Leserbriefe geschrieben, und nur ganz allmählich kam die Insel wieder zur Ruhe. Man einigte sich schließlich darauf, dass die junge Prinzessin die Situation doch sehr würdevoll gemeistert habe: Sie sei umarmt worden, hätte aber selber nicht umarmt. Erst als das klargestellt worden war, konnte man sich beruhigt wieder dem Rasenmähen zuwenden.

Doch die Schweden sehen ihre Könige trotz eines beharrlichen Festhaltens an der Monarchie durchaus kritisch. Gerät der Monarch in einen unauflöslichen Gegensatz zur Auffassung des schwedischen Reichstages, wird er schon mal abgesetzt. Nicht oft zwar, doch es kommt vor. Insofern ist der schwedische König inzwischen eine Art erbliches Staatsoberhaupt, das sich das Volk hält. Das klingt vielleicht ein wenig merkwürdig, erklärt aber den entspannten Umgang der Schweden mit ihrer Königsfamilie – und deren Bemühen, möglichst urschwedisch zu erscheinen. Die aus Deutschland stammende Königin hat dafür ein inzwischen sehr geschultes Auge entwickelt, was man ihr in Schweden hoch anrechnet. Es war auch die diskret royale Distanz der Königin, die die Schweden damals, bei der spontanen Umarmung der Kronprinzessin, beschäftigt hat. Es wirkte wie eine Suche: Die Kronprinzessin wurde vom Königspaar öffentlich vorgestellt, und die schwedische Nation diskutierte zwei Tage lang den richtigen, gehörigen Umgang mit ihr. Das war aufschlussreich. König Karl XVI. Gustav und Königin Silvia wirkten zufrieden.

Lange Zeit gab es allerdings ein (Prinzessinnen-) Problem. Als Tochter Victoria geboren wurde, galt in Schweden noch die männliche Erbfolge. Das wurde erst am 1. Januar 1980 geändert und das damals noch kleine Mädchen nun zur Kronprinzessin – gegen das ausdrückliche Votum ihrer königlichen Eltern. Auf Beschluss des Parlamentes, das sich kühl über den Willen des Königspaares hinwegsetzte. Die königlichen Eltern fürchteten für ihre kleine Tochter eine später einmal zu große Belastung durch Mutterschaft und Staatspflichten, doch das

Parlament erinnerte sich an die bisherigen Probleme mit der männlichen Erbfolge, setzte sich über das Votum des Königs hinweg und beschloss, das Erbfolgerecht zu modernisieren.

Inzwischen ist die Kronprinzessin über dreißig und hat gerade mit ihren königlichen Eltern – und dem Staat – einen veritablen Konflikt über Ehe und damit über die Thronfolge hinter sich. Sie wollte, wie ihr Vater, frei wählen. Und sie wählte 2002 ihren Fitnesstrainer Daniel Westling – den ihre Eltern mit Blick auf dessen Herkunft, Ausbildung und Erscheinung in der Öffentlichkeit spontan ablehnten. Dergleichen kann eine junge Frau für gewöhnlich ignorieren, die Kronprinzessin von Schweden allerdings nicht: Der König, ihr Vater, musste einer Verlobung zustimmen – was er jedoch nicht tat.

Diese Situation, die wir republikanischen Deutschen mehr erstaunt und amüsiert als ernsthaft engagiert betrachteten, sorgte aber im Königreich Schweden für ständige Schlagzeilen. Man diskutierte den Fall (außer im reißerischen *Aftonbladet*) höflich verklausuliert, doch dahinter stand eine handfeste politische Auseinandersetzung. Victoria ist seit 1980 vor ihrem Bruder Carl-Philip die Kronprinzessin und seit Jahren offizielle Vertreterin des Königs (also stellvertretendes Staatsoberhaupt) aus dem einst vom Reichstag eingesetzten Haus Bernadotte. Eine Erbmonarchie funktioniert nur mit Erben, und zwar ehelichen Erben. (Man ist da in Monarchien etwas pingelig!) Victorias Vater durfte das bürgerliche deutsche Fräulein Sommerlath heiraten, weil noch die männliche Erbfolge galt und Silvia Sommerlath durch die Ehe zum Mitglied der Familie Bernadotte wurde. In Norwegen und Dänemark mit ihren männlichen Thronfolgern funktioniert das genauso, wenn auch nur so gerade eben – man braucht sich nur an die Aufregung zu erinnern, die sich in Norwegen Bahn brach, weil Mette-Marit in die Ehe mit dem Kronprinzen Haakon einen kleinen Sohn aus einer früheren Beziehung mitbrachte – einer Erinnerung an ihre wilde Zeit in Oslos Raver-Szene.

Das Problem der schwedischen Kronprinzessin war größer: Dass Victoria einmal verfassungsgemäß ihrem Vater als Königin von Schweden nachfolgen wird, stand immer außer Frage. Wenn sie heiratet, heiratet sie allerdings nach monarchischem Verständnis in eine andere Familie ein. 2002 hat ihr das schwedische Parlament zugestanden, auch einen Bürgerlichen heiraten zu dürfen. Dieses zugestandene Recht beinhaltet aber eine Fallgrube: Das 1818 von den Reichsständen bestätigte Erbrecht der Familie Bernadotte ist nicht aufgehoben – sonst würde Victoria ja auch nicht Königin werden können. Wenn ihr Bruder, Prinz Carl-Philip, (derzeit zweiter in der Thronfolge) heiratet, würde dessen Ehefrau wie Königin Sylvia eine Bernadotte und deren mögliche Kinder auch – Victorias mögliche Kinder würden es durch eine Heirat mit ihrem Daniel Westling allerdings nicht. (Monarchen müssen so denken.) Carl-Philip ist nun aber nicht der Kronprinz.

Natürlich wäre es denkbar, dass der Ehemann der künftigen Königin den Familiennamen der Frau annimmt – doch diese Variante wurde in den schwedischen Medien in den letzten Jahren so wenig in Betracht gezogen, dass sich einem Außenstehenden der Verdacht aufdrängte, dass dagegen erhebliche Widerstände der königlichen Familie bestanden – der immerhin stabilsten und langlebigsten Dynastie, die Schweden je hatte. Denn es ging um den einstigen Fitnesstrainer der Kronprinzessin. Es ist wohlbekannt, dass besonders der König Vorbehalte hatte.

Man wusste es, doch darüber wurde kaum gesprochen. Als wäre es allen peinlich gewesen. Das schwedische Königshaus wollte nicht des Standesdünkels verdächtigt werden – das wäre ja unschwedisch und außerdem schrecklich altmodisch gewesen! Der König, Staatsoberhaupt und zugleich Oberhaupt der Familie Bernadotte, stand vor einer schweren Entscheidung: Es ist eine uralte schwedische Tradition und heute eine Selbstverständlichkeit, dass Frauen ihre Ehemänner selbst wählen können, dass nicht die Familie darüber bestimmt. Die Familie Bernadotte repräsentiert aber den schwedischen Staat, die Kronprinzessin vertritt bereits offiziell den König – und das Parlament wartete. Es musste gefragt werden, musste wieder einmal zustimmen. Im Februar 2009 hat der König von Schweden schließlich das Parlament und den Ministerpräsidenten offiziell von den Heiratsplänen seiner Tochter unterrichtet: Karl XVI. Gustav hatte seine Entscheidung getroffen.

In Schweden steht also, nach zweihundert Jahren, wieder ein Wechsel an. Kronprinzessin Victoria aus dem Hause Bernadotte darf ihren langjährigen Freund, den bürgerlichen Daniel Westling, heiraten. Trotz des Fortbestehens der royalen Familie Bernadotte. Mit einem *prince consort*, also dem Prinzgemahl einer amtierenden Königin, wie ihn die englische Monarchie kennt, hat Schweden noch keine Erfahrung. Daniel Westling, den der König nunmehr am Hochzeitstag zum Herzog von Westergötland erheben will, wird also künftig dicht hinter Victoria stehen – vielleicht so, wie seit Jahren die Königin Silvia hinter Karl XVI. Gustaf steht. Die schwedische Kronprinzessin, das damals so arglose Mädchen vom Borgholmer Sportplatz, hat durchgehalten, hat jahrelang dem Druck ihrer royalen Familie widerstanden. Gerade wegen ihrer offen zugegebenen Schwächen, der Leseschwäche und ihrem jahrelangen, tapfer überwundenen Leiden an Magersucht, ist Victoria längst zu einem Vorbild für viele junge Frauen geworden.

Am Ende hat der König, ihr Vater, nachgegeben. Nicht ganz freiwillig, aber sehr schwedisch: Bereits im Sommer 2008 hatten die schwedischen Finanzbehörden ein erstes Zugeständnis des Königs erzwungen: Der langjährige Freund der Kronprinzessin betrieb Fitnessstudios in Stockholm – sein Lebensmittelpunkt war aber schon längst Schloss Drottningholm geworden, der Sitz der Königsfamilie in der Gemeinde Ekerö am Mälarsee, auf der Insel Löven. Nebenbei: Das Schloss hat zwei spezielle Nebengebäude, das sogenannte chinesische Schlösschen und das Drottningsholmtheater, eines der besterhaltenen Barocktheater Europas, und einen englischen Landschaftspark. Der Name Drottningholm bedeutet übrigens nichts anderes als: kleine Insel (*holm*) der Königin (*drottning*).

Da die Steuern jeweils am Wohnsitz fällig werden, hatte der junge Westling steuerrechtlich eine Anschrift in Ekerö benötigt. Als das bekannt wurde, hat er mit Billigung des Königs eine kleine Wohnung im Pagenflügel des Schlosses anmieten dürfen. Und wie das in Schweden so ist: Die Nation wusste über alles genau Bescheid – einschließlich der exakten Höhe seiner Monatsmiete.

Nun wird in Schweden der Bürger zum Prinzen. Victoria – die Kronprinzessin und künftige Königin – hat sich durchgesetzt. Durch jahrelange Beharrlichkeit und Festhalten an ihrer Wahl, an ihrer ganz persönlichen Liebe. Das war schließlich unwiderstehlich, und es scheint, als habe sie damit auch das immer wiederkehrende »Prinzessinnenproblem« der schwedischen Geschichte gelöst. Keine geringe Leistung für eine junge Frau und angehende Königin.

Vom alten Björn

Gewalttätige Banden – Möchtegernwikinger – Nationalismus
in Schweden? – Erste Gegenwehr

Björn, der alte Herrscher Schwedens zur Zeit der Wikinger,
im 10. Jahrhundert: Mit auf die schwarze Lederjacke ge-
nähtem Schriftzug »Hells Angels« habe ich ihn und seine
Truppe kürzlich wieder durch Schweden brausen gesehen. Le-
derkluft, merkwürdiger Helm, Piercing, Tattoos, lange graue
Haare – zum Pferdeschwanz gebunden – und immer starke
Sprüche klopfend. Finster. Aggressiv. Unbehelligt.

Vor tausend Jahren sah alle Welt in den Wikingern Banditen. Heute sehen Banditen in den Wikingern Vorbilder, in
einem aus Runen, Ressentiment und Radikalität gemischten
Zerrbild. Sie waren schon fast vergessen, die Seefahrten und
Überfälle der alten Dänen, Norweger und Schweden, doch
nun sucht der alte Björn neue Anhänger. Und findet sie unter
jungen Männern, die rationales Denken zu sehr anstrengt. Anders als heutzutage in Deutschland gibt es in Schweden und
Dänemark kaum spontane, aus der Geschichte gelernte Ab-
wehrreflexe der Nation gegen einen Nationalismus, der ins
Extreme, in Abgrenzung und Intoleranz abgleitet. In einer
noch sehr homogenen, einheitlichen Gesellschaft fallen die ra-
dikalen Randgruppen auch – noch – nicht sehr auf. Die Gesellschaft will liberal und tolerant sein, doch diese Toleranz wird
bereits ausgenutzt.

Schwedische Realität: Manchmal brennt es im Sommer auf
schwedischen Campingplätzen. Manchmal fallen Schüsse. Die
entsprechende Nachricht liest man nur in der Lokalzeitung.

Dann ist von Bandenkriegen die Rede. Auch von Fremdenfeindlichkeit. In den nationalen und internationalen Medien allerdings nicht. Dort ist der alte Björn unsichtbar. Doch er ist da, ganz konkret. Jeder hier weiß es. Ich war mit der Familie im Auto unterwegs und habe mich beeilt, seiner Truppe nicht im Weg zu stehen, als die Horde eines Tages in meinem Rückspiegel auftauchte. Alle Schweden können ihn sehen. Die Weltöffentlichkeit jedoch nicht. Für die ist der gewalttätige Björn der Alte ausgestorben. Schweden ist lieb und nett, sozial und kooperativ. Das positive Gegenbild zum als latent gewalttätig verdächtigten Deutschland. Astrid-Lindgren-Land eben. Der finstere Björn ist bestimmt nur Folklore. Oder nicht?

Die einst so kriegerische Großmacht Schweden ist seit 200 Jahren ein ausgesprochen friedfertiges Land. Und wird seit der Amtszeit von Dag Hammarskjöld als UNO-Generalsekretär (1953–1961) weltweit auch als neutrale Insel des Friedens wahrgenommen. Da passt es nicht ins Bild, dass Schweden selbst Probleme mit nationalistischem Gedankengut hat, mit der Angst vor Fremdheit, mit Jugendkriminalität und auch Gewalt. Das moderne Schweden liegt ja nicht außerhalb der Welt – viele Probleme der großen Industrienationen treten auch in Schweden auf: Einige in abgemilderter Form, etwa Abgrenzung und Gewalt bei Jugendlichen – schon weil der Anteil von Jugendlichen mit dem sogenannten »Migrationshintergrund« in Schweden viel geringer als etwa in Deutschland, Frankreich oder England ist –, andere umso schärfer. Rechtsradikal-nationalistisch verbrämte Bandenkriminalität etwa ist ein Problem, mit dem die schwedische Gesellschaft nur schwer umzugehen weiß. In Schweden wird Nationalismus zumeist nicht aggressiv gemeint oder so verstanden – die Nation ist ja überaus friedliebend. Deshalb hat die Nation auch keinen besonders empfindlichen Sensor für aggressiven Nationalismus.

Die wilden Rockergangs, die in den siebziger Jahren auch nach Dänemark und Schweden vordrangen, die sich als »Motorradwikinger« gebärdeten, das in Dänemark und Schweden frei veröffentlichbare rechtsradikale Gedankengut übernahmen und Drogenhandel und Prostitution betrieben, überfordern ein konsensorientiertes Königreich. Dabei ist der aggressive Nationalismus der Gangs aufgesetzt: Diese selbst ernannten modernen Wikinger segeln im Schatten kleiner rechtsradikaler Kreise, die sich in Dänemark und Schweden eingenistet haben und die liberale Duldsamkeit dieser Staaten gegenüber radikal nationalistischen Parolen hemmungslos ausnutzen. Problematisch ist, dass sich einige offenkundig an deutsche Anhänger gerichtete Neonazis heute im Norden verbergen und von dort aus Hass- und Gewaltparolen verbreiten.

Die Regierung weiß es, fühlt sich aber machtlos. Eine schwedische Justizministerin hatte schon vor Jahren medienöffentlich mit den Schultern gezuckt: »Wir haben da ein Problem, dessen wir allein nicht mehr Herr werden.« Das klang sehr offen. Aber so kann man dieser Herausforderung nicht begegnen. Seit 1996 ist Schweden Mitglied der Europäischen Union – Zeit, sich vielleicht ein wenig von dem sehr exklusiven nationalen *vi-svenskar!*-Ideal zu lösen, hinter dem sich der alte Björn und seine aggressiven Anhänger nur zu gern verstecken.

In Skandinavien ist die Polizei weit weniger sichtbar als in Deutschland. Ich bin zehntausende Kilometer kreuz und quer durch Süd- und Mittelschweden gefahren und kann mich an gerade mal drei, vier Begegnungen mit den Ordnungshütern in zwanzig Jahren erinnern, doch im Vergleich mit deutschen Polizisten wirkten die schwedischen immer ausgesprochen groß, hart und ehrfurchtgebietend. Körpergröße 1,90 Meter ist offenbar Einstellungsvoraussetzung (bei Polizistinnen scheinen

1,85 zu genügen); sie wirken durchtrainiert und durchaus in der Lage, mit dem alten Björn und seinen Motorradwikingern fertigzuwerden. Es scheint dem Staat aber sehr schwer zu fallen, mehr als zwei Polizisten auf einmal an einem Ort zusammenzuziehen. Was ich noch nie gesehen habe, weder in Kopenhagen noch Stockholm oder Oslo, sind die in Berlin und Gorleben so bekannten Polizeimannschaftswagen: Es muss sie geben, man weiß schließlich von Polizeigroßeinsätzen in Kopenhagen – doch Kopenhagen ist ganz anders als das übrige Skandinavien. (Apropos: Dem »alten Gorm« von Dänemark möchte ich auch nicht begegnen – der hat eine womöglich noch wüstere Horde, die heute Hakenkreuze als Kriegsbemalung schätzt.)

Welches Problem der Rechtsradikalismus im Norden darstellt, hat besonders Stieg Larsson aufgezeigt, der früh verstorbene, überaus erfolgreiche schwedische Krimiautor, der sich vor seiner literarischen Karriere als Journalist viele Jahre lang intensiv mit diesem gewalttätigen Extremismus befasst hatte. Er enthüllte immer wieder Machenschaften und Hintergründe der extremen Rechten, doch seine Mahnungen wurden wenig beachtet. Das Bild der Schweden von sich selbst und auch das Bild, das man sich hierzulande von Schweden macht, ist ein anderes, freundlicheres –, eines, das politisch noch immer von dem sozialdemokratischen Ministerpräsidenten Olof Palme und literarisch von Astrid Lindgrens Kinderwelt geprägt ist. Erst als Verfasser schockierender Kriminalromane gelang es Larsson, auch die dunkle Seite der schwedischen Welt einer inzwischen weltweiten Leserschaft zu zeigen.

Das wirkt verstörend. Schweden setzt weniger auf Polizei als auf den Konsens der Bürger und eine effiziente Verwaltung. Mit organisierten Motorradbanditen, die vorsätzlich alle anerkannten Regeln verletzen, tut man sich sehr schwer: Der Staat will den einmal erreichten Konsens über politische Liberalität und eine rein verwaltende Führung nicht aufgeben. Obwohl die Konflikte zunehmen: Nach der blutigen Besetzung der deutschen Botschaft durch deutsche Terroristen (1975), nach den Morden an dem Ministerpräsidenten Olof Palme (1986) und an der schwedischen Außenministerin Anna Lindh (2003), nach den besonders aus Deutschland heftigen Vorwürfen gegen den schwedischen Umgang mit dem *Estonia*-Untergang, nach Brandanschlägen auf Campingplätzen und dem gewalttätigen muslimischen Protest gegen die auch in Schweden anfangs arglos veröffentlichten Mohammed-Karikaturen einer dänischen Provinzzeitung ist die Nation aus einem langen »Dornröschenschlaf« gerissen worden. Inzwischen fordert auch die Globalisierung der Wirtschaft ihren Tribut: Die Autofirma Saab ging Pleite, wurde in letzter Minute gerettet, auch weil der Staat über einen Kredit von über 40 Millionen Euro bürgte, Volvo wurde nach China verkauft, die Arbeitslosigkeit nimmt zu – und im gleichen Maß verringert sich der bisherige soziale Konsens. Man hat jetzt andere Sorgen als aggressive Motorradbanditen. Das ganze Königreich steckt mitten im Umbruch.

Für die Schweden sind das völlig neue Erfahrungen. Der Anschluss an die Europäische Union hat das Land zwar aus einer jahrzehntelangen, selbst gewählten Isolation gelöst – zugleich aber auch einige in Mitteleuropa längst bekannte Probleme nach Schweden exportiert. Das ist nicht mehr Astrid Lindgrens Welt, damit muss man sich im Königreich erst einmal zurechtfinden. Zugegeben, wir lernen das so nicht in der Schule – wir schauen ja schon lange nicht mehr nach Norden –, aber versuchen Sie mal, die Welt mit schwedischen Augen zu sehen: Die Welt rings um das noch immer vergleichsweise dünn besiedelte, noch immer »entfernte«, noch immer neutrale Schweden sieht ganz anders aus als unsere deutsche Welt.

Schweden gehört der EU an, aber nicht der NATO. Schweden versucht, weiterhin außenpolitische Neutralität zu wahren, und ist doch längst fest eingebunden in die europäische Gemeinschaft. Das nordische Königreich ist dem Schengener Abkommen beigetreten, dass heißt, man kann aus anderen EU-Ländern, die diesem Abkommen auch beigetreten sind, ohne Einreisekontrolle nach Schweden gelangen. Das Land ist weltoffen geworden.

Nach dem Krieg im ehemaligen Jugoslawien (1999–2002) nahm auch Schweden – auf der Grundlage einer europäischen Vereinbarung – zum ersten Mal eine größere Anzahl bosnischer und kroatischer Flüchtlinge auf. Eine humanitäre Hilfsleistung und zugleich eine Herausforderung für die schwedische Gesellschaft: Die Aufnahme von einigen zehntausend Flüchtlingen wirkte wie ein schlagartiger, unvermittelter Einwanderungsschub in ein Land, das so etwas noch nie erlebt hatte: Der Flüchtlingsstrom wurde über ganz Südschweden aufgeteilt, und die Regierung ließ in Windeseile genormte Häuser errichten – nur in den größeren Städten gab es einen geringen Leerstand öffentlicher Wohnungen –, aus Holz, natürlich, gewohnt schwedenrot oder gelb gestrichen und nach einem schwedischen Mindeststandard eingerichtet. Auch reduzierte Arbeitsmöglichkeiten wurden geschaffen, befristete Hilfstätigkeiten in der Industrie und der Landwirtschaft, den späteren deutschen »Ein-Euro-Jobs« vergleichbar. Es war so etwas wie ein nationaler Großversuch zum Thema »Integration«. Die bisher homogene schwedische Gesellschaft war auf den Flüchtlingszustrom nicht recht vorbereitet, doch die Jobs erwiesen sich als Schlüssel: Auch im Dorf auf der Insel Öland erzählten die Bauern plötzlich von ihren bosnischen und kroatischen Hilfskräften, anfänglich reserviert, doch mit der Zeit offen und anerkennend, trotz gelegentlich diskriminierender Spitznamen wie *svartskallar* (Schwarzköpfe) – nach den schwarzen oder dunklen Haaren der Südeuropäer.

Auch wenn Deutschland in der gleichen Zeit ungefähr zehnmal so viele Flüchtlinge wie Schweden aufnahm, bleibt die Leistung der schwedischen Gesellschaft bemerkenswert: Das Königreich hatte zuvor noch keinerlei Erfahrung mit der Aufnahme größerer fremder Zuwanderergruppen. Inzwischen ist der größte Teil der Flüchtlinge nach Bosnien und Kroatien zurückgekehrt. Dass man sich um sie bemüht hatte, ist allerdings noch heute in meinem schwedischen Dorf erkennbar: Die einst rasch für die Flüchtlinge gebauten Häuser waren nach deren Heimkehr sehr begehrt und wurden schon bald von schwedischen Mittelklassefamilien bezogen.

Der alte Björn, seine Motorradwikinger und deren extremistische Steigbügelhalter stellen zwar noch eine unverhohlene Provokation des Staates dar, doch die Zeit dieser letzten Renegaten läuft ab.

Kinder machen den Unterschied

In Deutschland Armutsrisiko, in Schweden Wohlstandsgaranten –
Ein Kind im Rosenbeet – Kritik der Disziplin – Frauenrecht –
Der Jugend freie Bahn – Das schwedische Schulsystem

Skandinavier gelten uns Deutschen gemeinhin als besonders kinderfreundlich. Die Dänen zuallererst, denn Dänemark ist die Heimat von Lego. IKEA steht jedoch im Verdacht, als erstes Unternehmen in Deutschland eine Kinderspielecke, später auch den ersten Kundenkinderhort eingeführt zu haben. Das hat uns damals überrascht und wirkte – bei national abnehmender Kinderzahl – irgendwie uneigennützig kinderlieb. Was es nicht war. In Schweden muss ein Unternehmer dergleichen anbieten, damit die Eltern überhaupt eine Chance haben, einzukaufen. Wer's nicht hat, verkauft auch nichts, denn die Kleinen halten die Eltern auf Trab. In Schweden sind Familien mit drei, vier, fünf Kindern nicht die Ausnahme, sondern die Regel. Nicht, weil die Schweden von ihrer Veranlagung und von ihrem Temperament her viel kinderlieber als die Deutschen wären, sondern weil die schwedischen Steuergesetze Kinder geradezu erzwingen: Singles oder Paare ohne Kinder werden von der Steuer regelrecht geschröpft. Schweden ist ein weites Land, und das will besiedelt sein. Das Erste, womit sich die Schweden nach dem Schulabschluss beschäftigen, ist daher, Kinder zu kriegen. Sonst braucht man gar nicht erst berufstätig zu werden. Man hätte nichts davon. Heirat ist sekundär – kann man machen, muss man aber nicht –, aber Kinder zu kriegen ist die einzige Möglichkeit, radikaler Höchstbesteuerung zu entgehen. Wer keine eigenen Kinder hat oder bekommen kann, greift zur Adoption. Wenn ich mich einmal umsehe: Es gibt in unserem weitläufigen Bekanntenkreis in Schweden kaum ein Paar ohne Kinder – und über 21-jährige Singles habe ich überhaupt noch nicht getroffen! Gar keine Kinder zu haben, wird hier als krass unsozial empfunden. Vor diesem Hintergrund stellen sich die Spielecken schon etwas anders dar. Seit fast vierzig Jahren versuchen die nordischen Nationen, die Wirkung der Pille mit dem Steuerrecht zu neutralisieren: Verhütung ist okay, Familienplanung ist okay, könnt ihr alles machen, Hauptsache, am Ende sind Kinder da. Ohne Kinder kein Geld. Der schwedische Staat betreibt also schon seit langem aktiv Familienpolitik. Es begab sich so etwa im Jahr 2006, dass auch eine deutsche Regierung diese Möglichkeit entdeckte.

Die Kinderfreundlichkeit der Skandinavier ist also weniger die Ursache des Kindersegens als vielmehr dessen Folge. Im Gegensatz zu uns sind die Skandinavier jederzeit und überall auf Kinder eingestellt – was die nordischen Länder zu ausgesprochen familienfreundlichen Reisezielen macht. Es handelt sich jeweils um einen nationalen Konsens, demzufolge eine kinderreiche Gesellschaft einer fast kinderlosen vorzuziehen sei. Als Vater zweier heranwachsender Kinder fühle ich mich wohl in Schweden, nur ein wenig kinderarm vielleicht. Überall ist zu spüren, dass die ganze Nation darauf eingerichtet ist, mit Kindern zu leben. Auch wenn die Skandinavier dazu neigen, die gesellschaftlich gewollten Kinder von der Gesellschaft erziehen zu lassen. Das wiederum ist uns nicht immer recht.

Man spricht in Deutschland derzeit viel über die Bedeutung von Kitas, die Berufstätigkeit der Mütter und weist gern auf das kinderfreundliche Skandinavien hin. Nach den Ergebnissen der Pisa-Studie stehen die Nachbarn im Norden tatsächlich besser da, insbesondere Finnland, doch wenn man sich jahrein, jahraus in Skandinavien herumtreibt – mit Kindern! –, hat man nach einiger Zeit den Eindruck, dass die Skandinavier ihre Kinder eigentlich gar nicht erziehen. Jedenfalls nicht im Sinne von Bernhard Buebs *Lob der Disziplin*.

Vor der Geburt unseres älteren Sohnes, im Sommer 1992, verbrachten wir einmal einen sonnigen Tag im dänischen Louisiana, einer wunderschönen Anlage für moderne Kunst, hoch am Hang über der dänischen Sundküste gelegen. Das 1958 eröffnete Museum, wenige Kilometer nördlich von Kopenhagen gelegen, ist nicht nur eine der bedeutendsten Kunstsammlungen, sondern auch eine sehr gepflegte Parkanlage mit großen Treppen am Hang, auf denen sich viele Besucher bei einer Tasse Kaffee sonnten. Im Sund tuteten gelegentlich ferne Dampfer, und am Horizont konnte man im Dunst die schwedische Küste sehen. Es herrschte eine friedlich-entspannte Stimmung – bis ein Junge von fünf oder sechs Jahren herbeigetrottet kam. Nennen wir ihn Ole. Er war allein und schien etwas Langeweile zu haben. Nach kurzem, unschlüssigem Verharren richtete er seine ganze Aufmerksamkeit auf ein Rosenbeet, das neben der großen Treppe frisch angelegt worden war. Ein kurzer Tritt des Jungen, und die erste gerade eingepflanzte Rose flog im hohen Bogen über das Beet. Das schien Ole Spaß zu machen. Eine zweite Rose lernte fliegen. Die am nächsten sitzenden Besucher schauten auf, ohne ihre entspannt dahinplätschernden Gespräche zu unterbrechen. Niemand schien sich an dem kindlichen Treiben zu stören. Der Kleine arbeitete sich nun systematisch vor, stand bald bis zu den Knöcheln im Rosenbeet und kickte eine frisch gepflanzte Rose nach der anderen aus seinem Weg. Besucher, denen verwehter Staub in die Kaffeebecher rieselte, hielten gelegentlich schützend die Hand darüber, ließen sich aber durch den wachsenden Enthusiasmus des

Kindes nicht weiter irritieren. Der Tag war ja auch zu schön! Es tat fast körperlich weh zu sehen, wie Ole sich gleich einer außer Kontrolle geratenen Fräse durch das Beet arbeitete, doch uns hemmte die Ruhe der anwesenden Skandinavier. Niemand machte Anstalten, dem pflügenden Kind Einhalt zu gebieten. Und Ole ging es prächtig! Das Beet war recht groß und bot seinem kindlichen Tatendrang ein weites Betätigungsfeld. Irgendwann erschien eine junge Mutter. Jetzt würde es Stress für Ole geben, irgendeinen elterlich-erzieherischen Eingriff.

Die Mutter blieb indes nur kurz stehen und sagte:. »Ole? Kommst du jetzt? Nein, Ole, das ist nicht schön: Du machst dich ja ganz schmutzig. Komm jetzt.« Und dann, mit dem Kind davonschlendernd: »Das ist ein Rosenbeet, weißt du, Ole? Die haben Dornen.« Den Rest haben wir nicht verstanden. Vielleicht trauten wir auch unseren Ohren nicht mehr. Ole trennte sich jedenfalls sichtlich ungern von seinem Vergnügen. Die eine oder andere frisch gepflanzte Rose hatte noch darunter zu leiden, und die Mutter wartete unterdessen geduldig auf die Rückkehr ihrer kleinen Planierraupe.

Sechs Jahre später, 1998, saßen wir mit schwedischen Freunden in einem *kaffetorpet* zusammen, dem schwedischen Kaffee-Waffeln-Himbeersaft-Gegenstück zum deutschen Biergarten. Unsere Jungs, Max, sechs Jahre, und Lukas, vier Jahre, fanden es plötzlich witzig, ihre Kraft an einem etwas wackeligen Torpfosten auszuprobieren. Als es so aussah, dass sie ihn tatsächlich zum Einsturz bringen könnten, riefen meine Frau und ich sie fast gleichzeitig zur Ordnung. Unsere schwedischen Freunde, die Eltern des eifrig mitwirkenden Bertil, zuckten zusammen.

»Uh-oh!«
»Bitte?«

»Öh, das klang jetzt aber gerade ...«

»Wie?«

»Öh, nun ja, fast faschistisch.« Keine Übertreibung, unsere schwedischen Freunde, so wie wir um 1960 geboren, benutzten tatsächlich diesen Begriff.

»Wie bitte?! Was?«, fragten wir verdattert.

»Nun ja, äh, die Kinder haben da gespielt, und ihr habt plötzlich so – hart reagiert.«

»Wir haben doch bloß ›Lasst ihr bitte sofort den Pfosten los!‹ gerufen!?«

»Ja. Ja, aber – wie ihr das gerufen habt! So – hart. So kommandierend. So deutsch.«

»Ach! Und was hättet ihr gerufen?«

»Wir?! Warum?«

»Na, Bertil hat doch auch ...«, wandte ich rechtfertigend ein.

»Schon. Ja. Aber das sind doch Kinder!!«

»Die gerade den Torpfosten anderer Leute niederlegen, ja.«

»Äh ...«

»Die dürfen das?«

»Die sollen das nicht, klar. Das lernen sie ja schon in der Schule. Deshalb muss man ja nicht gleich so schreien!«

»Die gehen aber noch nicht zur Schule!«

»Darum können sie das ja auch noch nicht wissen!«

»Wie? Dass man nichts mutwillig kaputt machen soll, lernen die erst in der Schule?«

»So als Regel. Ja. Da wird es ihnen erklärt.«

»Und was macht ihr, wenn das Ding kaputt ist?«

»Na ja, es ist ja nun schon ziemlich wackelig, nicht? Das ist ja eigentlich auch gefährlich. Stellt euch mal vor, es wäre umgefallen und hätte ein Kind verletzt! Das wäre doch schlimm, oder?«

Wir dachten an die herumfliegenden Rosen von Louisiana

und mussten offenbar im Nachhinein froh sein, dass Ole sich nicht an den Dornen verletzt hatte. Wenn das geschehen wäre, so wären vermutlich alle Besucher sofort aufgesprungen, um dem Kind zu helfen. Die Grabungsfurche im Rosenbeet hingegen war nicht das Problem der Mutter, sondern des Museumsbetreibers. Durch unser irritiertes Zögern waren wir also nicht unangenehm aufgefallen, sondern hatten uns echt skandinavisch verhalten: Solange sich das Kind nicht selbst verletzte, war alles okay.

Es ist eine Haltung, die alle Skandinavier tief verinnerlichen: Die Gemeinschaft sorgt dafür, dass möglichst niemand sich selbst verletzt oder ohne Hilfe bleibt. Man verbietet nicht, sondern warnt höchstens. Kinder sind gewollt und haben jeden nur möglichen Freiraum. Den Kindern die gesellschaftlichen und sozialen Spielregeln beizubringen, bleibt den Schulen vorbehalten. Bei ihren Eltern und Großeltern war das auch schon nicht anders. Man lebt sehr intensiv in Gruppen – meine Clique, meine Nachbarn, meine Firma, meine Bridgefreundinnen –, und es sind diese Gruppen, an deren Normen Skandinavier meist ihr Verhalten ausrichten. Man pflegt offene Häuser, Steuerangaben werden veröffentlicht, und der größte Erfolg, den skandinavische Manager oder Politiker erringen können, ist nicht, sich mit ihren persönlichen Vorstellungen durchgesetzt, sondern einen Konsens erreicht zu haben. (Natürlich hat sich da immer jemand durchgesetzt, doch man gibt sich alle erdenkliche Mühe, es ja nicht so aussehen zu lassen!)

Der das Rosenbeet durchpflügende Ole hat – wie jedes Kind – aufmerksamkeitsheischend die herumsitzenden Erwachsenen beobachtet und ein paar Dinge gelernt. Solange er keinen besonders stört, kann er sich ausleben. Wenn er stört, werden die anderen zuerst versuchen, seine Störung mit möglichst geringem eigenem Engagement auszugleichen. Das Rosenbeet ist im Zweifelsfall sowieso nicht kindgerecht angelegt gewesen. Ein Schild »Betreten des Beetes verboten – Eltern haften für ihre Kinder!« wäre in Skandinavien undenkbar – dergleichen würde einen Proteststurm verursachen. Höchstens ein Schildchen: »*Obs!* Vorsicht – dornige Rosen!« wäre akzeptabel gewesen. Wer es nicht glaubt, möge sich mal einen beliebigen Strommast in Schweden anschauen. An jedem ist ein kleines gelbes Schild angebracht: *Obs! Livsfarlig ledning!* (Vorsicht! Lebensgefährliche Stromleitung!) Das hat etwa die gleiche Wirkung wie der Allergikerhinweis »Achtung: Kann Nüsse enthalten.« In Skandinavien verbietet man fast nichts. Man sorgt bei solchen öffentlichen Anlagen aus versicherungsrechtlichen Gründen für einen Warnhinweis, und damit hat es sich.

Ein alltägliches, mich jedes Mal an Rosen-Ole erinnerndes Resultat dieser sehr entspannten, Jugendlichen gegenüber sehr duldsamen Haltung fällt mir oft unerwartet auf der Straße auf: Es ist recht belebt, ich gehe in Borgholm allein den Bürgersteig entlang, und mir kommen, nebeneinander schlendernd, drei Teenager entgegen. Alle drei haben die Stöpsel ihrer iPods im Ohr und unterhalten sich laut genug, um das Musikgetöse im Kopf zu übertönen. Man nähert sich einander. Zügig. In Schweden können Sie dieses Spiel beliebig oft wiederholen, das Resultat ist immer gleich: Wenn Sie, als Erwachsener, als erkennbar Älterer, erwarten, dass die Teenager Ihnen im letzten Moment ausweichen, haben Sie sich gründlich getäuscht. Mindestens einer der Drei wird direkt frontal mit Ihnen zusammenstoßen, regelrecht in Sie hineinlaufen, gänzlich überrascht, dass Sie nicht beizeiten ausgewichen sind. Nicht so, wie in Berlin zum Beispiel jugendliche Neuköllner (»Ey Alda, suchs du Stress, oder was?!«), sondern geradezu hilflos verunsichert darüber, dass ihm oder ihr nicht selbstverständlich der Weg gebahnt wurde. Denn das ist genau das, was sie von den Älteren erwarten: freie Bahn. Wird die nicht wie selbstverständlich gewährt, haben sie wie Rosen-Ole kein passendes Verhaltensmuster im Kopf.

Ihre Eltern und Großeltern hatten es übrigens auch schon nicht.

Es hat überhaupt nichts mit Respektlosigkeit zu tun, Skandinavier sind Familienmenschen und kümmern sich um Alte und Kranke – indem sie Kosten und Pflegeaufwand weitestgehend an den Staat delegieren. In Skandinavien wächst man mit dieser Gewissheit auf. Krösa-Maja, die zahnlos vor sich hin unkende Alte aus Astrid Lindgrens Klassiker *Emil i Lönneberga** würde heute von einer *distriktssköterska* (ausgesprochen: *distrikts-schöterska*), einer regionalen Altenpflegerin, betreut werden. Eine unserer Bekannten in Schweden, Stina-Clara, ist eine landesweit politisch aktive Altenpflegerin, war zeitweilig sogar eine politische Institution mit einigem Einfluss. *Årets ölänningar*, Öländerin des Jahres 2007. Eine Vertreterin der umfassenden staatlichen Fürsorge, des *folkhemmet* (Volksheim). Ihren Einfluss bis in höchste politische Ebenen in Stockholm verdankte sie dem allgemeinen Verständnis des Staates als »Kümmerer«. Das entlastet die Skandinavier bis heute. Man muss sich nur um sich selbst kümmern, für alles andere sorgt schon die Gemeinschaft, steuerfinanziert. Fällt Ihnen etwas auf?

Ja, das war bis in die frühen siebziger Jahre auch unser deutsches Staatsideal. Den staatlichen Institutionen oblag die »Daseinsvorsorge« für die Bürger, wie es der konservative Staats-

---

* *Michel in Lönneberga* – Die Umbenennung hatte der C.-Dressler-Verlag durchgesetzt, weil er Verwechselungen mit Kästners *Emil und die Detektive* befürchtete. Aber ausgerechnet »Michel«? – Deutscher geht es ja kaum!

rechtler Ernst Forsthoff formulierte. Bis wir steuerpolitisch Ehe mit Familie verwechselten, Kinder als »privat« definierten und – im dicht besiedelten Deutschland – kinderreiche Familien als irgendwie maßlos empfanden. Wir haben in den siebziger Jahren die seit 1950 angesparten Sozialkassen mit Hinweis auf den »Generationenvertrag« geplündert und dabei übersehen, dass wir diesen »Generationenvertrag« gerade gekündigt hatten. In Deutschland sind Kinder bisher – ausweislich vieler Studien – das größte Armutsrisiko. In Schweden sind Kinder der entscheidende Garant der persönlichen Wohlfahrt. Heute, 30 Jahre später, entdecken wir überrascht die auf uns zukommende Finanzierungslücke im schon längst überholten »Generationenvertrag« und pumpen alles Geld, das wir glauben erübrigen zu können, in neugeborene Kinder. Ja, heute! Wer schon Kinder hat, wer vor zehn Jahren – als Kinder in Deutschland noch gemeinhin als teures Privatvergnügen galten – Kinder hatte, heute 10- bis 15-jährige, kriegt nichts, darf aber nun in die neue Politik mit einzahlen. Darf zwei Lebensjahre länger arbeiten. Darf sogar die einst selbst vor-sorgende Generation der Großeltern dieser Kinder mitversorgen, da deren Vermögen aufgrund des patenten Generationenvertrages längst ausgegeben wurde. Und soll möglichst nicht nach Schweden auswandern. Ist doch so kalt im Norden!

Tradition und Steuerrecht erzeugen bei jungen Schweden noch einen anderen Effekt: Schweden ist traditionell eine sexuell freizügige Gesellschaft, die Frauen seit jeher zubilligt, ihren zukünftigen Ehepartner selbst zu bestimmen. Natürlich suchten – wie bei bäuerlichen Gesellschaften üblich – im Mittelalter auch schwedische Hofbauern hofwirtschaftlich interessante Heiratskandidaten für ihre mannbaren Töchter aus, doch eine Ehe kam nur zustande, wenn die junge Frau zustimmte. Sie konnte stets auch selbst wählen. Klar, dass familiärer

111

Druck ausgeübt wurde, doch der hielt sich in Skandinavien immer in engen Grenzen. Das hat diese Gesellschaft tief geprägt. Selbst wenn schwedische Frauen politische Rechte erst im Laufe der Emanzipationsbewegung in Europa erhielten, waren sie im Norden stets selbstbestimmter als im Süden Mitteleuropas. Das galt schon vor den Zeiten der Wikinger und geht auf altes germanisches Recht zurück, einst übrigens auch in unseren Breiten, bis es vom römischen Ehe- und Familienrecht bis weit hinter den Limes, die einstige Nordgrenze des römischen Weltreiches verdrängt wurde. Da die Römer jedoch nicht bis nach Skandinavien kamen, behielten die Frauen Nordeuropas daheim mehr Selbstständigkeit und erlangten zudem früher als alle anderen das Recht, sich scheiden zu lassen.

Eine andere Ursache ist wohl das im frühen Mittelalter von den Franken entwickelte Feudalsystem, das in Mitteleuropa die Bauern entrechtete und die Gesellschaft in abgestufte Untertänigkeiten bis hin zur Leibeigenschaft gliederte. Dieser Prozess setzte sich in den ursprünglich kaum sozial geschichteten germanischen Stämmen bis in die Familien hinein fort und wurde durch die Ehe- und Sexualmoral der römisch-katholischen Kirche noch verstärkt. Sie brachte die römische *patria potestas*, die väterliche Gewalt über alle Familienmitglieder, in das neue System ein. Doch dieses fränkische Feudalsystem setzte sich in Skandinavien nicht so durch wie im übrigen Europa. Die Anzahl freier, ungebundener Bauern blieb hoch – und damit auch deren altgermanisch-gleichrangigeres Ehe- und Familienrecht. Wenn man zudem bedenkt, dass die Schweden erst rund 500 Jahre nach den Franken christianisiert wurden – also um das Jahr 1100 herum – und bereits 400 Jahre später das evangelische Bekenntnis und Luthers Ehe- und Familienverständnis übernahmen, wird verständlich, dass Frauen in den nordischen Gesellschaften schon im Mittelalter selbstbestimmter lebten als in Deutschland.

Dadurch standen die nordischen Gesellschaften auch der Sexualität unbefangener gegenüber als jene südlich der Ostsee. Die schwedische Gesellschaft und den Staat interessierten vor allem die Kinder. Und in dieser Hinsicht hat das moderne Schweden einen Weg gefunden, die seit der Erfindung der Pille noch gesteigerte Selbstbestimmung der Frau im Interesse einer dennoch regen Fortpflanzung zu unterlaufen. Durch das Steuerrecht.

In Deutschland heißt es, Ehe und Familie stünden unter dem besonderen Schutz des Staates. Hier zählt die Ehe allerdings mehr als die Familie, ausgedrückt im »Ehegattensplitting«, der steuerlichen Bevorzugung eines Hauptverdieners. Für Kinder gibt es in Deutschland ein »Kindergeld«. Das ist zwar in jüngster Zeit aus Angst vor dem unaufhaltsamen Rückgang der Geburtenrate in Deutschland stark gestiegen, stellt aber nach wie vor eher eine Prämie als ein nationales Verlangen dar. Wir haben auch historische Gründe, uns gegen den staatlichen Wunsch nach möglichst vielen Kindern zu stemmen. In Schweden sieht das dagegen ganz anders aus. Der Staat prämiert Kinder nicht, sondern besteuert kinderlose Berufstätige seit jeher derart drastisch, dass junge Schweden rasch für Nachwuchs sorgen, weil sie sonst wenig Freude an ihrem Nettoeinkommen hätten. Im Deutschland der überlegten Familienplanung entschließen sich insbesondere gut ausgebildete, berufstätige Frauen immer später zur Schwangerschaft, während in Schweden gerade gut ausgebildete, berufstätige Frauen sehr früh das erste Kind bekommen, um überhaupt etwas von ihrem Einkommen zu haben. Und das gilt für die Väter genauso. Diese Form der Besteuerung wird durch eine Arbeits- und Sozialgesetzgebung unterstützt, die davon ausgeht, dass Kinder ein nationales Anliegen sind, und die den Frauen den Weg zurück in den Beruf offenhält. Wer in Schweden keine Kinder hat, ist wirklich arm dran.

Und die Kinder gehen dann zur Schule, in Deutschland und in Schweden. Doch warum bringt das schwedische Schulsystem bessere Pisa-Resultate als das deutsche hervor? Auf der Suche nach Erklärungen stößt man schnell darauf, dass sich das schwedische Schulsystem erheblich von dem Deutschlands unterscheidet. Da ist zunächst die Grundschule, die alle Schüler gemeinsam bis zur 9. Klassenstufe besuchen, was zur Ausprägung enger Klassengemeinschaften führt. Damit ist zugleich auch die allgemeine Schulpflicht abgedeckt – sowie ein Gutteil der berufsbildenden und berufsvorbereitenden Ausbildung, zumindest in den letzten beiden Klassenstufen. Diese zusammengefasste, einheitliche Schule, deren Lehrer ein Regelstudium von dreieinhalb Jahren absolviert haben, erlaubt die Bereitstellung und Unterhaltung einer hinreichend großen Anzahl von Schulen in einem dünn besiedelten Flächenstaat – und natürlich auch auf den größeren Inseln –, um im Schnitt kleinere Klassengruppen als in deutschen Grundschulen zu ermöglichen. Das ist ein weiterer Pluspunkt, denn kleinere Gruppen pro Lehrer – 2004 fand ich die Angabe von im Schnitt acht Schülern pro Lehrer bei durchschnittlichen Klassengrößen von 18 bis 20 Schülern – erlauben eine individuellere Betreuung und Förderung.

Nach der neunjährigen Einheitsschule mit einem allerdings ausgeprägten Wahlfachsystem bietet sich den Schülern der Wechsel zu einer *gymnasieskola*, einer gymnasialen Oberstufe an. Die überwiegende Mehrheit der Schüler wählt auch diesen Weg – in manchen Jahrgängen bis zu 90 Prozent –, denn die Chance der reinen Schulpflichtabsolventen auf einen Arbeitsplatz ist eher gering: Die Unternehmen können wählen und schauen genau hin, welche Fächerkombinationen mit welchen Noten der Bewerber oder die Bewerberin während der letzten Schuljahre gewählt hatte.

Das schwedische Schulsystem bietet zwar schwächeren Schülern die Möglichkeit, durch die Wahl praktischer und lebenskundlicher Fächerkombinationen dem Leistungsdruck der klassischen Hauptfächer Schwedisch, Mathematik und Englisch gute Noten in anderen Fächern entgegenzusetzen, doch es sind letztlich die Arbeitgeber und die Universitäten, die nach Fächerkombinationen und Noten entscheiden, statt nach formalen Abschlüssen und Notendurchschnitten. Das schwedische Schulsystem kennt nur drei, statt sechs Notenstufen. Man unterscheidet zwischen »Nicht bestanden«, »Bestanden« und »Sehr gut bestanden«, im Gegensatz zur klassischen deutschen Notenstufung von Eins bis Sechs, von »Sehr gut« bis »Ungenügend«. Das schwedische »Bestanden« ist jedoch so nüchtern, so wenig aussagekräftig und nach deutschem Verständnis unterschiedslos all die – für uns so unterschiedlichen – Notenstufen von »Gut« über »Befriedigend« bis »Ausreichend« umfassend, dass kein schwedischer Schüler mit einem knappen »Bestanden« wirklich zufrieden sein kann. Das treibt zur Leistung an, besonders in langjährig zusammen lernenden Klassengemeinschaften.

Dieser Effekt wird noch dadurch verstärkt, dass schwedische Schulen einen Großteil der Berufsschulbildung mit übernehmen. Berufsschulen, wie wir sie in Deutschland kennen, gibt es in Schweden nicht. Nach der Schule sind allein die Betriebe, die Arbeitgeber, für die weitere Ausbildung und Berufsbildung ihrer Auszubildenden verantwortlich. Das hat für die Betriebe den Vorteil, dass ihre Auszubildenden nach der Schule ganzzeitlich im Unternehmen oder Betrieb oder der Verwaltung

tätig sind, beinhaltet aber nach deutschem Berufsbildungsver-
ständnis den Nachteil, dass weder etwaige schulische Defizite
ausgeglichen, noch allgemeine beruflich-soziale Kompetenzen
vermittelt werden können. Die Folgen zeigen sich im Arbeitsle-
ben: Es gibt in Schweden keine den deutschen Industrie- und
Handels- oder Handwerkskammern vergleichbaren Einrichtungen mit den uns vertrauten, schon fast obrigkeitlichen Be-
fugnissen in der Berufsbildung; Gewerkschaften (*faktvöreningar*)
spielen eine geringere Rolle als in Deutschland, und auch die
arbetgivare, die Arbeitgeber, sind mehr berufsbezogene Ausbil-
der und Beschäftigter und weniger gesellschaftliche »Sozialpart-
ner«. Es wird von den Schweden eben als Aufgabe des Staates,
der *samhället*, betrachtet, für den sozialen Ausgleich zu sorgen – und der tut das denn auch.

Nicht nur das Schulsystem ist in Schweden vom Staat zentral reguliert, vereinheitlicht und auf diese berufsorientierende Art
strukturiert worden, sondern ebenso die soziale Absicherung der
Arbeiter, die in Deutschland hundert Jahre lang zwischen Arbeit-
nehmern und Arbeitgebern heftig umstritten war und auch in
unserer sozialen Marktwirtschaft einen ständigen Interessenaus-
gleich erfordert. Die positive Seite der Medaille ist, dass schwedische Schüler bereits ein, zwei Jahre früher als die deutschen in
Kontakt mit betrieblichen Anforderungen und der betrieblichen Wirklichkeit geraten. Auch das übt Leistungsdruck aus.
Deutsche Schüler machen in der 9. Klasse ein dreiwöchiges Be-
triebspraktikum – und sind danach noch für zwei bis fünf Jahre
wieder nur Schüler. Ihre schwedischen Altersgenossen werden
dagegen ab dem 8. Schuljahr zunehmend gezielt auf ihren späteren Beruf hin ausgebildet, auch in der *gymnasieskola*. Das prägt.
   Und wer nach der Schulzeit studieren will, in den ehrwürdi-
gen Universitäten von Uppsala oder Lund zum Beispiel, muss

sich beizeiten überzeugend für sein oder ihr gewünschtes Studienfach qualifizieren – nicht durch einen hinreichenden Notendurchschnitt zur Überwindung eines »Numerus clausus«, einer Aufnahmebeschränkung nach Notendurchschnitt, sondern durch persönliche fachliche Befähigung, ausgedrückt in einer gezielt berufs- oder studienfachbezogenen Kurswahl. Zusätzlich zu besonders guten Noten.

Das schwedische Schulsystem ist nach meinem Eindruck also nicht allgemein besser oder für leistungsstarke Schüler gar schlechter als das deutsche, es weist einfach andere Leistungsanreize auf. Auch wenn zum Beispiel das Berliner Schulsystem nun erste Schritte in Richtung »schwedischer Verhältnisse« unternimmt – der berufsbildende Praxisbezug und die eher unterschwellige Leistungsanforderung der Schweden sind nur eingeschränkt übertragbar. Und das liegt nicht zuletzt an den »Aussteigern« aus dem deutschen Schulsystem.

Unabhängig von der Schulform, dem pädagogischen Konzept und dem Lehrplan sind die Schülergruppen in weiten Teilen Schwedens – vor allem außerhalb der großen Städte – erstaunlich homogen. Kinder mit dem sogenannten Migrationshintergrund sind selten, und die dadurch mögliche gleichmäßige Leistungsforderung sortiert nicht voll integrierte Schüler bald aus. Das beginnt bereits im Kindergarten, allerdings mit einem wesentlichen Unterschied gegenüber Deutschland: Schweden setzt einen Willen zur Integration voraus. Man spricht schwedisch, man isst schwedisch, man fügt sich in die Gruppe ein, das heißt: Man sondert sich nicht ab, weder durch Sprache, Kleidung oder Tabus, man nimmt an allen Gruppenaktivitäten teil und lässt – als Eltern – zu, dass die Gruppen auch die eigenen Kinder prägen und formen. Denn wer sich diesem Gruppendruck zu entziehen versucht, lenkt schon früh die staatliche Aufmerksamkeit auf sich. Und die nimmt sich mit jedem Einzelfall viel mehr Zeit, als wir das in Deutschland gewöhnt sind. In Malmö, der kontinentnahen kleinen Großstadt, ist das inzwischen zwar auch schon schwierig geworden, doch nördlich davon, auf dem weiten, offenen Land, klappt es noch. In Deutschland stehen wir in unseren Städten vor dem Problem einer wachsenden Zahl von Schulschwänzern und Schulabbrechern: Sie und ihre Eltern können wir nicht mehr erreichen, weil sie die Werte der Gemeinschaft nicht teilen.

Die Kronzeugen sind immer noch Nils Holgersson und Pippi Langstrumpf. Der Roman *Nils Holgersson* enstand 1905/06 übrigens auf eine Bitte des schwedischen Volksschullehrerverbandes: Die Autorin möge doch bitte Schulkindern die Geschichte, Geografie und Natur ihres Landes auf leicht lesbare Art näherbringen. Die Lehrerin Selma Lagerlöf schilderte ihren Nils Holgersson als faulen, unkonzentrierten und ungebärdigen Jungen, aufsässigen Rabauken und störenden Schüler – von denen sie viele in ihrem Unterricht kennengelernt haben wird. Was aber macht aus dem – wir würden heute sagen: schulfernen – undisziplinierten Nils ein eifrig lernendes, sozial integriertes Mitglied der schwedischen Gesellschaft? Lebenskunde und Gruppendruck. Praxisnahe Erfahrungen, bei denen ebenso sehr soziale Fähigkeiten eingeübt werden wie Landes- und Berufskunde. Der Roman entfaltete neben der unterhaltsamen Abenteuergeschichte auch ein damals revolutionäres pädagogisches Konzept: Das Pauken, in diesem Fall das sture Auswendiglernen von Bibeltexten, hätte bei Nils auf Dauer nur seine Verweigerungshaltung verstärkt und damit das Gegenteil von dem erreicht, was die Volksschullehrerin Selma Lagerlöf wollte. Stattdessen zog sie literarisch ihren renitenten jungen Helden aus diesem klassischen Bildungskonzept und seinem hilflosen Elternhaus heraus und ließ ihm eine umfas-

sende Lebensschulung angedeihen, fern schulischer und elterlicher Autorität. Unterhaltsam und leicht verständlich. Die
Autorin, die in ihrer Kindheit durch eine schwere Erkankung
gehbehindert und zeitweise gelähmt gewesen war, erhielt übrigens als erste Frau überhaupt den Nobelpreis für Literatur –
die Medaille schenkte sie dann später dem vom Krieg gebeu-
telten Finnland.

Das schwedische Schulsystem bietet den Nils Holgerssons
von heute genau dieses Konzept an: Wer den Anforderungen
der anspruchsvollen Hauptfächer nicht recht gewachsen ist,
kann sich praktisch bewähren. Entscheidend ist nur der Wille,
sich darauf einzulassen. Deshalb dauern in Schweden Eltern-
Lehrer-Gespräche über Leistungen und die weitere Schullauf-
bahn der Kinder regelmäßig auch viel länger als in Deutschland.

Und wer erinnert sich nicht an Pippi Langstrumpfs Kampf mit
»Plutimikation« (ihr Wort für eine spezielle Art der Multiplika-
tion)? Astrid Lindgren ging noch einen Schritt weiter als Selma
Lagerlöf. Ihre Pippi, das Urbild eines unerzogenen Kindes,
folgt in einer Episode neugierig ihren angepassten Freunden in
deren Schule. Und was tut sie da? Sie lehnt den Leistungsdruck
der klassischen Hauptfächer ab, veralbert den Mathematikun-
terricht – und ist doch durch ihre praktische Erfahrung und
Lebenskunde in der Lage, mit ihren leistungsbereiten Freunden mitzuhalten, auf ihre Weise kompetent und integriert zu
wirken. Pädagogisch gesehen brach Astrid Lindgren damit vor
über sechzig Jahren eine Lanze für das Konzept Selma Lagerlöfs: Statt eines Kanons, statt eines veralteten, feststehenden
Bildungsideals forderte sie auch für Mädchen die Entschei-
dungsfreiheit und das lebenskundliche Bildungsideal ein, das
Selma Lagerlöf knapp 40 Jahre zuvor für ihren wilden Nils entwickelt hatte.

Jugendliche Schweden

Randale im Hafen von Visby – Vi svenskar! – Anpassungsdruck
auf Jugendliche – die Idee des *folkhemmet* (Volksheim) –
Freiraum und Kontrolle

Nachts im Hafen von Visby, der Hauptstadt Gotlands. Visby
ist die einzige Stadt Schwedens, die so etwas wie ein reges
Nachtleben aufweist. Es gibt Gaststätten, Restaurants, sogar
(lizensierte) Weinstuben, halb verfallene Kirchenruinen mit
Drop-in-Life-Musik – es gibt unglaublich viele Kirchen in der
mittelalterlichen Altstadt, kein Wunder, dass die Hälfte davon
leer steht und malerisch verfällt –, aber irgendwann muss auch
ein Student mal schlafen. Vor allem, wenn die einzige von Gotland abgehende Fähre morgens um 6:30 Uhr ablegt.

Da wir uns in Visby kein Hotel leisten konnten, beschlossen
wir, im Auto zu schlafen. Also fuhr ich nach Mitternacht meinen klapperigen Ford-Kombi im Hafen in den Wartebereich
auf dem Kai, unmittelbar am Wasser, eine Parkzone, in der die
Autos mit den Schnauzen zum Hafenbecken nebeneinander
standen – und entdeckte ein Dutzend Fahrzeuge, deren Besitzer genau das Gleiche vorhatten. Lauter junge Leute aus halb
Europa, die in alten Kombis, überfüllten VW-Bussen oder –
wie die Niederländer neben mir – in einer »Ente«, einem Citroen 2CV, übernachten wollten. Es war wie Jugendherberge im
Autokino: Überall gähnten bierselige Kerle in Unterhose oder
Schlafanzug, spärlich bekleidete junge Frauen wühlten in voll-
gepackten Kofferräumen oder machten Katzenwäsche mithilfe
von Wasserflaschen. Gegen ein Uhr nachts kehrte Ruhe ein.

Aber nicht lange. Gegen drei Uhr nachts schreckte mich ein beständiges, rostiges Quietschen hoch. Wie das so ist, wenn man übermüdet aus viel zu kurzem Schlaf gerissen wird: Solange im Gehirn noch der Anlasser brummt, weiß man überhaupt nicht, wo man ist und was eigentlich los ist, und sortiert das beständige Quietschen und Stöhnen erst einmal dort ein, wo die Assoziationen immer als Erste hellwach sind. Und dann sah ich auch die holländische Ente neben uns in wilder Wippbewegung und durch beschlagene Fenster die jungen Leute in größter Aufregung. Allerdings sah ich die Holländer nicht wie zuvor neben mir, sondern schräg vor mir. Denken ist sehr anstrengend, wenn man gerade aus dem Tiefschlaf kommt, aber vor mir war doch nur noch das Hafenbecken! In den anderen Autos gingen Lichter an – es war bisher stockdunkel gewesen! –, strubbelige Köpfe tauchten auf, und in dem schwachen Licht sahen und hörten wir vier mächtig betrunkene schwedische Halbstarke, die mit gestöhnten »Och-hopp!«-Kommandos die wackelnde Ente immer wieder anhoben und das hochrädrige Autochen mit jedem Lupf gefährlich näher an die Kaimauer wuchteten. Erst als die Holländer sich schimpfend und kreischend aus der Ente befreiten und immer mehr verschlafene Gestalten aus ihren Autos taumelten, ließen die jungen Schweden von ihrem Vorhaben ab, schnappten sich ihre Bierdosen und zogen grölend und lachend weiter.

Könnte vermutlich überall passieren. Ist bestimmt nicht typisch. Warum ich es dann erzähle? Weil sich in diesem Erlebnis – bei dem ich glücklicherweise nicht einmal Hauptbetroffener war! – so vieles verdichtete, was ungemein schwedisch ist.

Gotland ist die größte schwedische Insel, und im Gegensatz zum küstennahen Öland liegt Gotland einsam mitten in der Ostsee. Man braucht mit der Fähre mehrere Stunden nach Gotland. Inseln am Leben zu halten ist mühsam, vor allem wenn sie außer Ackerbau und Tourismus den Bewohnern viel Geschichte und wenig Zukunft zu bieten haben. Schon der Schulbesuch ist ein Problem, nach der Grundschule wird es eng, für Eltern mit drei, vier Kindern kann das ein Abwanderungsgrund sein. Also versucht der Staat, das Leben auf Gotland einerseits so angenehm wie möglich zu machen, andererseits den »Helgoland-Effekt« zu vermeiden: Helgoland, die deutsche Hochseeinsel, hat von nachmittags 16:00 Uhr bis zum nächsten Morgen um 11:00 Uhr ungefähr 2000 Bewohner. Mit dem Eintreffen der Ausflügler von den Schiffen aus Dagebüll, Sankt-Peter-Ording, Büsum, Cuxhaven und Bremerhaven steigt die Bevölkerungszahl für einige Stunden auf das Doppelte bis Dreifache. In Gotland kommen die Fähren abends an und fahren frühmorgens wieder fort. Das heißt, wer nach Gotland kommt, verbringt auch mindestens eine Nacht dort, wahrscheinlich eher zwei. Um die Besucher in Visby nicht total zu frustrieren – wer kein Auto dabei hat, bleibt ja hier – bietet diese Stadt mehr nächtliche Unterhaltungsmöglichkeiten an als jede andere schwedische Stadt, die ich kenne. Das wissen auch die jungen Schweden.

Nächster Punkt: Schwedische Eltern sind die besorgtesten Eltern, die ich kenne, was den Schutz ihrer Kinder vor Suchtgefahren angeht. Die Vorstellung, dass man in Deutschland an jeder Imbissbude hochprozentigen Alkohol bekommen kann, erschreckt sie, auch wenn die Jugendschutzgesetze Deutschlands die Abgabe von Alkohol an Jugendliche zu kontrollieren versuchen. Ansonsten sind schwedische Eltern aus deutscher Sicht liberal bis zur Schmerzgrenze: Kinder sind – so scheint es oft – zum Verwöhnen und nicht zum Erziehen da; Erziehung, soziale Erziehung erfolgt, wie gesagt, in der Schule und in der Gruppe. Das hat zur Ausprägung eines für Deutsche manchmal überraschend entspannten Umgangs der Generationen untereinander geführt, aber auch zu Anspruchsdenken und einem gewissen Egozentrismus, der sich darauf verlässt, dass »die Gesellschaft« sich um alles kümmert. Es ist für Deutsche erstaunlich, wie oft man in Medien und Werbung in allen möglichen Zusammenhängen dem wohligen *vi svenskar!* (wir Schweden) begegnet, einer nationalen Selbstvergewisserung, die den Schweden von Kindheit an den Eindruck vermittelt, dass sich die Welt um ihr eigenes Land dreht: Wir da drinnen, *vi svenskar*, und ihr da draußen.

Klar, dass man als Deutscher heute darauf sensibel reagiert – doch vielen klugen und weltläufigen Schweden fällt gar nicht auf, dass diese blau-gelbe Gemütlichkeit schon bei Jugendlichen zu einer unwillkürlichen Meidung alles Nicht-Schwedischen und sogar zu krudem Nationalismus führen kann. Das wird, wenn es sich zeigt, als nicht weiter schlimm empfunden – wir sind es doch bloß, die netten Schweden! –, doch je europäischer und unvermeidlich offener die schwedische Gesellschaft wird, desto öfter eckt diese blau-gelbe Egozentrik an. Die Regierung weiß es – in Schweden (und auch in Dänemark) finden offen nationalistische Rechtsradikale und sogar sich nationalsozialistisch gebärdende Extremisten mehr Zulauf, als in einer offenen Gesellschaft unvermeidlich wäre –, doch anders als in Deutschland, wo die Erinnerung an den verbrecherischen, vernichtenden Wahnsinn der Nazis Staatsräson und (trotz einiger Unbelehrbarer) gesellschaftlich prägend wurde, ist Schweden dem Missbrauch seines ursprünglich sozialdemokratischen Gemeinschaftsverständnisses gegenüber fast wehrlos. Man weiß nicht, wie man Nationalstolz von Nationalismus unterscheiden, mit welchem Argument, mit welchem Maßstab man der Nation den Unterschied zwischen traditioneller *vi svenskar!*-Seligkeit und gefährlichem Nationalismus erklären soll –, und erschwerend kommt hinzu, dass die mediale Weltöffentlichkeit Schweden seit hundert Jahren als gesellschaftlich liberal und politisch neutral wahrzunehmen gewohnt ist – und die Regierung kein Interesse daran haben kann, diese positive Sicht zu erschüttern.

Die jugendlichen Schweden, die am Hafenkai von Visby die Citroen-Ente der Holländer zu versenken versuchten, waren höchstwahrscheinlich auch keine militanten Nationalisten, sondern einfach betrunkene Jugendliche. *Vi svenskar* eben, Halbstarke, die mal über die Stränge schlugen. Auch die beiden betroffenen Niederländer schienen das so empfunden zu haben, nachdem sie sich von ihrem Schreck erholt hatten. Als ich mich wieder in mein Auto verkroch, habe ich mir das Ereignis auf einem Kai in Travemünde vorgestellt. Ich glaube, die beiden Niederländer waren einfach nur perplex. Nicht alarmiert.

Noch ein Gesichtspunkt: Dass Deutschland eine langsam älter werdende und Schweden eine im Vergleich relativ junge Gesellschaft ist, merkt man als Erwachsener nicht beim ersten oder zweiten Besuch im Norden. Im Gegenteil, der moderne Industriestaat Schweden scheint bei Besuchen in den Großstädten Stockholm, Göteborg und Malmö der deutschen Gesellschaft in Hamburg, Bremen und Lübeck – um mal vergleichbare Küstenstädte zu nehmen – sehr ähnlich. Weder auf der Straße noch in Geschäften, weder in Supermärkten noch in Behörden oder Firmen gerät man in Schweden an überproportional viele junge Leute. Ich bin zum ersten Mal als Student im Alter von Mitte zwanzig nach Schweden gekommen und habe die Leute ebenso wenig als besonders junges Völkchen erlebt wie heute, wenn ich mit meinen inzwischen 13 und 16 Jahre alten Söhnen in Schweden bin. Tatsächlich aber wächst die schwedische Gesellschaft, weil jede schwedische Frau durchschnittlich 2,3 Kinder bekommt, während die Geburtenrate in Deutschland zur Zeit nur noch 1,3 Kinder beträgt. Die schwedische Gesellschaft wächst trotzdem langsamer, als es der Reichsregierung in Stockholm lieb wäre – das große Land hat kürzlich gerade die Zahl von neun Millionen Einwohnern überschritten. Deutschland hingegen hat zurzeit noch rund 80 Millionen, wird aber in den nächsten 10–15 Jahren einen deutlichen Einbruch erleben. Aber wo trifft man die schwedischen Jugendlichen, die es prozentual mehr geben müsste als in Deutschland? Antwort: in der Ausbildung, eigentlich genauso wie in Deutschland. Tagsüber bevölkern vor allem Berufstätige, Touristen, Rentner, einkaufende Mütter und Väter und nur gelegentlich Jugendliche die öffentlichen Räume.

Es gibt in deutschen Großstädten jedoch eine wachsende Gruppe Jugendlicher und junger Erwachsener, die nicht mehr zur Schule gehen und keinen Ausbildungsplatz gefunden haben oder halten konnten, Jugendliche, die zu integrieren und gesellschaftlich zu kontrollieren uns schwerfällt, weil wir schon deren vor Jahren zugewanderte Eltern nicht privat behelligen wollten. Schweden hat in dieser Hinsicht schon immer anders funktioniert, Schweden hält Fremdheit, betonte Fremdheit, nicht aus. Diese Nation, die sich nach dem großen, alle einigendem *folkhem*, dem Volksheim, sehnt, verdrängt und verstößt durch ständige soziale Kontrolle alle, die sich nicht dem schwedischen »Way of Life« anschließen. Für schwedische Jugendliche heißt das, dass es nicht etwa einen Mainstream und daneben regionale und ethnische Sonderwege gibt, sondern nur den einen gesellschaftlich hinnehmbaren, den schwedischen Mainstream. Schweden verlangt Anpassung an das schwedische Gesellschaftsmodell – und die Schweden scheuen sich seit jeher nicht, ihre Nachbarn und Mitbürger mit jener Neugier zu besuchen, die auch ich mit meiner Familie in den ersten Jahren erfahren habe, und nachdrücklich einen nicht unerheblichen (im dritten Kapitel beschriebenen) Anpassungsdruck auszuüben.

Bleiben wir noch kurz bei der Idee des Volksheimes, des *folk-hemmet*, weil sie für die schwedische Gesellschaft so zentral ist. Sie wurde in den dreißiger Jahren des letzten Jahrhunderts von der schwedischen Sozialdemokratie entwickelt. Wie alle übrigen Industrienationen auch litt Schweden unter der damaligen Wirtschaftskrise. Aber anders als in Deutschland profitierten politisch nicht die rechts- oder linksextremen Parteien, sondern ausschließlich die Sozialdemokratie von den Folgen des Börsencrashs. Deren führender Kopf Per Albin Hansson – ein Maurersohn, ein bescheidener Mann zeitlebens – übernahm 1932 das Amt des Ministerpräsidenten. Hansson setzte – ebenso wie in Amerika fast gleichzeitig Präsident Franklin D. Roosevelt – auf das keynesianische Krisenmodell, erhöhte also – im Gegensatz zu Deutschland – die Staatsausgaben, richtete ein staatliches Arbeitsbeschaffungsprogramm ein und belebte auf diese Weise die Nachfrage so sehr, dass die Auswüchse der Krise im Griff gehalten werden konnten: Hansson reformierte die Wirtschaftsordnung, führte erst die Arbeitslosenversicherung, 1935 dann die sogenannte Volkspension ein und gewährte staatliche Subventionen für den privaten Hausbau (was Jahrzehnte später in Deutschland als Eigenheimzulage ein paar Jahre lang segensreich wirkte). Zusammen mit Sozialminister Gustav Möller und dem Finanzminister Ernst Wigforss gab Hansson so dem Modell eines *folkhemmet* Kontur, dem Modell eines Volksheimes, in dem der Staat allen Bürgern eine soziale Grundsversorgung garantiert. »In einem guten Heim walten Gleichheit, Umsicht, Zusammenarbeit und Hilfsbereitschaft«, hatte Hansson schon 1929 verkündet. Er verglich das Volksheim mit einer Familie, in der niemand benachteiligt wird und in der alle einander unterstützen. Da dieses Modell sich in der Krise praktisch für alle fühlbar bewährte, wurde es prägend für Schweden. Die Sozialdemokratie blieb fortan und ohne Unterbrechung 44 Jahre in der Regierungsverantwortung. Nach dieser Zeit war das *folkhemmet* politisch etabliert und zu einer Grundlage des heutigen schwedischen Staatsmodells geworden, aus dem kein Schwede mehr ausscheren will.

Die Jugendlichen von heute auch nicht. Denn auch die Städte und Ortschaften üben gewaltigen Anpassungsdruck auf die jungen Schweden aus: Schon dadurch, dass sie kaum dazu einladen, sich dort aufzuhalten, sich zu treffen und etwas in der Stadt zu unternehmen. Auf den ersten Blick unterscheiden sich schwedische Großstädte nicht von den deutschen. Doch auf den zweiten, dritten oder vierten Blick sehr wohl. Außer Kinos und (im Sommer) Open-Air-Rock- oder Pop-Konzerten fehlen zum Beispiel die bei uns so beliebten Szenetreffs, es gibt keine Kneipen mit Lifemusik und ohnehin kaum Gaststätten oder Restaurants – ausgenommen eben Visby auf Gotland. Es gibt Diskos, doch die meisten sind private, geschlossene Veranstaltungen; die wenigen öffentlichen sind tatsächlich reine Tanzgelegenheiten mit streng kontrolliertem Alkoholverbot. Wo soll man hingehen? In den Städten gibt es vereinzelt Straßencafés, ja, aber da bekommt man wirklich nur Kaffee und Kuchen; es gibt *gatukök* (Straßenküche) genannte Burger- und Würstchenimbisse (ebenfalls alkoholfrei), und – seit Schwedens EU-Beitritt – neben den ganz wenigen, extrem teuren, alteingesessenen, *värdshus* (Wirtshaus) genannten Restaurants, erste Italiener und Griechen, von denen jedoch nur wenige eine Schanklizenz besitzen. Man hält sich in Schweden eben nicht »einfach so« in der Öffentlichkeit auf, man trinkt erst recht keinen Alkohol in der Öffentlichkeit, sondern wenn, dann nur in geschlossenen Räumen zu einem immer noch sehr hohen Preis. Und das gilt übrigens auch für alle touristischen

Ziele: Kaffee – überall gern, Bier oder Wein – extrem selten, Spirituosen – gar nicht.

Abends, nach Schulschluss und Feierabend, taucht in Deutschland verstärkt die junge Generation in der Öffentlichkeit auf, »hängt ab«, sammelt sich und sucht nach Unterhaltung, Kinos, Diskos, Party. Dann sieht man sie auch in den Supermärkten, sich mit Cola, Bier und Schnaps (zumindest bei den über 18-Jährigen) für den beginnenden Abend bevorraten. Das wäre in Schweden unvorstellbar: In den Supermärkten bekommt man höchstens leichtes Bier, und wer mit offenem höherprozentigem Alkohol aus dem *systembolaget,* der staatlichen Alkoholverkaufsstelle, auf der Straße angetroffen wird, riskiert ein Bußgeld. Schwedische und deutsche Jugendliche unterscheiden sich in ihren Neigungen und ihren Freizeitwünschen nicht sehr. Man will vor allem Spaß haben, doch die schwedische Gesellschaft kontrolliert dieses Bestreben weitaus mehr als die deutsche. Woher das weit verbreitete Image stammt, Schweden sei besonders liberal, ist durchaus rätselhaft. Das ist Schweden keineswegs, zumindest nicht in sozialer Hinsicht. Schweden ist kinderfreundlich und äußerst kindgerecht (Krabbel- und Kinderspielecken gibt es wirklich überall!), weil der Staat unbedingt Kinder »haben will«. Sobald die Kinder groß genug sind, einen eigenen Willen zu entfalten, werden sie durch Schule und Öffentlichkeit jedoch in einer Weise diszipliniert, die weit über das deutsche Modell hinausgeht.

Das hängt auch damit zusammen, dass weniger die Eltern, sondern vielmehr die Gemeinschaft, der Staat disziplinierend tätig wird. Man überlässt es ihm auch ohne Misstrauen: Der Staat, die schwedische Gemeinschaft, *samhället* (Zusammenhalt) genannt, war ja nie »böse«! Junge Schweden lernen also Sozialverhalten in der Schule und in der Gruppe. Dies System erzieht zwar zu einer gewissen Egozentrik (»Alles dreht sich um mich!«), die im Einzelkinddeutschland zwar rasch die Gesellschaft sprengen würde, in Schweden aber durch die vergleichsweise kinderreichen und damit stärker sozial vernetzenden Familien leidlich funktioniert.

Ein Heim im Norden

Das schwedische Holzhaus – Carl Larssons Welt – Ingvar Kamprad
und IKEA – Festtafeln mit Bierbüchsen

Wenn man jahrelang durch Schweden reist, passiert man auch immer wieder die Baustellen privater Hauser am Wegrand. Wie in Deutschland. Doch im Gegensatz zu uns bauen die Schweden seit jeher bevorzugt mit Holz. Es ist schon so, dass man sich im Norden vor Jahrhunderten an den »Pfeffersäcken« der deutschen Hanse und deren gerade in der Hansehauptstadt Lübeck prächtigen Treppengiebelhäusern aus ziegelrotem Backstein orientierte, doch in Schweden ist Lehm – in für den Aufbau solcher Backsteinstädte erforderlichen Mengen – nicht zu finden. Gestein gibt es in Schweden zwar genug, doch der harte Granit, der überall als gewachsener Urgesteinfels zutage tritt, musste immer sehr aufwändig gebrochen werden. Das machte ihn trotz seiner Allgegenwärtigkeit wertvoll und teuer.

Also blieb man in Schweden beim Bau mit Holz – das übrigens trotz unserer verbreiteten Abneigung gegen Holzhäuser ein durchaus sehr haltbarer, biologischer, atmungsaktiver und auch gut dämmbarer Baustoff für Wohnhäuser ist –, und zwar in der klassischen Holzständerbauweise mit senkrechten, statt liegenden Planken und den typischen, auf die Stöße gesetzten Dichtleisten, und imitierte eben das Ziegelrot der einst bewunderten lübischen Patrizierhäuser. Mit der »echten« schwedischroten Farbe, *äkta rödfärg*, einer aus Abfallprodukten der schwedischen Kupfergruben in Falun gewonnenen, sogenannten »ochsenblutroten« Farbe, einem Rot, das das damit gestri-

130

chene, mit weißen oder schwarzen Fensterrahmen und Eck-
planken versehene Haus bis heute zum klassischen Schwedenhaus macht. Ebenso preiswert wie ansehnlich.

Kunterbunt wurde Skandinavien erst mit den seit Mitte des
19. Jahrhunderts von den deutschen Badischen Anilin- und
Sodafabriken, BASF, hergestellten billigen Anilinfarben. Aus
dem teuren Stein wurden seit jeher nur die wichtigsten und
wertvollsten Häuser gebaut, der Rittersitz *Glimminge hus* etwa,
nahe Ystad im Süden Schonens, ein großer, viereckiger, granit-
grauer und völlig schmuckloser Kasten mit Treppengiebeln –
und doch in seiner Größe und gotischen Strenge eines der wichtigen Denkmäler mittelalterlicher nordischer Baukunst. Kirchen
wurden aus Stein gebaut, Schlösser und Festungen, aber auch
die unbedingt gegen Feuer abzusichernden Lagerscheunen für
den »Zehnten«, die Abgaben an die Kirche, die seit den Zeiten
der späten Wikinger zumeist in Naturalien entrichtet wurden.

Selbst heute noch baut man in Schweden eigentlich nur in
den Städten aus Stein und Beton – gemischt aus Kies, Sand
und Zement und leichter und preisgünstiger als Feldstein zu
beschaffen –, um der großen Feuergefahr in den engen Stadt-
quartieren entgegenzuwirken. Man mag das aber eigentlich
nicht, Wohnungen in steinernen Mietshäusern mit Thermopen-
fenstern oder hochgetürmte Wohnblöcke hindern die Schweden zu sehr daran, auf ihre traditionelle Weise zu leben. Wer
notgedrungen in einer Wohnung leben muss, setzt alles daran,
sich irgendwo am Meer oder an einem See ein »richtiges«
schwedisches Holzhaus, eine *stuga* zu verschaffen, richtet es
traditionell ein und hängt Carl-Larsson-Bilder an die Wände:
häusliches Leben vor hundert Jahren, jedenfalls aber keinen
röhrenden Hirsch im dunklen Wald.

Dass für die Schweden die Einrichtung immer schon eine
zentrale Bedeutung hatte, liegt auf der Hand: Die langen und

dunklen Winternächte binden die Einwohner viel mehr an das Heim als Bürger südlicher Länder. Zugleich maß aber die überwiegend bäuerliche Gesellschaft der Nützlichkeit auf Dauer einen höheren Wert bei als der bloßen Repräsentation. Helle Farbtöne an den Wänden begannen sich durchzusetzen und freundlich anmutende Materialien mit geradliniger Gestaltung: Der Ahnherr dessen, was wir heute als typisch schwedische Einrichtung wahrnehmen, ist der schwedische Maler Carl Larsson (1853–1919). Nach seiner Schulzeit besuchte der in der schon damals großen Stadt Stockholm in bitterer Armut aufgewachsene Larsson eine französische Kunstakademie, lernte dort die schwedische Künstlerin Karin Bergöö kennen und heiratete sie. Die beiden bezogen ein altes Holzhaus in Sundhorn, in der Provinz Dalarna. Sie richteten es für sich und ihre Kinder in einem bewusst hellen Stil ein, der auf schwere und überreich-üppige Ornamente verzichtete, und Carl Larsson hielt dieses, den Jugendstil ankündigende Design und das Familienleben mit seinen Kindern auf vielen heiteren Aquarellen fest, die er mit beschreibenden Texten versah und zu einem Buch zusammenstellte: *Ett Hem* – ein Heim. Es wurde nicht nur in Schweden ein Bestseller, sondern auch im deutschen Kaiserreich und in anderen europäischen Ländern – und fand sogar in Amerika ein beachtliches Echo. Die Auffassung, dass man sein Alltagsleben ästhetisch ansprechend gestalten müsse, aber auf eine Weise, die Fröhlichkeit, Schlichtheit und Nützlichkeit verbindet, fand vielfache Zustimmung.

Als sich in den Jahren vor dem Ersten Weltkrieg immer mehr Schweden wegen der wirtschaftlichen Depression im Königreich zur Auswanderung entschlossen, versuchte der Staat dieser Tendenz mit einer Initiative entgegenzuwirken, bei der Künstler der Bevölkerung zeigen sollten, wie man ein Heim preiswert und doch schön gestalten könne. Dass sich später

auch IKEA, das weltgrößte schwedische Möbelhaus, manches
bei Larsson abgeschaut hat, ist unbestritten – und der Konzern
unterstützte vielleicht auch deswegen 1997 finanziell die große
Larsson-Retrospektive im Londoner Museum.

Tatsächlich sind die Schweden im Gegensatz zu uns wahre
Lichtnarren. Im Sommer scheint die Sonne, man lebt auf der
Terrasse oder im Garten. Man schätzt in Schweden noch immer Sprossenfenster, aber davon viele, mindestens zwei pro
Zimmer, helle Erker und verglaste Veranden – und im langen,
dunklen Winter beleuchten eben die Menschen ihre Häuser.
Im Dezember, um Weihnachten, erstrahlt jedes frei stehende
schwedische Haus wie ein landendes Raumschiff: Öllampen
markieren den Zugang, Vorgartenstrahler beleuchten indirekt
eine wie auf einem fernen, dunklen Planeten aufgepflanzte
Flagge, in jedem Fenster brennen Kerzenbögen, alle Zimmer
sind hell. Dagegen fehlen die in Deutschland so beliebten Lichterketten. Weihnachten – *jul* – findet drinnen statt, der Weih-
nachtsbaum ist etwas sehr Privates. Ein vor einem ansonsten
dunklen Haus strahlender – oder sogar blinkender! – Leucht-
kettenweihnachtsbaum wäre den Schweden fremd. Erst recht
jener immer grotesker werdende Wettbewerb vor deutschen
Reihenhäusern, diese Materialschlacht mit Lichterketten darum, wer als Erster die auffälligste und schrillste Weihnachts-
dekoration hat.

Larssons lichter Stil inspirierte auch den schwedischen Mö-
belbau, und der vielleicht bedeutendste Möbeldesigner und
Kunsthandwerker Schwedens war Carl Malmsten (1888–1972),
der – sichtlich unter dem Einfluss der deutschen »Bauhaus«-
Bewegung der zwanziger Jahre – für die radikale Vereinfachung
der Formen und die möglichst schlicht geformte, natürliche

133

Schönheit des Werkstoffes eine Lanze brach. Seine Werkkunstschule in Vickelby (Öland) zieht Jahr für Jahr viele junge Tischler, Keramiker, Textilgestalter, Maler und sogar Gärtner an, die hier, an einem sonnigen Hang über dem Kalmarsund wohnen, lernen und jährlich wechselnd ihre Meisterstücke ausstellen. Für mich ist ein Besuch in Vickelby zwar immer wieder ein Genuss – aber preiswert sind die kunsthandwerklichen Möbel aus Carl Malmstens Schule nicht gerade!

Die Kombination aus modernem, schwedisch schlichtem Design und günstigen, für jedermann bezahlbaren Preisen ist die Domäne eines anderen berühmt gewordenen Schweden, von Ingvar Kamprad, dem Gründer von IKEA.

Die Zahlen, die der IKEA-Konzern seit Jahren in seinen Geschäftsberichten vorlegt, sind beeindruckend: Der Möbelgigant beschäftigt weltweit fast 130 000 Mitarbeiter und verkauft inzwischen seine Produkte in nicht weniger als 285 Einrichtungshäusern in 36 Ländern auf vier Kontinenten. Er erzielte damit zuletzt einen Umsatz von 21,2 Milliarden Euro, 15 Prozent davon allein in Deutschland. Schon die deutsche Ausgabe des IKEA-Katalogs hat eine Auflage von über 30 Millionen und wird regelmäßig in den Feuilletons besprochen – weil dieser Katalog in seiner Bildsprache und der Darstellung allgemeiner Lebenssituationen immer wieder treffend gesellschaftliche Tendenzen aufgreift: Scheidungskinder werden berücksichtigt, Immigration und Globalisierung. Wir Deutschen sind nun nicht nur Papst, wir sind inzwischen auch IKEA-Land. Irgendwie ist das konsequent, denn der Gründer, Ingvar Kamprad, hat deutsche Vorfahren – und hatte als 18-, 19-Jähriger eine so ausgeprägte Vorliebe für deren Heimat, dass er mit ihr noch in deren finsterster Zeit sympathisierte – was ihm später durchaus entrüstet vorgeworfen wurde.

Der junge Ingvar wuchs auf dem Hof Elmtaryd in Småland auf. Grossvater Achim Kamprad, von Deutschland nach Schweden ausgewandert, hatte 1897 dort sein Vermögen verloren und sich erschossen. Er war ein hohes Risiko eingegangen: Es ging dem schwedischen Reich damals wirtschaftlich nicht gut, noch immer verließen tausende Schweden jedes Jahr ihre Heimat Richtung Neuer Welt. Doch Kamprads Witwe saß nun mit Sohn Feodor allein im Wald. Enkel Ingvar, 1926 geboren, machte genau das, was schwedische Jugendliche in solchen Waldeinsamkeiten noch heute gern tun: Er scherte sich wenig um elterliche Anweisungen und Hofarbeit, klaubte alle möglichen Waren zusammen – Uhren, Bleistifte, Brieftaschen, Kleidungsstücke – und begann damit einen schwunghaften Handel.

Das große Vorbild war ausgerechnet Ivar Kreuger, genannt »der Zündholzzar«. Er hat sie zwar nicht erfunden – die Erfindung der ersten Sicherheitszündhölzer, die sich nicht durch Reibung von selbst entzünden konnten, gelang 1844 Gustaf Erik Pasch in Jönköping –, doch Kreuger kaufte das Patent und seine Firma Swedisch Match produzierte um 1930 rund 60 Prozent der Weltmarktprodukion an Zündhölzern. Auch das Deutsche Reich gewährte ihm ein Monopol – das immerhin bis 1983 bestand.

Ingvar war erst 17 Jahre alt, als er mit Hilfe von Mama, Papa und Onkel – der noch für ihn unterschreiben mußte – ein Gewerbe anmeldete, unter dem Kürzel IKEA: Ingvar Kamprad, Elmtaryd, Gemeinde Agunnaryd. IKEA war zunächst ein reiner Kurzwarenversandhandel: Strümpfe, Glückwunschkarten, Pflanzensamen, Füllfederhalter. Der junge Kamprad kaufte die Waren möglichst billig von den Produzenten ein und verkaufte sie gewinnbringend weiter. Irgendwann begann er auch Möbel zu veräußern – und denen für schwedische Ohren vertraute, leicht merkbare Namen zu geben (»Rut« zum Beispiel, ein Sessel – und »Billy«, das Bücherregal, das mit bis heute weltweit über 32 Millionen verkauften Stück das erfolgreichste aller IKEA-Möbel ist).

Einer seiner ersten und später engsten Mitarbeiter, Sven Göte Hansson, hatte 1952 die Idee, die katalogisierten, für den Versand stets praktisch demontierten und flach zusammengelegten Möbel für eine Besichtigung aufgebaut auszustellen. Wer wollte, konnte sich also anschauen, was er oder sie da bestellen wollte, in der ehemaligen Schreinerei Almblad in Älmhult; Kamprad wollte dadurch lästigen Reklamationen entgehen.

Im Sommer 2007 war ich in Älmhult. Das ist ein kleines, 8000-Einwohner-Städtchen an der Nordgrenze Schonens, wo einst die dänisch-schwedische Grenze verlief und der dichte, seenreiche Wald Smålands beginnt. In Älmhult steht noch das Geburtshaus Carl von Linnés, des bedeutenden Biologen und bis heute prägenden Klassifizierers aller Lebensformen unserer Erde, und hier versteckten sich vor dreihundert Jahren auch jene dänischen Renegaten, die die Eroberung der Provinz Schonen durch die Schweden 1658 nicht hinnehmen wollten. Meine Frau und ich hatten beschlossen, auch einmal im IKEA-Stammhaus einzukaufen – und bemerkten, dass das Möbelhaus IKEA Älmhult in seiner Größe und seinem Sortiment allen anderen bereits besuchten IKEA-Möbelmärkten glich. Insofern ist IKEA heute wirklich global, das Angebot auf eine weltweite Kundschaft abgestimmt. Dass es sich in Älmhult um die Zentrale eines internationalen Konzerns handelt, war an der Unzahl großer Lager-, Fertigungs- und Verwaltungsgebäude zu merken, die das Einrichtungshaus und Älmhult umgaben – und es aufgrund der vielen Zufahrten und Abzweigungen zu den IKEA-Gebäuden nicht ganz einfach machten, das Zentrum des kleinen Städchens zu erreichen.

Älmhult ist heute die Nordeuropazentrale von IKEA, ein Fertigungsstandort, Warenlager und Personalführungszentrum. IKEA hatte anfangs allerdings auch in Schweden gegen Widerstände zu kämpfen gehabt, gegen Neid und Plagiatsvorwürfe. Man war Anfang der sechziger Jahre noch längst nicht das »unmögliche Möbelhaus« mit dem Elch als Maskottchen – der wurde erst für den deutschen Markt kreiert –, sondern musste sich im Stammland Schweden gegen Anfeindungen der Konkurrenz wehren. Doch nach einigen Jahren bescheinigten selbst renommierte Fachzeitschriften den preiswerten IKEA-Möbeln eine gute Qualität; und im Jahr 2004 überzeugte IKEA in Deutschland auch *Ökotest*.

IKEA wuchs und wurde immer populärer. Der IKEA-Stil entstand: Ingvar Kamprad verzichtete bei seinen Mitarbeitern auf das förmliche *ni* (Sie) als Anrede, ebenso auf Krawatten und Anzüge – und nicht zuletzt dadurch wurde IKEA in den späten sechziger Jahren stilbildend, zuerst in Schweden. Der schwedische Staat greift jedoch hart und fest selbst auf geringere Vermögen als einige Milliarden Kronen zu, und Kamprads Popularität litt zeitweilig, als er sich 1973 der schwedischen Besteuerung entzog und in die Schweiz übersiedelte. Heute beklagt sich eine schweizerische Gemeinde darüber, dass der bekannte schwedische Milliardär – der noch immer einen betont »moderaten«, persönlich bescheidenen Lebensstil pflegt – weder als Konsument noch als Sponsor besonders auffällt. Der Konzern wird inzwischen von Holland und Belgien aus geführt – und ist seit 1998 selbst in China präsent.

Und bei uns? IKEA ist heute das mit weitem Abstand präsenteste und bekannteste schwedische Unternehmen in Deutschland, weit vor Volvo, und als Begriff mit dem seit kurzem allgegenwärtigen »Tetrapak« zu vergleichen. IKEA Spandau, im Westen Berlins und nur vier Kilometer von mir entfernt, wird seit zehn Jahren immer größer. Mit dem 1974 in Eching bei München eröffneten ersten Möbelmarkt in Deutschland, mit dem Elch als Maskottchen und der ebenso überraschenden wie eingängigen Selbstbezeichnung als »unmöglich«, hat IKEA tatsächlich eine neue Einrichtungskultur in Deutschland eingeführt, fort von den alten Schrankwänden, den Schabracken, Nippesfiguren und Zierdeckchen, hin zu Larssons und Malmstens Ideal lichter, freier und hell eingerichteter Wohnräume – »Lebst du schon oder wohnst du noch?«.

Doch neben IKEA gibt es im Norden auch immer noch die traditionelle schwedische Einrichtung, die mit biedermeierlich anmutenden Tapeten, zwar alten aber dennoch leichten Stühlen – »swedish grace«, schwedische Anmut, nannte Carl Malmsten diesen Stil –, Dielenböden und festlichem Kristallglas zum Festmahl einlädt.

Påsk, Ostern auf Öland. Das alte Pfarrhaus war ein Erlebnis: ein großes, altes, klassisches Schwedenhaus, ganz aus Holz gebaut, mit leise knarrenden, durch zwei Jahrhunderte blank gewetzten und polierten Dielen, lichten Räumen mit großen, kleinteiligen Sprossenfenstern, und durchgängig 200 bis 400 Jahre alten, aber erstaunlich leichten Möbeln eingerichtet. Ganz ohne schwere, dunkle Schrankwände. Die ursprüngliche Einrichtung war in Jahrhunderten ohne Unruhen vollständig erhalten geblieben. Die große Tafel war für etwa 20 Gäste festlich gedeckt worden: brennende Kerzen, schlichtes, aber altes Geschirr, glänzende Gläser – Kristallglas aus den småländischen Glashütten –, und all die schönen, kleinen Accessoires einer skandinavischen Festtafel.

Dann wurde zum Essen gebeten, und alle Gäste nahmen Platz, voller Erwartung auf die Genüsse der schwedischen Küche. Für mich trübte nur eines den schönen, festlichen Eindruck dieser schwedisch gedeckten Tafel ein: Vor jedem Platz stand eine Alubüchse Bier. Doch außer mir schien niemand daran Anstoß zu nehmen. Ich für meinen Teil empfand das als zutiefst verunsichernd: Auf Bier aus Blechdosen war ich auf dieser festlichen Tafel nicht gefaßt. Warum eigentlich nicht?

Doch ich schlage vor, dass wir uns erst einmal dem Büfett und der schwedischen Küche widmen, bevor wir die unpassenden Bierbüchsen öffnen und uns fragen, wie es Schweden heute mit dem Alkohol hält. Das Essen wird sonst kalt.

Was man hier auf den Tisch bringt
Smörgasbord – Abbas Dosenfisch – Janssons Versuchung –
Fisch und Zimt –Vergrabener Fisch – Sommereis

Wer in ein exotisches Land fährt und dort jahrein, jahraus
zusammen mit den Einheimischen speist, wird nach seiner Rückkehr in unser Land der unzähligen Kochshows und
Showköche sofort nach neuen und unbekannten, fremdartigen
und reizvollen (oder unheimlichen) Geschmackserlebnissen
gefragt. Also, wie ist sie denn, die schwedische Küche, von der
die meisten Deutschen nur *gravad lax* (wörtlich – und ernsthaft! – »vergrabenen Lachs«) und *knäckebröd* kennen?

Manche sagen, das reicht.

Suchen Sie doch mal in einem Berliner oder Münchner Te-
lefonbuch ein schwedisches Restaurant. Also, die Italiener füllen Seiten. Wir gehören einer Nation an, der seit zwei Generationen neben der französischen besonders die mediterrane
und die asiatische Küche nahegebracht wurde. Wir können
Carpaccio und Creme Brulée, Krupuk und Crostini, Cappuc-
cino und Consommé inzwischen nicht nur unfallfrei ausspre-
chen, wir ahnen sogar ungefähr, wie diese Spezialitäten schme-
cken sollten. Natürlich macht es einen Unterschied, ob man in
London ein indisches Restaurant besucht (scharf!) oder in
Berlin (nicht so scharf), ob man Paella am Strand von Fuerte-
ventura aus der Pfanne oder in Hamburg im *El Lobo* isst, doch
wenn man in der Lage ist, solche Unterschiede zu bemerken – meine Frau würde mich jetzt allerdings zweifelnd von
der Seite anblicken –, zeugt das von einer Verfeinerung der
Geschmacksnerven. Für einen Gourmet ist die schwedische

Küche vor allem eines: sättigend. Sie hat eine ausgeprägte Neigung zu Weichem, Vergorenem und Süßem. Möglichst alles zusammen.

Die Geschichte der schwedischen Kochkunst ist von Entbehrungen geprägt. Es mangelt an Kräutern, Gewürzen, an kulinarischem Austausch und überraschenden Erfahrungen. Vieles gab es einfach nicht. Weil es im rauen Norden nicht gedieh oder zum Importieren zu teuer war. Wer vor dem Beitritt Schwedens zur EU – also vor 1995 – einmal eine Obst- und Gemüseauslage in einem schwedischen Supermarkt gesehen hat, weiß, was ich meine: Nachdem Mitteleuropa sich bedient hatte, blieb für den wenig volkreichen Norden nur zweite und dritte Wahl. Deutschland hat immer schon vom Austausch profitiert – nach Skandinavien kamen lange Zeit nur die Reste. Und das wirkt nach. Man würzt im Norden noch heute sehr sparsam. Oliven, Zucchini und Auberginen sind in den meisten Haushalten immer noch nahezu unbekannt, Kiwis, Bananen und andere Südfrüchte selten und teuer.

Man schätzt die Kartoffel, aber nicht in Fett gebraten oder zubereitet, weil Fett seit jeher sparsam benutzt werden musste und pflanzliches Öl rar und teuer war. Darum gibt es in jeder schwedischen Imbissbude neben den unvermeidlichen Pommes frites (*strips*) noch immer auch *potatismos*, Kartoffelbrei.

Da er aus gekochten Kartoffeln oder aus Trockenflocken zubereitet wird, kann man ihn weder portionsweise frisch zubereiten, noch in geeigneter Weise warm halten: Hat man Glück, erwischt man eine frische Portion; hat man Pech (meistens), kriegt man gelben Gips. Die Schweden ficht das nicht an: Jung und Alt isst *en stor korv med mos* und scheint süchtig nach pappigem Kartoffelbrei mit ein wenig *bostongurka* zu sein. Man weiß gar nicht, wo man mit dem Erklären anfangen soll: *En stekt korv* ist die schwedische Variante einer Bratwurst, die mit der deutschen Bratwurst nur die Silbe »Brat«- gemein hat, der Rest ist eigentlich ein – verdächtig rosafarbenes – Würstchen, bei dem man absichtlich auf Knack und Geschmack verzichtet hat, um es von der nicht gebratenen, sondern mäßig lauwarm gemachten *wienerkorv* unterscheiden zu können, die massenweise als Hotdog im Milchbrötchen mit Ketchup, süßem Senf, Röstzwiebeln und viel *bostongurka* gegessen wird. Ich bin sicher, dass das *wienerkorv* genannte, geschmacksfreie Etwas nur als essbare Trägersubstanz beim Verzehr von ordentlich viel weichem Milchbrötchen, Senf, Ketchup und – *bostongurka* dient.

Doch, es gibt es ein paar schwedische Spezialitäten, die ich vor der Rückfahrt ins Auto lade, weil es sie in Deutschland schlicht nicht gibt, ich sie aber nicht mehr missen mag. *Bostongurka* gehört dazu. Es ist eine Art Mus, zubereitet aus gehäckselter Gewürzgurke, eingelegter Paprika und Senfkörnern, eigentlich nicht sehr aufregend, aber würzig-säuerlich und vielseitig. *Bostongurka* macht das pappigste *potatismos* genießbar, peppt den in Schweden nur aus gewürfelter Kartoffel und Mayonnaise bestehenden Kartoffelsalat auf, passt gut zu Grillfleisch und wertet auf Brot den typisch schwedischen Wurstersatz (*Falukorv* – Sie müssen das nicht unbedingt probieren!) auf – wobei man als Mitteleuropäer beim Brot dann besser nicht das dunkle schwedische *fullkornbröd* nehmen sollte, denn das ist immer weich und sirupsüß, und die Mischung von Sirup- mit Gewürzgurkengeschmack wird südlich der Ostsee als recht verwegen wahrgenommen. Es gibt gewisse kulinarische Genüsse, die sollte man besser nicht aus ihrer ursprünglichen Umgebung herauslösen.

Der übliche Starter ist das *räksmörgas. Räkor* sind Krabben, mit Mayonnaise als Salat zubereitet, oder – original – als Haufen Krabben mit einem Klacks Mayonnaise, Dill und Zitronenscheibe auf weichem Toastbrot. Die Schweden sind – auf ihre Weise – natur- und umweltbewusst, aber die frische, knackige Vollwertküche ist in ihren Breitengraden noch nicht angekommen. Genossen wird alles, was weich und entweder geschmacklos oder säuerlich oder süß ist. Und so teilt sich das ganze *smörgasbord* – ein Buffet aus warmen und kalten Speisen – ein: entweder säuerlich oder süß. Die Geschmacksnuancen salzig und sehr scharf entfallen gänzlich. Sie würden durstig machen – und dann gäbe es im Norden kein Halten mehr.

Auffällig, zumal für den gesundheitsbewussten deutschen Bundesbürger, ist das Fehlen von frischem Gemüse. Denn unter *sallad*, Salat, versteht man im Norden entweder geraspelte *morötter* (Karotten) oder klein geschnittenen Salatgurke-Tomate-Eisberg-Salat mit Thousand-Island-Dressing vom Bufett. Auch frisches Obst ist rar – da wären nur die haltbaren Äpfel und – nach Jahreszeit – die Waldfrüchte zu erwähnen. Neben den Erdbeeren (jordgubbar), die im Norden erst spät reifen und im Juli eine klassische Sommerfrucht sind, werden Heidel- und besonders Preiselbeeren meist zu *sylt* verarbeitet, einer Art Marmelade. Als *lingonsylt* ist die Preiselbeere im Sommer unausweichlich. Und dann gibt es da doch etwas ganz Besonderes, bei uns Unbekanntes: *hjortron*, Hirschbeeren, gelbliche Verwandte der Brombeeren mit einem unnachahmlich mild-herb-süßem Geschmack. Der *västkustsallad* ist nichts anderes als ein säuerlicher Weißkrautsalat und befriedigt als solcher den schwedischen Bedarf an Gemüse.

Die Vorspeisen werden abgerundet durch Kaviar oder marinierte Heringshappen der Firma Abba – und wer jetzt an das schwedische Popquartett der siebziger und achtziger Jahre denkt, liegt zwar nicht falsch, aber auch nicht ganz richtig. Die

Popgruppe borgte sich den Namen von dieser Firma mit deren Einverständnis. Schon erstaunlich, dass sich Musiker von Dosenfisch inspirieren lassen – obwohl das Quartett früher Wert auf die Erklärung legte, dass ihr Name zuvörderst ein Akronym ihrer Vornamen sei. Erst dann sei man darauf gestoßen, dass es diese Buchstabenkombination schon gab. Die Firma ABBA – ein Kürzel für _Aktiebolaget Bröderna Alsem_, Aktiengesellschaft der Brüder Alsem – ist tatsächlich hundert Jahre älter als das weltberühmte schwedische Popquartett und gehört heute dem schwedischen Feinkostkonzern Olka.

Wer noch nicht satt ist, probiert – mit einem Digestivkeks – _Skagen-ost_ von Kavli. _Ost_ (gesprochen »Uust«) ist das schwedische Wort für Käse, und nachdem ich lange Zeit Franzosen, Holländer und Schweizer für die Käsemeister Europas gehalten hatte, war es eine Überraschung, in Schweden ganze Kühlregalstrecken voller heimischem Käse (_Prästost, Herrgardsost, Starkost_) zu finden, bevorzugt als ganze Leiber zum Selbstabhobeln – ein schwedischer Tisch ohne _osthüvel_ (Käsehobel) ist nicht denkbar – oder aus der Tube. In Schweden liebt man Schmelzkäse aus der Tube, ein Monopol der Firma Kavli, in hundert Variationen – da gibt es Käse mit pürierten Krabben (_Skagen-ost_), mit püriertem Kaviar (_Kalles kaviar_), mit püriertem Schinken (_Skink-ost_, gesprochen »Schink-uust«), püriertem Gemüse, Kräutern, Muscheln und Fisch. Wenn man im Supermarkt vor diesen wandhohen Kavli-Regalen steht, fragt man sich unwillkürlich, wer das alles essen soll.

Die Schweden mögen es zwar weich, säuerlich und süß, aber sie sind auch große Anhänger fettreduzierter Kost. Seltsamerweise aber fast nur bei Milchprodukten. Das gilt als sehr modern, hat aber nichts mit gesunder Ernährung zu tun. Es ist herrlich inkonsequent: Für nahezu jedes Produkt gibt es im Kühlregal fettreduzierte, _lätt_ (leicht) genannte Varianten, darun-

144

ter die auch bei uns bekannte Margarine *Lätta* – bis hin zu der auf einen Fettgehalt von 0,1 Prozent gedrückten, bläulich-wässrig aussehenden *lätt-mjölk* (Leichtmilch)! Sie ermöglichen es den Schweden, nicht eine einzige nationale Essgewohnheit zu ändern und doch das Gefühl zu haben, sich wunderbar leicht und also gesund zu ernähren. In größeren Städten gibt es vereinzelt sogenannte *hälsokost*-Läden, Gesunde-Kost-Läden, also Reformhäuser, doch da scheint nur hineinzugehen, wer ernsthaft krank ist.

Das schwedische Nationalgericht ist jedoch der Kartoffelauflauf, *Janssons frestelse*. Das ist ein im Ofen gebackener Dickmacher aus Kartoffeln, Anchovis, Zwiebeln und Sahne, weitgehend gewürzfrei bis auf Salz. Die mehlig kochenden Kartoffeln werden in feine Stifte, die Zwiebeln in Ringe geschnitten und glasig geschmort. Doch nur Alleinstehende würden Janssons Versuchung – so hieße das Gericht auf deutsch – in einer Auflaufform zubereiten: Familien benötigen dazu zwei bis drei Backbleche.

Ein anderes recht bekanntes Gericht ist *pytt i panna* (frei übersetzt: Kram in der Pfanne), die schwedische Variante des in Deutschland bekannten »Bauernfrühstücks«: Kartoffelwürfel, Gurkenstückchen, Gehacktes und Rote Bete (*rödbetor*) mit Butter in der Pfanne gebraten, aber ohne Ei. *Pytt i panna* gibt es so wie die geliebten *köttbullar* (gesprochen »schöttbullar«, gebratene Hackfleischbällchen mit Preiselbeerkompott) in allen *snabbmat* genannten Schnellimbissen, und doch sind beide Nationalgerichte, die auf kaum einer Tafel fehlen dürfen.

Was dem kulinarisch verwöhnten Mitteleuropäer das Gewürz ist, das ist dem Schweden die Gärung. Man kann das verstehen, Gewürze waren immer teuer, Gärung gibt es umsonst. Man muss den Dingen nur Zeit lassen. Unter Luftabschluss. Man kann einen Fisch haltbar machen, indem man ihn salzt oder trocknet und ihm so die Feuchtigkeit entzieht (Stock-fisch), oder man kann ihn vergraben und zur Gärung bringen. Das macht das Fischfleisch mürbe und säuerlich – *gravad*, eben begrabener Lachs. Heute ahmt man den Prozess industriell nach, aber es gibt da etwas, einen Hering, *strömming* genannt, der noch immer vergraben wird, der nicht nur gärt, sondern bewusst und gewollt auch ein wenig anfault. Sauer sei das Er-gebnis, sagen die Schweden und lecken sich die Lippen, doch wenn *surströmming* auf der Menükarte steht, sollte man am bes-ten seinen Hut nehmen: ein angefaulter, vergorener, erbärm-lich stinkender Fisch, eine kulinarische Katastrophe, eine Art Mutprobe – in Köln wurde 1981 eine Mieterin gekündigt, die eine *surströmming*-Dose im Treppenhaus geöffnet hatte –, aber wir lassen schließlich auch Käse in Höhlen verschimmeln und finden das Ergebnis köstlich.

Mit frischem Fisch ist das so eine Sache. Alle Welt erwartet von Schweden *gravad lax*, dabei ist Norwegen und nicht Schwe-den das Lachsland. Schwedens Meer ist die Ostsee, und die ist seit jeher eher lachsarm. In Kårehamn, dem letzten Fischerei-hafen auf Öland findet man Scholle (*flundra*), Hering (*ström-ming*) und Dorsch (*torsk*), aber keinen Lachs. Ich glaube, es handelt sich um ein altes kulinarisches Missverständnis: Auf unserem Tisch liegt neben dem Hecht (*gädda*) eine Forelle, und die heißt auf schwedisch *regnbogslax*. Es war ursprünglich die-ser kleine Süßwasserlachs – der in vielen schwedischen Seen lebt –, den die alten Schweden vergraben hatten. Natürlich es-sen die Schweden gern Seelachs, aber daraus zubereiteter *gravad lax* wird von den Schweden weit weniger als Teil ihrer heimischen Küche angesehen als zum Beispiel *Janssons frestelse*. Der Lachs, den ich zuletzt in Schonen kaufte, war tiefgefroren, folienverpackt und hieß *Alaska-havslax* (*hav* ist das Meer). Nicht schwedisch, aber lecker.

Schon satt? Schade. Jetzt kommt noch ein Hauptgang, unsere regionale Spezialität: *Ölands kroppkakor*. Ölands regionales Hauptgericht besteht aus mit Hackfleisch gefüllten Kartoffelklößen, übergossen mit zerlassener Butter und flüssiger Sahne und einem ordentlichen Schlag *lingonsylt* (Preiselbeermarmelade). Geübte Schwedenfahrer schaffen zwei bis drei dieser sahnig-fetten Wuchtbrummen, unsere Öländer locker sechs bis acht. Wir waren mal mit deutschen Freunden auf Öland unterwegs und haben den beiden zuvor schon wochenlang von *kroppkakor* vorgeschwärmt: »Wenn wir da sind, müsst ihr unbedingt mit uns in die *kroppkakor*-Mühle an der Südspitze gehen!« Und das taten sie dann auch, an einem warmen Sommernachmittag, ohne recht zu ahnen, was wir sie da eigentlich verzehren lassen wollten. Wir hatten seit dem Frühstück die meiste Zeit im Auto gesessen – Öland ist hundertdreißig Kilometer lang, man fährt in Schweden sowieso schnell mal ein paar hundert Kilometer zusammen – und mittags schon Kaffee und *kanelbullar* gehabt. Und nun kamen insgesamt sechs Teller mit je drei dieser großen, dampfenden Klöße, in zerlassener Butter und Sahne schwimmend, ohne ein Fetzchen Salat oder etwas Gemüse, statt dessen reichlich süßer *lingonsylt* – schiere, sättigende Masse. *Kroppkakor* verzehrt man auf Öland allerdings zu jeder Jahreszeit und zu allen Anlässen, sowohl im Hochsommer als auch auf Hochzeitsfesten. Wir hatten vergessen, unsere Freunde darauf hinzuweisen, dass man sich für Ölands *kroppkakor* im Hochsommer zuvor schon etwas akklimatisiert und vielleicht auch ein wenig trainiert haben muss. Die beiden hatten keine Chance. Ihre Gesichter danach (»Herzlichen Dank für die Einladung. Das war sehr – interessant.«) vergesse ich nicht. Aber ich muss zugeben, dass sie sich wacker geschlagen haben. Unserer Freundin ging es danach allerdings nicht gut.

Am 5. August geht mit dem *kräftordag* der Sommer offiziell zu Ende. *Kräftor* sind fingerlange schwedische Süßwasserkrebse, einst verbreitet, inzwischen – wie von meinem Freund Björn – jährlich in geeigneten Seen ausgesetzt und das Jahr über mit Fischabfällen gemästet. Im Sommer werden sie mit Tauchkörben geerntet, mit Dillkronen in würzigem Sud zu leuchtend roter Farbe gekocht – und dann gibt es am 5. August einen nationalen Freudentag, den offiziell letzten Tag in den Schären und Sommerhütten, gefeiert mit Papierhüten, Luftschlangen, allgemeiner Krebspulerei und viel Schnaps und Bier. Zum Essen trinkt man zu Hause *lätt-* oder *mellanöl*, also Bier mit 2,8 oder 3,5 Prozent Alkohol, ansonsten begnügt man sich in Schweden mit alkoholfreiem Cider und Brause, hier zusammenfassend *läsk* genannt, was etwa dem englischen »soft« entspricht. Davon gibt es eine für Ausländer auf den ersten Blick verwirrende Vielfalt.

Da wir gerade bei den Durstlöschern sind, muss ich kurz etwas über die Organisation schwedischer Supermärkte sagen. Einzelhändler kennen den sogenannten »Kundenlauf«, also die durchschnittliche wahrscheinliche Bewegung eines Kunden im Geschäft. Sie stellen Frischobst nach vorn und die als »ESP«-Milch inzwischen nicht mehr wirklich frische Milch ganz weit hinten in den Laden, um sicherzustellen, dass jeder Kunde möglichst auch den ganzen Laden durchquert, bevor er die Kasse erreicht. Knabberzeug und Getränke finden sich meist am Ende, nah bei den Kassen. Das Prinzip ist also in Schweden nicht anders, die Sortierung aber schon: Wenn man einen modernen Supermarkt betritt, läuft man nicht selten erst einmal an bedrohlich wandhoch gestapelten Kartons voller riesiger, aufgeblähter Estrella-Chipstüten vorbei, *Vickning-Chips, Barbecue-Chips, Lant-Chips* und ein Dutzend mehr Sorten. Gleich anschließend folgen Brot und Kuchengebäck;

Salzstangen und Erdnüsse sucht man dagegen oft vergebens. Obst und Gemüse finden sich meist in der hintersten Ecke. Was sagt uns das? Wenn Wunschkäufe vorn und Pflichtkäufe hinten stehen, muss man daraus schließen, dass es die Schweden zuerst und vor allem nach Chips verlangt. Auch die schiere Masse spricht dafür. So viel zum Thema gesunde Ernährung. Oh, *lätt-chips* gibt's natürlich auch. Kein Kunde soll den Laden verlassen, ohne eine Tüte Chips einzukaufen. Und das macht dann auch keiner. Die *läskedrycker* (Softgetränke) stehen übrigens gleich gegenüber.

Auf den Esstisch gehört immer ein Brotkorb, morgens, mittags und abends, samt Butter und kleinen Messerchen aus Holz, den Buttermessern. Und in den Brotkorb gehören neben dem weichen schwedischen Brot unbedingt Digestivkekse, rundes, dunkles Mürbegebäck. Digestivs sind in Skandinavien und Resteuropa sehr beliebt, in Schweden führt jeder Supermarkt ein halbes Dutzend Sorten, man isst sie mit Butter, Käse, Marmelade, Wurst, Lachs oder einfach so. In Deutschland sind sie jedoch völlig unbekannt. Wahrscheinlich, weil wir nicht wüssten, wie man mit einem so praktischen Allzwecklebensmittel umgeht; bei Lebensmitteln braucht unsereiner immer Anleitungen, wann und wie er sie einnehmen soll. Achten Sie mal in der Werbung darauf – wenn man es bemerkt hat, kommt man aus dem Lachen nicht mehr heraus: »Wenn der kleine Hunger kommt ...«, »Morgens halb zehn in Deutschland ...«, »Der kleine Snack für unterwegs ...«, »Guten Freunden gibt man ein Küsschen ...«, »Hinein ins Weekendfeeling ...«, »Mit Rama fängt das Frühstück an ...«. Man muss ja annehmen, dass wir ohne diese Tipps vor dem vollen Kühlschrank verhungern würden! Ich warte auf das erste Mineralwasser mit dem Werbespruch »Sprudelquelle – wenn man durstig ist!!«

Kommen wir zu den Süßspeisen.

Ich könnte auch sagen: »Kommen wir nach Schweden«.

Das schwedische Verhältnis zu Zucker entspricht ungefähr dem deutschen zu Alkohol: süchtig. Schon lange bevor die ersten in Deutschland auftauchten, gab es in jedem schwedischen Supermarkt, in jeder Tankstelle diese großen Klappfach-Süßigkeiten-Theken zur Selbstbedienung. Süßigkeiten heißen *godis*, und ich kannte einen in Deutschland tätigen schwedischen Unternehmer, der seine Frau immer – wenn sie nach Schweden fuhr, um nach dem Haus zu sehen – bat, ihm doch *bilar* (Autos) mitzubringen. Keine Volvos, nein, sondern das schwedische Gegenstück zu den deutschen Gummibärchen: kleine weiße und hellgrüne Zuckerschaumautos in Tüten. Als die herstellende Firma Ahlgrens herausfand, dass ihre *bilar* kultig wurden, ergänzte sie ihr Sortiment um *däckar*, kleine schwarzbraune Lakritzautoreifen. Und die Heimat des Zuckers und der Süßigkeiten ist Grenna am Vätternsee, dem kleineren der beiden großen Seen Südschwedens, woher die klassisch weiß-rote *polkagris*-Zuckerstange stammt. Eine Kleinstadt aus lauter kleinen Bonbonfabriken – für die Schweden der Himmel auf Erden.

Doch schauen wir uns weiter auf dem Tisch um: *Frödinge ostkaka* – das ist warmer Käsekuchen vom Blech, der gern, jawohl, mit Schlagsahne gegessen wird, mit *vispgrädde*, die mir in Schweden immer sahniger vorkommt als in Deutschland. Kaffee ist in Schweden ein Grundnahrungsmittel, weshalb man in Cafés die zweite Tasse Kaffee umsonst kriegt, *påtar* heißt das, das Dazugenommene. Man wird ja nicht bedient in Schweden, sondern nimmt sich selbst den Kaffee von der Heizplatte. Deshalb steht in Preislisten oder Speisekarten auch nicht Tasse oder Kännchen, sondern nur *kaffe*. Ich habe aber den Eindruck, dass seit Schwedens EU-Beitritt und dem Bau der Sundbrücke dieses alte Menschenrecht Stück für Stück eingeschränkt wird. Das wäre schade.

Kaffee steht noch für eine andere Besonderheit: Man lädt sich in Schweden gern untereinander »zum Kaffee« ein, ganz leger: »Komm doch nachher zum Kaffee vorbei!«. Dafür wird dann kein großer Aufwand getrieben, aber es gehört sich und wird erwartet, dass der Gast nach der letzten Tasse Kaffee aufsteht, *Tack för kaffet!* sagt und geht. Selbst wenn man das Gefühl hat, man wäre ja gerade erst ins Gespräch gekommen und die Gastgeber hätten auch viel Spaß, sollte man aufstehen und *Tack för kaffe* sagen, um den Gastgebern die Entscheidung zu überlassen, ob man noch länger miteinander plaudert.

Und jetzt geht es endlich an die *kanelbullar*, je nach Form auch *kanelkringlar* oder *kanelgifflar* genannt. Ein *bulle* ist ein Klops, mehrere Klopse heißen *bullar*, und *kanel* ist Zimt. Zimtschnecken könnte man also dieses Gebäck nennen. Und wenn ich Zimt sage, dann meine ich nicht nur einen Hauch wie im deutschen Milchreis mit Zucker und Zimt, sondern Zimt als dicke, klebrige Rauschgiftpaste. Die EU ist doch sonst so schnell mit Warnhinweisen – eigentlich müsste auf jeder Bäckereiauslage, auf jeder Kanelbullartüte ein ähnlicher Warnhinweis stehen: Achtung! Kanelbullar gefährden Ihr Urteilsvermögen und machen süchtig! Abgabe an Kinder oder Jugendliche gefährden den Geldbeutel der Eltern! Dann wäre klar, worauf man sich einlässt. Rollen Sie einen weichen Kuchenteig aus. Schmieren Sie ihn dick mit einer zähen Paste aus Zimt, Kardamom und Zucker ein – nein, das reicht nicht, schmieren Sie noch mal die gleiche Menge drüber! Gut. Rollen Sie das Ganze. Inzwischen werden Sie die halbe Küche mit Zimt verschmiert haben, aber das macht nichts. Schneiden Sie die Rolle jetzt in daumendicke Scheiben, backen Sie diese, kochen Sie Kaffee auf, setzen Sie sich irgendwohin, schließen Sie – wenn

Sie nicht gerade in Schweden sind – die Augen und atmen Sie tief durch. Was Sie jetzt wahrnehmen, ist das innere, heimische Schweden, das, was man im Norden so schätzt und *gammaldags* nennt, was »so wie früher« bedeutet und eigentlich eine Kindheitserinnerung ist, die man lebendig hält. Mein Sohn Max, danach gefragt, was für ihn denn Schweden bedeutet, hat es vor Jahren einmal so beantwortet: Sonntagmorgens mit einer *kanelbulle* zu Mama und Papa ins Bett zu kriechen.

Es soll Menschen geben, die Zimt in hohen Dosen nicht mögen oder nicht vertragen. Diese armen Zeitgenossen sollten sich andere Reiseziele suchen. In Deutschland wird Zimt spärlich dosiert als Gewürz und nicht als »Rauschmittel« verwendet. Zumal nicht seit Januar 2006, als bei Untersuchungen Zimt-Billigprodukte entdeckt wurden, die den Höchstwert des Cumarinanteils – Cumarin gilt als gesundheitsschädlich – bedrohlich überschritten. Außer Milchreis fallen mir hierzulande gerade noch Glühwein und die weihnachtlichen Zimtsterne ein. In Schweden ist Zimt jedoch ganzjährig allgegenwärtig: Kanelbullar findet man im Supermarkt gleich neben dem frischen Brot, Zimt nimmt man gern zu Milchkaffee; wenn irgendwo Nüsse drin sind, kommt auch Zimt rein, zusammen mit *kardemumma* (Kardamom), Zimt ist in den ganzjährig gern gessenen *pepparkakor*, den dünnen Pfefferkuchenplätzchen, aufs hochsommerliche Eis kommt *kanelsås* (süße Zimtsoße) und auf den Milchreis Zimt pur.

Wie jedes Rauschmittel wird auch Zimt allerdings eher im Verborgenen genossen, als gelegentlicher Besucher merkt man es nicht sofort, doch man kann es riechen, wenn man zum Kaffee in die Privathäuser eingeladen wird: Aus deutscher Sicht lebt Schweden in ständiger Weihnachtsstimmung!

Zum Schluss gibt es jetzt noch ein Eis, hier *glass* genannt. Die Eiskugel (*kula*) unterscheidet sich kaum vom europäischen

Standard, sehr beliebt ist allerdings *mjukglass* (Weicheis), jenes in Deutschland aus hygienischen Gründen bereits fast schon wieder verschwundene Softeis aus der Maschine. Wer eine einfache Waffeltüte haben will, verlangt ein *ran*, die großen heißen *vaffla*. Nicht das Eis ist das Besondere, sondern das *topping*, die *strössel*. Wenn man in Deutschland drei Kugeln Eis bestellt, bekommt man sie auch. In Schweden jedoch nicht ohne weiteres: Das junge Mädchen in *Borgholms glasscafét* hält die bereits gefüllte Eistüte eisern fest und schreit über den Lärm der anderen tausend Besucher: »Was wollen Sie drauf haben?« Sie steht vor einer Batterie von Dosen mit Krokant, Schoko-, Lakritz- und Zuckerstreußeln, silbernen und kunterbunten Kügelchen, Quetschtuben mit Schokosoße, Kirsch- und Erdbeersoße, Zimtsoße, Colasoße, Sahne, Puderzucker und wartet, dass ich endlich meine Wahl treffe. Eis ohne *topping* ist wie *potatismos* ohne *bostongurka*: Man isst es einfach so nicht.

Aber wenn es Sommer und im Land menschenleer und still ist, wenn man in einem kleinen Dorf einen *kaffe-torpet*, einen Kaffeegarten entdeckt, in dem ein paar Gartenstühle und Tische auf kurz gemähtem Rasen unter Bäumen stehen – wie im Garten des *Bo-pensionat* in Vickelby auf Öland, wo die blau-gelbe Fahne reglos am Mast hängt und niemand etwas aufträgt oder wegräumt oder den Tisch wischt oder jetzt gerade kassieren muss –, und wenn man dann eine warme, frisch gebackene Waffel mit Sahne und Preiselbeermarmelade vor sich hat und eine Tasse Kaffee oder ein Glas kühlen *flädersaft*, Holunderblütensaft, dann weiß man, wie *sommar* schmeckt.

Eine nüchterne Nation
Systembolaget – Wie Brännvin nach Schweden kam – Kartoffelschnaps –
Das Elend – Flaschen unter dem Tisch

Kein Volk, heißt es, habe so unter dem Alkohol gelitten wie die Indianer und die Schweden. Es ist nach wie vor ein Thema, denn die gesamte Nation wurde zu Beginn des letzten Jahrhunderts systematisch auf Entzug gesetzt – und der dauert immer noch an, obwohl er in den letzten dreißig Jahren ganz vorsichtig gelockert wurde. Wenn ich mich mit meinen schwedischen Freunden unterhalte und das Gespräch zufällig das Thema Alkohol berührt, habe ich oft ein lächelndes Schulterzucken erlebt: »Ach ja, das alte Thema. Sicher, es war mal schlimm in Schweden, doch das ist ja nun lange her. Das ist Politik, die Regierung traut uns nichts zu.« Man ist spontan geneigt, das ähnlich zu sehen. Die schwedische Regierung will den Konsum von Alkohol eindämmen und verkauft ihn zu hohen Preisen in staatlichen Monopolgeschäften. In Deutschland versucht die Regierung das Rauchen in der Öffentlichkeit zu unterbinden und rechnet doch fest mit den Einnahmen aus der Tabaksteuer. Es wirkt nicht besonders konsequent.

Aber jedes Mal, wenn ich in Schweden bin, mache ich nach ein paar Tagen eine merkwürdige Erfahrung: Irgendwann möchte man mal ausgehen und zum Essen vielleicht ein Glas Wein trinken, man möchte sich mit Freunden auf ein Bier treffen oder abends spät in einer Bar noch einen Cocktail schlürfen, man möchte sich, wenn es kalt und feucht ist, nachmittags im Stadtcafé einen Grog oder einen Pharisäer gönnen oder auf dem vorweihnachtlichen Markt in Kalmar einen Glühwein zum Aufwärmen trinken. All das gibt es in Schweden aber nicht. Keine Kneipen, keine Biergärten. Im Stadtcafé gibt es sommers wie winters nur Kaffee, Tee, Limo oder Saft. In den Geschäften bekommt man höchstens dünnes Dosenbier, und auf winterlichen Märkten heißen alkoholfreien *glögg*. Und man bemerkt verdutzt, wie oft und bei welchen Gelegenheiten man als erwachsener Deutscher Alkohol zu sich nimmt. Und das auch so gewohnt ist. Und sich eigentlich überhaupt nichts dabei denkt. Man hat ja schließlich nicht vor, sich hemmungslos zu betrinken. Und doch: In Schweden bemerkt man unfreiwillig, wie allgegenwärtig bei uns der Alkohol ist.

Die schwedische Gesellschaft, ja, ganz Schweden wirkt auf den ersten Blick nüchtern, streng und »trocken«. Und – aus unserer Sicht ganz merkwürdig – es findet sich seit Jahrzehnten keine Mehrheit, die dies ändern will. Merkwürdig deshalb, weil »die Schweden« dem Alkohol keineswegs abhold sind, weil sie fröhlich die staatliche Prohibition unterlaufen – und doch nie eine politische Bewegung zur Abschaffung des öffentlichen Alkoholverbotes unterstützt haben. Warum eigentlich nicht?

Unser normales deutsches Bier mit 5 bis 6 Prozent Alkohol gilt in Schweden als *starköl* (starkes Bier). Man kann es nur in lizensierten, teuren Restaurants oder im staatlichen *Systembolaget* erwerben. Systembolaget wurde 1850 in der nordschwedischen Stadt Falun von Bergleuten gegründet, welche die Gewinne gemeinnützlich verwendeten. Diese staatlichen Läden, in denen es erst seit zwanzig Jahren Selbstbedienung gibt, sehen äußerst nüchtern und schmucklos aus. Die Einrichtung erinnert an die Intershops der früheren DDR: nummerierte Ware hinter Glas. Der Kunde tritt in den Laden, zieht eine Wartenummer und übt sich in Geduld; er fasst nicht selbst die Flasche Wein an, sondern gibt einen Bestellzettel ab.

Bei einer Sylvesterfeier auf einem Bauernhof in der Nähe unseres Dorfes war die Stimmung abends um neun Uhr bereits mehr als aufgeräumt. Ich hatte aus Deutschland so viel »echtes« Bier mitgebracht, wie man – am Vorabend des EU-Beitritts Schwedens – damals legal einführen durfte, das wurde von mir, dem *tysken*, geradezu erwartet. Ich hatte unter großem Hallo alles, was ich mitgebracht hatte, auf die Festtafel gestellt, meine schwedischen Freunde hatten ein paar »Absolut«-Wodkaflaschen dazugestellt und mich verständnisinnig in die Seite geknufft: Wodka, *brännvin*, ist in Schweden auch heute noch und trotz EU-Mitgliedschaft ein immens teures Vergnügen, ein rares Luxusprodukt; was die Flaschen enthielten, war zwar *brännvin*, aber Branntwein »besonderer Herkunft«, auf den man zwar merklich stolz war, aber eigentlich nicht weiter darüber sprechen wollte. »Absolut«-Wodka, einst in den höchsten Tönen von Andy Warhol gepriesen und damit auch für Intellektuelle und Snobs attraktiv geworden, wird übrigens in dem südschwedischen Seebad Ahus hergestellt, von einer Tochterfirma des Staatskonzerns Vin & Sprit.

Es gibt in schwedischen Supermärkten keine »Wein- und Spirituosen«-Abteilungen, auch kein Bier, sondern nur *lätt*- oder *mellan-öl*, eine Art Bierbrause, meist kurz als *Öl II* bezeichnet. Seltsamerweise heißt eine Marke *Bayersk öl*, bayerisches Bier, sehr beliebt zwar, würde aber einem bayerischen Bierfreund die Tränen in die Augen treiben. Außer diesem *Bayersk* gibt es in gut sortierten Supermärkten noch zwei, drei andere schwedische Marken (Pripps, Falcon, Norrland zum Beispiel), aber auch – überraschenderweise! – ein paar in Deutschland ebenfalls wohlbekannte Markennamen, Tuborg etwa, Heinneken oder Guinness, wie alles Bier in Schweden grundsätzlich nur in Dosen. Es macht fast keinen Unterschied. Auch die internationalen Markenbiere werden in schwedischen Supermärkten mit höchstens 3,5 Prozent Alkohol verkauft. Und wer das irische Schwarzbier der Marke »Guinness« kennt, tut sich mit der schwedischen Variante schwer. Ich trinke lieber Wein, der ist in Schweden zwar nur vom Staat zu bekommen, aber da weiß man wenigstens, was man hat.

Gegen neun Uhr, wie gesagt, begannen die Bauern fröhlich zu singen, von ihren in Anwesenheit deutscher Gäste eher zurückhaltenden Ehefrauen argwöhnisch beobachtet. Vor hundert Jahren, als auf schwedischen Bauernhöfen der Alkoholismus »grassierte«, waren die Bauersfrauen die ersten Verbündeten der Guttempler gewesen, der *nykteristen* (Nüchternen), wie man hier sagt. Es fällt auch bei jungen Schweden heute noch auf, dass man auf den beliebten Ostseefähren eher betrunkene junge Männer als junge Frauen bemerkt. Und ich muss fairerweise dazu sagen: Seit Schwedens EU-Beitritt und der Abschaffung der zollfreien Schnapsläden auf den Deutschlandfähren sind die früher so beliebten Sauftouren selten geworden. Unsere Gastgeberin der Sylvesterparty war dennoch besorgt und wandte sich entschuldigend an mich: »Du musst ja denken, dass unsere Männer sehr viel trinken.« Es war ihr sichtlich unangenehm. Ich musterte meine fröhlich singenden Freunde, überschlug den bisherigen ungefähren Alkoholkonsum und beging einen Fauxpas: Nein, antwortete ich, eingedenk vieler feuchtfröhlicher Partys in Deutschland, nein, das dächte ich nicht. Und das – war die falsche Antwort. Ich hatte wahrscheinlich als disziplinierendes Beispiel dienen sollen, als »moderater« Genießer und zurückhaltender Gast. Dabei hatte ich meiner eigenen Einschätzung nach nicht weniger *brännvin* konsumiert als meine fröhlichen Wikinger. Das Problem war: Sie waren es im Gegensatz zu mir überhaupt nicht gewöhnt!

Man weiß von zahlreichen Prominenten in Schweden, dass

sie mit dem Alkohol ihre liebe Mühe hatten. IKEA-Gründer Ingvar Kamprad zum Beispiel diktierte mal der Presse in die Feder: »Ich bin ein typischer Schwede, ohne Alkohol fällt es mir schwer zu lachen.« Als er eines Tages feststellte, dass seine Hände schon zitterten, konsultierte er einen Arzt und beschloss, dreimal im Jahr Trockenphasen von fünf Wochen einzulegen, in denen er sich keinen Schluck Alkohol gönnte. Auch Sture Lindgren, der Ehemann der berühmten Kinderbuchautorin Astrid Lindgren, hatte mit diesem Problem zu kämpfen, ebenso ihr Sohn, der schon vor der Mutter 1986 verstorbene Lars Lindgren.

Kein Wunder: Es gibt in Schweden keine nennenswerte Trinkkultur, keine Sitten und Regeln im Umgang mit alkoholischen Getränken. Es geht hier nicht um Suchtverhalten, ich habe in schwedischen Städten noch nie einen Betrunkenen in der Öffentlichkeit gesehen, sondern um den gesellschaftlichen Umgang mit alkoholischen Getränken. Und dabei sind Sitten immer eine Bremse. Wir sind uns dessen oft nicht bewusst, haben aber durch Tradition und Vorbilder ein Vorwissen: Man trinkt in festlicher Gesellschaft kein Bier aus der Blechdose, man stellt Wein nicht in einer 2,5-Liter-Tetrabox zum Selbstzapfen auf den schön gedeckten Tisch, man trinkt nicht Schnaps zum Essen, sondern wenn, dann erst danach. Und stellt auch nicht Aludosen auf gediegenes Mobiliar. Es gibt hunderte verschiedener Sorten Wein und Bier, Likör und Schnaps, und für die allermeisten gibt es spezielle Gläser, geeignete Trinktemperaturen, Ausschank- und Servierregeln. Auch wenn man es im ersten Moment kaum glauben mag und beim stillen Durchzählen nur auf vier oder fünf verschiedene Gläserformen in seinem Glas- und Geschirrschrank kommt: Bier wird nicht aus Weingläsern, Wein nicht aus Saftgläsern getrunken. Man serviert Grog nicht im Schnapsglas und Glühwein nicht in der Teetasse. Haben Sie sich mal gefragt, warum? Am Getränk, am Geschmack ändert sich ja nichts – oder nur wenig.

Es sind Konventionen, Regeln – und Bremsen. Je hochprozentiger der Alkohol, desto kleiner das Glas. Das ist die Grundregel. Rotwein und Whisky fallen heraus, sie gewinnen durch große Oberflächen, aber das ist wie mit den unregelmäßigen Verben: Man muss die Ausnahmen von der Regel kennen, wenn man gut sein will. Und woher wissen wir, was wie stilvoll ausgeschenkt oder getrunken wird? Durch Vielfalt und 2000 Jahre Erfahrung mit dieser Vielfalt. Schon die alten Römer haben den Weinanbau in Süddeutschland kultiviert, Weiß- und Rotwein, seit dem Mittelalter wurden in Deutschland unzählige Sorten Bier aus Hopfen und Malz gebraut, mit dem Zucker aus der Karibik und später der Zuckerrübe kamen der Rum und, aus Zucker und Weizen gebrannt, der »Korn« und damit »Aufgesetzte«, Liköre und Kräuterschnäpse. Natürlich wurde, wo Alkohol in großen Mengen verfügbar war, auch schon mal exzessiv getrunken, doch 2000 Jahre sind hinreichend Zeit, um sich an all das ein wenig zu gewöhnen.

In Schweden gedeihen weder Hopfen noch Weintrauben. Zucker war selten und teuer, anders als die Dänen und sogar die Brandenburger erreichten die Schweden die karibischen Zuckerrohrinseln nicht und blieben bis zum Zuckerrübenanbau auf Importe angewiesen. Kein Wein, kein Bier, kein Zucker – da wird das schon schwieriger mit dem Vollrausch. Nur Honig gab's, Roggen und Gerste, und das heißt, im hohen Norden wurde noch Met getrunken, als man in Deutschland bereits Bierseidel sammelte und Weinköniginnen wählte. Um zu verstehen, was auf den Bauernhöfen in Mittel- und Nordschweden passierte, muss man wissen, dass Schweden bis in die Neuzeit karg und arm war und die vielfältigsten Konsumgüter einführen musste – und dazu nur über zwei nennenswerte Häfen verfügte: Stockholm (da saßen die deutschen Hanse-Kaufleute) und Göteborg. Die südschwedische Ostseeküste war Legoland, fest in dänischer Hand – und die Dänen waren absolut keine Freunde der Schweden. Was von da kam, war entweder überteuert oder eine Kriegserklärung.

Und was man importiert, das muss man irgendwann bezahlen; das haben inzwischen auch die Amerikaner verstanden. Was Schweden zu bieten hatte, schon im Mittelalter, war Holz im Überfluss – und Kupfer. Die Kupfervorkommen von Falun sind die ergiebigsten in Europa gewesen. Es fällt unsereinem heute schwer, sich das vorzustellen, aber bereits im späten Mittelalter war Holz in Mitteleuropa einschließlich England und bis hoch nach Dänemark Mangelware! Noch zu Beginn des Dreißigjährigen Krieges, also 1618, lag in Deutschland mehr Land »unter dem Pflug« – wie man so sagt – als in der heute so dicht besiedelten Bundesrepublik. Holz musste her, und zwar in rauen Mengen, Kupfer auch, so viel wie möglich, im Dreißigjährigen Krieg haben alle beteiligten Nationen noch mit Bronzekanonen aufeinander geschossen. Bronze besteht zu rund 80 Prozent aus Kupfer, und wenn man überlegt, dass die großen Flotten der Briten, Niederländer und Dänen damals fast nur aus Holz und Bronze (-kanonen) bestanden, wird klar, was eigentlich die wirtschaftliche Grundlage des schwedischen Königreiches war – und warum die Schweden sofort kamen, als die evangelischen deutschen Fürsten sie im Dreißigjährigen Krieg um Hilfe gegen ihren Kaiser baten.

Und Sie dachten, es ginge hier eigentlich um Alkohol? Das ist es ja, hier beginnt das Elend der Schweden. Der König von Schweden thronte auf zwei um 1600 ungeheuer wichtigen Rohstoffen – und in den Bauernhöfen im Nordland kam von den Einnahmen nichts an. In Stockholm regierten Könige aus deutschen Häusern, und die waren ihren schwedischen Untertanen gegenüber viel gleichgültiger als etwa der preußische »Soldatenkönig«, der Vater Friedrichs des Großen, den deutschen gegenüber. Die schwedische Landbevölkerung, meist hunderte von Kilometern von den wenigen großen Städten entfernt, verelendete hoffnungslos. Den deutschen Bauern ging es dagegen wieder besser, der Krieg war zwar furchtbar gewesen, ein Drittel der Bevölkerung war ums Leben gekommen, doch das Land war unverändert fruchtbar, überall gab es hungrige Städter, Märkte – und Kartoffeln. Das war neu. Die Kartoffel stammt aus Amerika, eine anspruchslose, stärkehaltige Feldfrucht, die auch auf kargen, sandigen Böden gedieh (in Brandenburg zum Beispiel, damals herablassend gern »des Heiligen Römischen Reiches Erzstreusandbüchse« genannt) und bis hoch im Norden angebaut werden konnte. Mit abnehmenden Erträgen zwar, aber immerhin: Aus Kartoffeln ließ sich auch Schnaps brennen, Wodka. In Schweden nahm das Unglück seinen Lauf.

Die schwedischen Bauern hatten gar nichts, sie erwirtschafteten in guten Jahren magere Überschüsse an Fleisch und grobem Getreide, was die wenigen, weit entfernten Städte kaum brauchten, da sich alles zum guten Leben Erforderliche einführen ließ – und auch bezahlbar war –, aber die Bauern hatten nun die Kartoffel, aus der sie das einzige Produkt herstellen konnten, das in den Einöden noch etwas wert war: Schnaps, die heimliche Währung. Das Resultat war erschreckend: Die schwedische Landbevölkerung, das jahrhundertelang vielleicht nüchternste Volk Europas, verfiel dem Alkohol, der plötzlich in Massen verfügbar war und mit dem man sich überhaupt nicht auskannte. Es ging nicht um »weiche« Drogen wie Bier oder Wein, es ging gleich und fast übergangslos um hochprozentigen Schnaps, um rasch krank, ja blind machenden Methylalkohol. Ein wirkliches Elendsgesöff: 2009 starben drei deutsche Schüler während einer Klassenfahrt in der Türkei an einer Methylalkoholvergiftung, nachdem sie übermäßig viel schwarz gebrannten Raki getrunken hatten.

Erstaunlich ist, dass es fast 200 Jahre lang dauerte, bis die königliche Regierung in Stockholm überhaupt begriff, was da in der nordischen Einsamkeit passierte. Man war Großmacht geworden, man hatte den schrecklichen Dänen Südschweden mit den so wichtigen Ostseehäfen abgenommen, man handelte zum ersten Mal auf Augenhöhe mit den deutschen, französischen und dänischen Fürsten – bis zu Napoleons katastrophaler »Kontinentalsperre« –, und man hatte sich kein bisschen um die Bauern, um das schwedische Volk gekümmert. Ich empfehle, Astrid Lindgrens *Michel aus Lönneberga* mal mit diesen »schwedischen« Augen zu lesen, die Schilderung des Altenhauses, ihre Darstellung der raffgierigen Verwalterin und das rührende Mitleid, das diese große Småländerin in ihrem kleinen Emil ausdrückt. In ihrem Kinderbuch führt Lindgren den Kartoffelschnaps schon nicht mehr ausdrücklich als Wurzel des Elends an, doch sie beschreibt eine Welt zu Beginn des 20. Jahrhunderts, in der nationale Fürsorge kein Thema in Schweden war. Zu dem Zeitpunkt gab es in Deutschland bereits die bismarckschen Sozialgesetze und eine starke sozialdemokratische Fraktion im Reichstag.

Es waren vor 150 Jahren die schwedischen Bauersfrauen, zusammen mit der strengen Kirche und den Guttemplern – den Antialkoholikern –, die sich gegen den Suff auf den Höfen stemmten und die mit dem Wahlrecht seither für eine stabile Mehrheit gegen die Liberalisierung der einst mühsam durchgesetzten Verbote sorgen. Unsere Gastgeberin machte mir mit ihrer Frage deutlich, wie sehr dieser Kampf gegen den Kartoffelschnaps in Schweden noch nachwirkt. Sie suchte nach einem Verbündeten – und ich hatte es nicht bemerkt!

Bis zum EU-Beitritt der Schweden gab es in schwedischen Landhandelsmärkten Regalabteilungen, in denen der verdutzte Tourist Flaschen entdecken konnte, die ihm bekannt waren: Viele Schnaps- und Likörbrennereien verkaufen ihre Produkte ja in speziellen, unverwechselbaren Flaschen, etwa so wie Parfumhersteller. Und da standen nun, mitten im ausgenüchterten Schweden, all die bekannten Flaschen mit Etiketten, die ebenfalls an die Originalmarken erinnerten, frei verkäuflich – und fast leer, nur mit einer geringen Menge Sirup oder Kräutern gefüllt: markenähnliche Abfüllbehälter für reinen Wodka unbestimmter Herkunft. Völlig legal, die zu drei Vierteln leeren Flaschen enthielten keinerlei Alkohol, sondern nur obskure, so nicht trinkbare Essenzen, bestimmt dazu, sie mit aus anderen Quellen noch aufzufüllendem Schnaps in etwas Ähnliches wie eine Markenspirituose zu verwandeln. Ein frei verkäuflicher Hinweis auf gleich zwei große Probleme: auf das noch immer verbreitete Schwarzbrennen von Schnaps, *brännvin*, und die anhaltende Freude der Schweden daran, das staatliche Branntweinmonopol zu unterlaufen. Doch heute gibt es diese merkwürdigen Flaschen nicht mehr. Es wäre auch allmählich peinlich.

Den Branntwein unklarer Herkunft gibt es dagegen noch. Ich bekam vor nicht langer Zeit mal eine Flasche voll geschenkt. Eine noch original etikettierte Weinflasche, scheinbar achtlos vor die Haustür gestellt. Hochprozentiger Schnaps. Direkt aus Bauernhand.

Ein anderes Sylvesterfest, ein anderer Bauernhof: Es gab all die schwedischen Leibspeisen und eine Festtafel voller Getränke. Nach einer Weile fiel ein schwedisches Paar auf, mir gegenüber sitzend, das gelegentlich zwischen die Stühle griff, sich aus einer Flasche Rotwein einschenkte und die Flasche anschließend wieder unter den Tisch, zwischen die Stühle, zurückstellte. Diese Prozedur sahen wir, die Deutschen, meine Frau und ich, uns verwundert an. Wir hatten mal wieder die legale Höchstmenge deutschen Bieres mitgebracht, und dem wurde von allen Bauern gern zugesprochen. Niemand schien Anstoß daran zu nehmen, dass ein Paar in der feiernden Runde sich nebenbei aus einer offenbar »privaten« Quelle versorgte. Irgendwann hielten wir es nicht mehr aus und sprachen im Nebenraum unsere beste Freundin an: »Sag mal, was geht denn hier vor? Hast du auch gesehen, dass Anna und Sven sich aus einer verborgenen Flasche Wein versorgen?« Antwort, völlig unbefangen: »Ja klar. Wer etwas für alle mitbringt, stellt es auf den Tisch. Und wer etwas nur für sich mitbringt, behält es eben unter dem Tisch.« Damit war das klar. Mit »etwas« war natürlich nur Alkohol gemeint.

Also, das dauert noch etwas, da oben im Norden.

Die Natur des Vorgartens
Gartenzwerge — Der deutsche Märchenwald — Der Naturbegriff
der Schweden — Schwedische Jultomter

Wir Deutschen sind Gartenzwerge. Man schaue sich nur einmal die »Stadtgarten«-Ausstellung eines gewöhnlichen deutschen Baumarkts an. Übrigens ein tolles Wort: Stadtgarten! Was ist denn ein Stadtgarten im Gegensatz zu einem Landgarten? Oder einem Dorfgarten? Antwort: Es klingt einfach besser! Stadtgarten vereint Stadt und Garten, urbanes Lebensgefühl und ganzheitliche Naturverbundenheit auf kleinster Fläche. Inklusive Echtholzfahrradschuppen, Sandkasten aus nachwachsendem Biodouglasienholz mit importiertem Nordmeerstrandsand, Zierteich aus unverrottbarem Polystyren, zwei Quadratmeter japanischem Edelrasen, solarbetriebenen Gartenleuchten und in einer Ecke der Terrasse den Grillomat mit Thermoklappdeckel und Nirostawürstchenablage! Natürlich würde man die albernen, an Disneys »Schneewittchen und die sieben Zwerge« erinnernden Plastiktriebtäter erst nach intensiver Suche und peinlicher Mitarbeiterbefragung im zweiten Untergeschoss finden – erhältlich jedoch ausschließlich im neutralen Versandkarton gegen Vorkasse in bar. Ohne Verlust der bürgerlichen Ehre könnte man heutzutage nicht mit so einem Knuddel durch die Kasse kommen.

Der deutsche Vorgarten ist ein Stückchen Land, das zu gestalten, aber nicht recht zu nutzen ist. Alle sehen es, und niemand schlägt dort seinen Gartenstuhl auf. Vorgärten entstehen durch das Baurecht, das gemeinhin auf Baugrundstücken ein bestimmtes, nur in einer geschlossenen Bebauung bis an die

Straße reichendes Baufeld ausweist. Der Raum vor dem Baufeld ist der Vorgarten. Dieser Vorgarten weist gemeinhin verschiedene notwendige Nutzungen auf, die einem Aufenthalt im Vorgarten entgegenstehen: Hauszugang, Briefkasten, Mülltonne, Garageneinfahrt, Öltankzugang. All das will möglichst praktisch geregelt sein. Andererseits ist der Vorgarten ein öffentlich einsehbares Vorzeigeobjekt. Im Vorgarten stellen wir unser Natur- und Nachbarschaftsverständnis aus. Ein Vorgarten wird nicht gepflastert – obwohl manche sicher damit liebäugeln! –, denn das wäre barbarisch. Ein bisschen Rasen ist das Mini- und in vielen Fällen schon das Maximum. Finden sich auch ein Rhododendron und zwei Osterglocken, ist es das ursprüngliche Biotop dieses Microteutonicus germanii; in der Nähe von Teichschalen oder Vogeltränken war einst auch verbreitet die Unterart Microteutonicus germanii-piscator anzutreffen, dessen typische Angel ihn jedoch meist schon früh zum Opfer spielender Kinder machte.

Und dabei war der Gartenzwerg einmal der Repräsentant eines märchenhaften Naturbildes gewesen, Plastik bzw. Keramik gewordener Ausdruck unserer romantischen Natursehnsucht, irgendwo zwischen »Der Mond ist aufgegangen«, den Kölner Heinzelmännchen und Grimms Märchen zu Hause. Gartenzwerge waren einst Vorgartenstelen unserer Anbetung der geschnittenen Hecke und des gemähten Rasens, sichtbare Zeichen des Bekenntnisses zur Unkrautjätung und der Satzung des Schrebergartenvereins. Wer das leugnet, übersieht, dass Gartenzwerge sogar mit auf Reisen genommen und auch auf Campingplätzen kultisch verehrt wurden. Gartenzwerge hatten eine Mission: Sie standen für eine heile Vorgartenwelt, für eine selbstverständliche Ordnung inklusive Rasenkantenbegrenzung und Stiefmütterchen, für Torf, Tuja und Trittsteine. Nun, die Zeit ist an ihnen vorbeigegangen. Die letzten ihrer

Art verwittern halb versunken im Moos unter den nun seltener gestutzten Tujen alter Vorgärten, unbeachtet, vergessen, grünlich grinsend den Archäologen einer fernen Zukunft harrend.

Doch wir wären nicht deutsch, wenn wir so ohne weiteres auf unsere Beschwörung der heilen, schönen kleinen Natur verzichten könnten! Unser Drang, in unserem Vorgarten Bekenntnis abzulegen für unser kindlich reines Verhältnis zur Natur ist ungebrochen! Wir sind zwar erwachsen geworden, der saure Regen hat unseren deutschen Märchenwald beschädigt, und wir müssen um unsere Wale und unsere Eisbären bangen, doch mit unserem Vorgarten wollen wir Zeugnis ablegen für unsere tief empfundene Besorgnis. Schaut her, so soll Natur sein: Vielfältig (Wunderschön, unsere japanische Zierkirsche über dem Koi-Teich, nicht wahr?), pflegeleicht und ordentlich. Keine Gartenzwerge mehr, das wäre ja abgeschmackt. Lieber ein paar effektvolle Gartenleuchten, im Teich ein paar Seerosen, vielleicht eine hübsche antike Statue und im Winkel einen praktischen Biokomposter aus recyceltem Trabantplastik. Wie schön!

Insgeheim und fast unbemerkt sind die Gartenzwerge mutiert. Einige wurden zu naturalistischen Plastikreihern, aufzustellen am Zierteich – wozu weiß ich nicht, wahrscheinlich als eine Art Damoklesschwert für die Fische. Andere wurden zu schwimmenden Entenattrappen oder zu fast echt wirkenden Holzscheibenimitaten, den Nachfolgern der einstigen »Trittsteine« in den Frühblüherbeeten, oder zu lustigen, hinterleuchteten Halloween-Kürbis-Attrappen. Und einigen wenigen gelang der Sprung auf eine höhere Entwicklungsstufe: Es gibt Gartenzwerge, die heimlich zu kleinen gipsigen Nachempfindungen von Michelangelos »David« oder Botticellis »Venus in der Muschel« mutierten und seither die Krone der Evolution im Vorgarten darstellen.

Doch wenden wir den Blick einmal nach Norden, auf die andere Seite der Ostsee, auf jenes Land, in dem der Garten *tomt* und der Zwerg *tomte* heißt. Dort glänzt der gewöhnliche Gartenzwerg durch Abwesenheit. Er ist in Schweden nie heimisch geworden, was wahrscheinlich mit dem kulturellen Klima einer Nation zusammenhängt, die kein Äquivalent zu Grimms Märchen hat. Wir berühren hier einen entscheidenden Unterschied zwischen den Deutschen und den Schweden: Das *Abendlied* von Matthias Claudius (»Der Mond ist aufgegangen«), das man in Deutschland problemlos selbst Kleinstkindern vorsingt und -liest, beschreibt für die schwedische Phantasie eine Urangst: »Der Wald steht schwarz und schweiget«! Auch die Vorstellung von aus Wiesen aufsteigendem Nebel finden Schweden alles andere als »wunderbar« – eher bedrohlich. Während wir Deutschen seelisch in einem Wunderwald (eine Straße in Spandau, bei mir gleich um die Ecke, heißt entsprechend »Wunderwaldstraße«) zu Hause sind, besingt Ulf Lundells heimliche schwedische Nationalhymne die *Öppna landskap*, die offene, freie Landschaft, das gerodete, urbar gemachte Bauernland, möglichst noch mit ein paar Runensteinen, damit man als Schwede auch weiß, dass man daheim ist. Wald gehört jedoch nicht zum idealen Gartenbild von Sven Standardsvensson!

Einigermaßen überraschend für ein Land, dessen Fläche fast zur Hälfte mit Nadel- und Mischwäldern bedeckt ist. Die Schweden schätzen die Natur durchaus: Der beliebte Sänger Lars Berghagen sang schon vor fast 20 Jahren *Nära till naturen* (Näher zur Natur), die Schweden tanken *blyfri* (bleifrei) und kaufen anstandslos *ekologiskt toalettpapper*, also das graue Recyclingtoilettenpapier, das unser deutsches Ökobewusstsein inzwischen auf eine harte Probe stellt. Es gibt auch eine *Gröna Partiet*, die schwedischen Grünen, doch die gelten im konsensorientierten Schweden beinahe als Extremisten und haben weit weniger öffentlichen Einfluss als die Grünen in Deutschland. Es liegt daran, dass das Wort *natur* in Schweden ein ganz anderes Bild hervorruft als derselbe Begriff in Deutschland: Wir verstehen unter Natur ursprüngliche, heile, ungezähmte und ungebändigte Urlandschaften, Artenvielfalt, chemiefreie Landwirtschaft und erneuerbare Energien und Rohstoffe. Die Schweden verstehen darunter gepflegtes, beschütztes Kulturland, artgerechte Tierhaltung, Sommer in den Schären und Atomkraft statt Kohlekraftwerke.

Wald, für uns der Generalrepräsentant von Natur, fällt in Schweden unter *vildmark*, Wildnis. Und Wildnis ist etwas, was man eindämmen, eingrenzen, beherrschen muss. Der schwedische Wald ist ja zum größten Teil tatsächlich Urwald und passt als solcher nicht in das sanfte, kontrollierte Naturbild der Schweden – auch wenn die Fichte als eine Art Schutzbaum angesehen und verehrt wird. Der schwarz und schweigend stehende Wald ist nicht romantisch, sondern herausfordernd und bedrohlich: Bereits die Schulkinder werden durch Nachtwanderungen und Orientierungsläufe darauf trainiert, sich im Gehölz zu behaupten. Auch die schwedische Armee trainiert das Überleben in diesem mit deutschen Stangenholzplantagen nicht zu vergleichenden Urwald. Das deutsche Wort »naturbelassen« ist kaum ins Schwedische zu übersetzen: Schwedische *natur* ist immer kontrolliert und nur dadurch schön; überließe man sie sich selbst, entstünde stattdessen Wildnis – und die muss mit allen Mitteln aufgehalten, begrenzt werden. Die Schweden sind zum Beispiel begeisterte Jäger und reduzieren die natürliche Fortpflanzung der Elche jedes Jahr um rund 100 000 Tiere. In unserem Dorf in Schweden stand jahrelang ein gelbes Kühlhaus, das jeden Herbst bis unters Dach mit Elchfleisch gefüllt wurde. Obwohl es auf der Insel Öland seit jeher kaum Elche gab.

Eines Tages war ich im Garten unseres schwedischen Hauses auf Öland damit beschäftigt, den geschütteten Drainagekies rund um das Haus mit Schieferplatten vom Rasen abzugrenzen. Während ich, dem leicht abfallenden Gelände folgend, Stein um Stein setzte, gesellte sich irgendwann unser Nachbar Gösta dazu, ein pensionierter Postbote. Göstä sah mir eine Weile zu, wie ich, dem Bodenprofil folgend, Stein auf Stein setzte. Er sprach mich nicht an, sah einfach nur zu. Aber nach einer ganzen Weile äußerte er plötzlich: »Das muss gerade sein!«

Es war mein Urerlebnis des deutsch-schwedischen Naturgegensatzes. Während ich als Deutscher mühsam dem natürlichen Verlauf des Bodens folgen wollte, erkannte mein schwedischer Nachbar darin einen Frevel: Was ich trieb, sah in seinen Augen »wild« aus. Und das gehörte sich nicht. Erst recht nicht mitten im Dorf! Gösta war erst zufrieden, als ich alle bereits gesetzten Kantsteine wieder herausgenommen, eine Reißleine gespannt und die Steine ohne Rücksicht auf die tatsächlichen Bodenverhältnisse streng an dieser Linie ausgerichtet hatte.

Nein, Schweden ist kein Land, in dem deutsche Gartenzwerge gedeihen könnten. Aus Angst vor der Wildnis mähen die Schweden ihre Vorgärten kurz und klein, fürchten in ihrem *tomt* den *tomte* genannten Zwerg als Element der Wildnis (so wie die Engländer die »elves«) und stellen nur zur ohnehin verwunschenen *jul*-Zeit, zur Wintersonnenwende, schräg abgeschnittene und mit bärtigen Gesichtern bemalte Birkenstubben als *jul-tomter* in den Vorgarten. Der *jul-tomte* ist für schwedische Kinder das, was in Deutschland der Weihnachtsmann ist – ein schräger Geselle, ein Weihnachtswichtel, der mit einem nordischen Rentierschlitten unterwegs ist. Es ist der letzte überlebende Gartenzwerg unserer Kultur!

Schweden unter sich

Unser Dorf auf Öland – Der Landhandel schließt – »Komisch ist
das schon!« – Alla tiders ö

Unser Dorf auf der Insel ist klein. Eine alte, im Inselstil weiß
getünchte Feldsteinkirche an einer Abzweigung der Oststra-
ße, inmitten von weiten Feldern mit moosbewachsenen Find-
lingsmauern, ein Dutzend bunter Holzhäuser mit Fahnenmas-
ten und streng gemähten Vorgärten, ein Ladengeschäft und ein
Recyclingcontainer. Im Umkreis von ein paar Kilometern ein
paar Gehöfte, doch deren Bewohner sind meist schon längst
keine Bauern mehr. Die Nachbarn steckten besorgt die Köpfe
zusammen und meinten, das Dorf würde ja nun wohl ausster-
ben, als Maud vor einigen Jahren den ICA-Landhandel in dem
kleinen Geschäft gegenüber der Kirche aufgab. ICA war in
Schweden bis vor ungefähr 10 Jahren das, was die kleinen Ede-
ka-Dorfläden mal in Deutschland waren, bevor fast alle Leute
ein Auto hatten und der Preisvorteil der großen Discounter die
Benzinkosten der gewachsenen Entfernungen mehr als aus-
glich. Kleine Tante-Emma-Läden für die Grundversorgung:
Milch, Brot, Rasenmäherzündkerzen und *flugfangare*, Fliegen-
fänger. Das sind diese kleinen Pappröllchen, die man an die
Decke hängte und aus denen man eklige, bis zu einem halben
Meter lange, gelbbraune Klebstreifen herauziehen konnte,
die einfach scheußlich aussahen und deren Anblick mit jeder
weiteren toten Fliege darauf immer ekliger wurde. Wer das
nicht haben wollte, konnte »Radar« kaufen, ein derart hoch-
wirksames Antiinsektenspray, dass es hierzulande vermutlich
sofort das Bundesgesundheitsministerium auf den Plan geru-

171

fen hätte. In Schweden erfreute sich »Radar« dagegen einige Zeit großer Beliebtheit, was wahrscheinlich damit zusammenhängt, dass man in Schweden ein starkes Verlangen verspürt, die wilde Natur zu kontrollieren.

Unser Dorf besteht eigentlich nur aus diesem alten Ortskern, markiert durch die überraschend stattliche Kirche mit ihrem mittelalterlichen Wehrturm samt hölzernem Glockenaufsatz aus dem 19. Jahrhundert, das einzige steinerne Gebäude in weitem Umkreis. Sie ist der Mittelpunkt des *socken*, der Gemeinde. Außer dem alten Ortskern gibt es in einigen Kilometern Umkreis noch drei weitere kleine Ansiedlungen und einen Fischereihafen, die zum *socken*, zur Gemeinde gehören. Insgesamt sind es wohl nicht mehr als 300 bis 400 Einwohner. Man kennt sich. Es gibt Familienbande, aber in einem so kleinen Ort überraschend wenige: Viele sind – wie wir – irgendwann ins Dorf gekommen, haben hier ein Haus gekauft oder vor Jahren einen elterlichen Hof übernommen – und wie Björn und Annika bald die Landwirtschaft aufgegeben, um nur noch hier zu wohnen. Mittelpunkt, Kontaktbörse und Nachrichtenzentrale war seit jeher der Landhandel. Im Landhandel lernte man seine Nachbarn kennen, und das eng an den alltäglichen Bedürfnissen der Nachbarn ausgerichtete Angebot bestimmte jahrelang meine Wahrnehmung schwedischer Gewohnheiten und schwedischen Geschmacks.

Fragen wie »Haben Sie Wurst?« stießen auf Unverständnis: Der ICA-Laden war zwar proppenvoll mit Waren, aber so klein, dass sich die Frage nach etwas, was man nicht nach wenigen Augenblicken fand, von selbst erübrigte: Nach etwas, das man nicht fand, brauchte man auch nicht zu fragen. Abgesehen davon hätte gerade die Frage nach Wurst – also nach dem, was man in Deutschland unter Wurst versteht – tief in die Abgründe des schwedischen Geschmacks und fast automatisch zu einer einzigen, merkwürdig wabbeligen rosaroten Wurst, der *falukorv*, geführt, die man keinesfalls hätte haben wollen.

Die Beobachtung, dass süd- und mittelschwedische Dorf- und Siedlungsgemeinschaften familiär offenbar weniger eng zusammenhängen als hierzulande (meiner norddeutsch-dörf- lich geprägten Jugend und Wahrnehmung nach), findet eine bemerkenswerte Entsprechung im Umgang der Dorfbewohner untereinander: Wenn ich mit Lars über Süne spreche, tippt sich Lars irgendwann vielsagend an die Stirn: »Süne? Der ist doch bekloppt!« *Han är ju inte klug*, heißt das ganz freundschaft- lich, aber überzeugt: Der spinnt! Spricht man irgendwann mit Süne über Lars, heißt es bald: »Lasse? Ach, der spinnt doch!«. Man kann den Kreis beliebig ausweiten: Irgendwie wohlmei- nend, aber sehr bestimmt bescheinigt einer dem anderen, zwar ganz nett, aber im Grunde ein komischer Kauz zu sein. Nach den ersten zwei Jahren im Dorf und vielen anfangs unsicheren Fragen hatte ich das Gefühl, mitten in eine Ansammlung skurri- ler Sonderlinge geraten zu sein, die sich gegenseitig lustvoll jeg- liche Lebenstüchtigkeit absprachen. Es dauerte eine Weile, bis ich bemerkte, dass ich ja *tysken* war, der Deutsche: in den Augen meiner Nachbarn der Obermerkwürdige.

Bengt und Inge, Björn, Süne und Håkon, die Nachbarn im Dorf, sind prinzipiell sehr tolerant – solange sie herzlich über einander lächeln oder lachen können. Und das sind die zu- meist noch sehr bodenständigen, von einst bäuerlicher Her- kunft geprägten Männer, die sich prächtig darüber amüsieren können, wenn einer in ihren Augen nicht richtig mit seinem Rasenmäher oder seinem Traktor umgehen kann. Die Frauen im Dorf, Annika, Britta oder Inger, amüsieren sich zwar auch übereinander, aber stiller, nicht so schenkelklopfend. Offener Spott übereinander wäre verletzender. Also lachen sie zusammen mit ihren Männern über den alten Gösta und Pinnekulla-Per und stärken so den Zusammenhalt. Uns Deutschen gegenüber hielten sie sich in den ersten Jahren noch zurück, doch je öfter wir schließlich mit den Schweden über unsere so merkwürdigen deutschen Besonderheiten lachten (»Haben Sie Wurst?«), desto enger wurden die Bindungen. Man braucht einander in diesen kleinen ländlichen Dörfern, organisiert den Alltag durch gegenseitige Gefälligkeiten, und das gemeinsame Lachen über vermeintliche Spinnereien stärkt den Zusammenhalt.

Die kleinen ICA-Landhandlungen wurden jedoch langsam zu teuer und zu unprofitabel. Inzwischen haben besonders die großen deutschen Discountketten den Weg nach Schweden gefunden. Auch ICA sucht nun sein Heil in zentralen Supermärkten; der nächste befindet sich nun vierzehn Kilometer entfernt in Borgholm. Der winzig kleine Fischverarbeitungsbetrieb im Dorf hat inzwischen ebenfalls dichtgemacht. Mehrere Landwirtschaftsbetriebe wurden aufgegeben und deren Felder und Weiden von größeren Betrieben übernommen. Nur der benachbarte Busunternehmer hat prosperiert und – nach längerem Streit – auf dem einstigen Kirchfeld einen kleinen Betriebshof aufgebaut: *Jonas-Buss* ist nun der einzige lokale Arbeitgeber. Unser Dorf ist seither zwar nicht ausgestorben, doch es hat sich verändert. Es ist – abgesehen von den morgens vernehmlich warm laufenden Busmotoren – stiller geworden. Im einstigen ICA-Laden wurde ein modisches Einrichtungsgeschäft eröffnet, ein Hinweis auf den sozialen Wandel auf dem Land. Als Britt und Bert, das Unternehmerpaar, ihren Laden eröffneten, haben wir Dörfler das für verrückt gehalten und uns noch gefragt, wer dort eigentlich einkaufen soll. Doch es scheint den Besitzern gelungen zu sein, ihr Einzugsgebiet unserer Insel weit auszudehnen. Auch ohne bäuerlich-praktische Einrichtungsbedürfnisse zu befriedigen. Das vertraute Hinweisschild *ICA Lanthandel* an der einzigen Straßenabzweigung im Dorf wurde bald gegen den Hinweis *Inredningsshop* (Einrichtungsgeschäft) ausgetauscht. Die Bedürfnisse der *socken*-Bewohner scheinen sich geändert zu haben – oder die Bewohner selbst. Inzwischen sind jedoch alle wieder zufrieden: noch ein paar Verrückte!

Dabei hat unser kleines, küstennahes Dörfchen wirklich nichts besonders Reizvolles. Es liegt auf der ländlichen, wenig touristisch erschlossenen, zur See hin offenen Ostseite – und wenn ich sage, diese Seite der Insel sei touristisch wenig erschlossen, dann bedeutet das: gar nicht erschlossen. Unser Dorf liegt weder direkt am Meer noch in einem auffällig hübschen Landstrich, es verfügt über keinen Campingplatz, kein Gasthaus und auch keine Automatentankstelle. Manchmal hat man unwillkürlich das Gefühl, die Straßenschilder mit dem Ortsnamen würden ganz langsam näher zusammenrücken. Mit dem Auto passiert man das Ortseingangsschild mit zulässigen 80 Stundenkilometern, hat Vorfahrt an der Abzweigung und passiert die Kirche und das Ortsausgangsschild: Das war's. Bevor man gebremst hat, ist man schon wieder aus dem Dorf heraus.

Doch der Wandel richtet sich immer nach dem Bedarf. Das heutige Bullerbü ist mobil und per Telefon und Internet mit der Welt verbunden. Der nahe ICA-Landhandel wurde entbehrlich – Großeinkäufe hatten auch wir doch schon längst nicht mehr bei Maud, sondern so wie unsere Freunde im nur zehn Kilometer entfernten Köpingsvik gemacht, weil es dort preiswerter war –, und das Busunternehmen ist ein willkommener Arbeitgeber. Man fragt sich: Ist der Einrichtungsladen in der ländlichen Einsamkeit nicht ein Hinweis auf eine vermehrte Stadtflucht der reichen Stockholmer? Hierher, auf unsere Insel? Neue Einnahmen für die Region? Man kann das alles ja auch positiv sehen.

Recycling ist inzwischen auch im ländlichen Schweden wichtig geworden. Nur: Direkt vor der Kirche sollte das grüne Blechding irgendwann nicht mehr stehen! Da waren sich die Dörfler einig. Zentral ja, aber doch nicht ganz so auffällig, gleich gegenüber vom Einrichtungsladen! Nun gibt es in einem so kleinen Dorf aber leider nur drei zentral gelegene Häuser. Und zwischen unserem Haus und dem gelben Gemeindehaus war zufällig etwas Platz. Man kann das alles auch negativ sehen.

Ja visst, sagen meine Freunde im Dorf, sicher, komisch ist das schon. Die EU, die Europäische Union, der Schweden nun angehört, hat viel verändert. Man verdient kaum noch Kronen in der Landwirtschaft, und der Supermarkt in Köpingsvik bietet preiswerte Milch, Gemüse, Fleisch und Früchte an – aus Dänemark, den Niederlanden, Griechenland und Spanien. Ganz anders als früher. Wir können in Schweden nun auch bei Aldi und Lidl einkaufen. Original schwedische Köttbullar! Und dann lachen wieder alle.

Die, die immer noch da sind, die entweder mit den durch Zukauf aufgegebener Landwirtschaftsbetriebe gewachsenen Höfen Erfolg hatten, oder diejenigen, die sich haben umschulen lassen und deshalb bleiben konnten, sind eine recht geschlossene Gesellschaft, verstärkt und betont durch die insulare Sonderstellung: *Vi Ölänningar*, wir Öländer! Aber – was heißt das eigentlich? Die Insel Öland, ein 136 Kilometer langes, abgeflachtes Kalksteinriff, 5 bis 10 Kilometer breit – mit 1 355 km² Fläche ungefähr ein Drittel größer als Rügen (976 km² Fläche) –, zählt etwa 24 600 ganzjährig auf ihr siedelnde Einwohner. Rügen, die größte deutsche Insel, hat dagegen rund 69 700 Einwohner. Obwohl beide Inseln durch Brücken mit dem Festland und mit vergleichbar mittelgroßen Städten – Kalmar und Stralsund – verbunden sind (und sich zudem großer Beliebtheit als Ferieninseln erfreuen), wirkt Öland außerhalb der sommerlichen Feriensaison einsam und karg. Die große Insel hat außer ein paar Steinschleifereien für den fossilienreichen Ölandkalkschiefer – einem seit langem begehrten Schmuckstein – so gut wie keinen Industriebetrieb mehr, und die Landwirtschaft beschränkt sich seit Ende der neunziger Jahre auf wenige große Höfe. Durch die Brücke zum Festland wurde zwar das Leben auf der Insel leichter, und der Tourismus nahm zu, doch die Brücke bedeutete zugleich das Aus für die Fährhäfen in Färjestaden (»Fährstadt«, *nomen est omen*) und Borgholm. Auch die Fischerei kommt allmählich zum Erliegen, die einst zahlreichen kleinen Fischereihäfen sind heute fast alle reine Yachthäfen für Freizeitkapitäne geworden – und die vielen kleinen, bunten Fischerhütten an der Küste wurden zu Ferienhäuschen oder Abstellschuppen. Zahllose davon stehen heute zur Verfügung, doch trotz intensiver Anstrengungen blieb der Tourismus bisher weitgehend auf den Hochsommer beschränkt. Kaum mehr als ein Zubrot.

Die Öländer haben einen bemerkenswerten Aufkleber kreiert, eine lokale Werbemaßnahme und zugleich ein Signal wachsender Sorge: *Året runt* steht darauf, also ganzjährig geöffnet oder in Betrieb, ein kleiner, signalfarbener Aufkleber an den Eingangstüren mancher Geschäfte und Betriebe. Ein Signal an die verbliebene Wohnbevölkerung: Dieser Betrieb hält durch, hier kann man auch im November oder Februar einkaufen, wir sind da, wir gehören zu euch! Die Sommertouristen, noch immer zumeist die Stockholmer, interessiert das zwar nicht, doch

Lokalpatrioten werden kaum woanders einkaufen oder Geschäfte machen. Ganz Schweden, ja ganz Skandinavien hat aufgrund seiner geografischen Lage klimabedingt dieses Problem: Niemand will im Herbst, Winter oder Frühjahr irgendwohin in eine zwar schöne, aber weithin flache, einsame, frostkalte Landschaft reisen. Darunter leidet auch das Tagungsgeschäft: Außer Stockholm ist Rest-Schweden in der frühjährlichen und herbstlichen Tagungs- und Kongresssaison international ein eher wenig gefragter Tagungsort.

So sind auch die *Ölänningar* den größten Teil des Jahres unter sich – und werden langsam immer älter. Das Durchschnittsalter der ländlichen Wohnbevölkerung steigt, wenn auch nicht so beängstigend schnell wie bei uns in Nordostdeutschland: Die etwas älteren, oberschulreifen Kinder wandern allerdings in Richtung der großen Stadt ab, nach Kalmar also.

Rügen, die einstige schwedische Besitzung – mit touristischen Zielen wie Sargard, dem Jasmund, Hiddensee, Binz, dem Fährhafen Sassnitz, Prerow und dem nahen Stralsund – wird es schaffen, wird Touristen anziehen und auch im Frühjahr und Herbst ein gefragtes Reiseziel werden – Öland dagegen nicht. Das ist bitter, aber auf zehn mögliche Rügenfahrer kommt eben – im Durchschnitt – schätzungsweise nur ein Ölandtourist. Davon kann man nicht leben, auch nicht mit hunderttausend Camping-Touristen im nationalen Ferienmonat Juli.

Auf Öland stemmt man sich nach Kräften gegen dieses sommerliche Saisongeschäft. *Ölands skördefest*, Ölands Erntedankfest, nennt sich der erste dauerhafte, wenn auch noch sehr heimatlich-bodenständige Erfolg, die touristische Saison über den Hochsommer hinaus auszudehnen. Es ist keine staatliche Werbekampagne, sondern eine lokale Initiative. Ähnlich organisiert wie die »Brandenburgische Landpartie«, die sommerlich festliche Leistungs- und Unterhaltungsschau der märkischen Höfe, versuchen die Öländer, ihre Insel nun auch im frühen Herbst attraktiv zu machen. Die öländische Tourismus-Vereinigung hat dafür – nach den ersten Erfolgen – sogar den langjährigen Werbeslogan der Insel geändert, offenbar auf weitere Initiativen hoffend: *Alla tiders ö* ist die Insel nun offiziell, etwas bemüht, eine Insel »aller Jahreszeiten«.

Ja, die Zeiten ändern sich. Als adoptierter Öländer muss ich das aus Prinzip wohl auch gut finden, doch für mich bleibt Öland wie jeher, selbst im Winter, *solen och vindarnas ö*, die Insel der Sonne und des Windes.

Von Berlin nach Kalmar
Unser Lebensgefühl — Wasserstadt Stockholm — Kalmar —
Die Welt der Wartemarken — Das Versorgungszentrum

Unser Lebensgefühl ist urban. Unsere Städte wachsen und dehnen sich weit ins Land aus. Man schläft und wohnt und arbeitet wohl auch in den sogenannten Speckgürteln, doch Unterschleißheim ist eben nicht München und Falkensee nicht Berlin. In Berlin, dessen größter, westlicher Teil 30 Jahre lang eingemauert war, setzte 1990, nach Mauerfall und Wiedervereinigung, fast ruckhaft eine Siedlungsbewegung ins Umland ein. Berliner, die sich ein Häuschen im Grünen leisten konnten, zogen an die Peripherie – und die schwedischen Baukonzerne, die zuvor in der DDR tätig gewesen waren, bauten ganze »Gartenstädte« in den angrenzenden Landkreisen auf. Ein Nachholeffekt mit voraussehbaren Konsequenzen: Berliner, die nach 1990 in das Umland der Metropole zogen, blieben mental Berliner und wurden zu Pendlern, die wie überall morgens in die Stadt und abends aus der Stadt herausströmen. Ungefähr ein Drittel aller Deutschen (das sind immerhin über 25 Millionen!) lebt in Städten, die über so etwas wie Einkaufszentren, Verkehrsstaus und Discos verfügen. Das ist die Mindestausstattung. Die anderen zwei Drittel leiden darunter, nicht in Städten zu leben, was sich in einer schleichenden Landflucht äußert: Die Städte wachsen, das Land dazwischen leert sich. »Raum ohne Volk«, wie mein in Schleswig-Holstein lebender Bruder spöttisch anmerkte, die völlige Umdrehung der noch vor 70 Jahren lautstark-chauvinistisch behaupteten Entwicklung. Nein, wir haben kein Interesse mehr daran, irgendwo in der Einsamkeit Siedler zu sein. In Mecklenburg-Vorpommern und Brandenburg hat die Landflucht ein derartiges Ausmaß angenommen, dass selbst große Landkreise erste Krankenhäuser und Schulen schließen. Kein Mensch, nirgends. Es fällt nur noch nicht richtig auf, weil die Städte brummen, doch es wird leer im Land. Fahren Sie mal von Berlin nach Rostock: Bei Wittstock in Nordbrandenburg zweigt die Autobahn nach Rostock von der Autobahn Berlin-Hamburg ab, und es wird plötzlich einsam. Acht bis neun von zehn Autos scheren aus und folgen dem weiten, zweispurigen Ausfahrbogen nach Hamburg. Noch ein, zwei schnelle »HRO« (Hansestadt Rostock)-BMWs ziehen an Ihnen vorbei, und dann ist da nur noch ein schwedischer »Börje Johansson«-Laster auf dem Weg nach Hause. Es ist, als ob Schweden schon in Deutschland beginnt: Vor uns liegen 120 Kilometer bis zur Küste, eine Stunde Fahrzeit ohne Rast- und Tankstellen, ohne sichtbare Siedlungen und mit nur der einen nennenswerten Ausfahrt »Waren/Müritz«. Große, zum Teil brachliegende Wiesen und Felder und dann, in der leicht hügeligen mecklenburgischen Endmoräne, eine halbe Autostunde lang Wald.

Dank Globalisierung und Shoppingmalls, Burger-King und Disney-Land unterscheiden sich deutsche und schwedische Städte heute nicht sehr voneinander. Auch in Schweden, Finnland und Norwegen leben rund 20 Prozent der Bevölkerung in großen Städten, in Dänemark sogar fast 30 Prozent. Unterschied zu Deutschland: In Dänemark, Finnland und Norwegen handelt es sich dabei um je eine Großstadt (Kopenhagen, Helsinki und Oslo), in Schweden um drei Großstädte (Stockholm, Göteborg und Malmö). Alle genannten Städte sind zudem Hafen- und außer Göteborg und Malmö – auch Hauptstädte, von Königen als zentrale Verwaltungssitze geplant und ausgebaut.

Das Lebensgefühl unserer nördlichen Nachbarn ist trotz des großen Anteils von Stadtbewohnern an der gesamten Landesbevölkerung weit weniger urban als in Deutschland, weil die genannten sechs Großstädte weit voneinander entfernt liegen. (Bis auf Malmö: Malmö, die kleinste schwedische Großstadt, liegt wenige Kilometer von Kopenhagen entfernt auf der schwedischen Seite des Sundes.) Und trotzdem: Sie alle vermitteln einen global-städtischen Eindruck, allen voran Kopenhagen. Sie repräsentieren jedoch nicht das Land an sich, sondern erst einmal sich selbst.

Unser Lebensgefühl wird seit 20 Jahren wieder stark von Berlin geprägt, das der Schweden zum Beispiel jedoch nicht von Stockholm. Natürlich, auch die Dörfer in Schweden leiden unter Landflucht, doch die Regierung steuert nach Kräften dagegen. Statt der einstigen, historisch gewachsenen Provinzen wurden vergleichbare Regierungsbezirke geschaffen (*län*), und unterhalb dieser Ebene gibt es nur noch große Kommunen. Öland war einst die kleinste schwedische Provinz. Heute ist die Insel Teil von *Kalmar län* und hat nur zwei eigenständige Kommunen, Borgholm und Mörbylånga. Anders als in Deutschland lebt man in Schweden also nicht »auf dem Dorf« – man wohnt nur dort. Politisch und steuerlich hat das den Vorteil, dass das Unterzentrum Borgholm oder das Zentrum Kalmar die Landflucht auffangen können, ohne dass dem Bezirk auch nur eine Krone Steuergeld entgeht. Das wäre mit den selbstbewussten deutschen Gemeinden, Kreisen und Ländern nicht zu machen, selbst wenn sie noch so klein wären: Die hungern lieber, statt auf Wappen und Bürgermeister zu verzichten!

Mit Ausnahme von Stockholm identifizieren sich Schweden zumeist auch nicht mit ihren Städten. In der Hauptstadt lebende

Schweden sind *stockholmarna*, die Stockholmer, und das ist seitens der Landschweden keine neidische, sondern eine etwas abwertende Bezeichnung. Das verbreitete Lebensgefühl in Schweden ist eben nicht urban, und die Stockholmer gelten dem übrigen Land als reich und elitär.

Stockholm ist eine extrem aufgeräumte Stadt, selbst das ehemalige Arbeiterviertel Södermalm hat die typische Gentrifizierung durchlaufen, ist jetzt mit trendigen Boutiquen und Cafes ausgestattet. Wo andere Städte Stadtteile haben, hat Stockholm Stadtinseln. Der Hauptverkehrsknotenpunkt heißt *Slussen* (Schleuse) und trennt die Stadt unsichtbar in eine binnenlandseitige, süßwasserbestimmte und eine seeseitige, meereswasserbestimmte Hälfte. Seeseitig muss man als Autofahrer zwischen den Schären schon mal dicken Silja-Line-Fähren Vorfahrt gewähren; doch auf der vom Mälarsee bestimmten Landseite geht die Hauptstadt verblüffend schnell in die typisch schwedische Waldseeholzhausdörferlandesnatur über. Seeseitig versteckt sich die Stadt hinter unzähligen kleinen, noch kleineren, ganz kleinen und winzigen Schären, die es den Einwohnern Stockholms ermöglichen, ihre Stadt jeden Abend zu verlassen und sich – wie im übrigen Land – spurlos zu verkrümeln. Am nächsten Morgen sind sie plötzlich alle wieder da und verwandeln ungefähr eine Stunde lang die Drehscheibe Slussen in etwas, das leidgeprüfte Berliner als »hauptstadtgemäßen Verkehr« ernst nehmen können. Außer während der Sommerferien. Im Juli scheinen in Stockholm nur noch die freiwillige Feuerwehr und orientierungslose Touristen unterwegs zu sein. Fast jeder Stockholmer hat ein Boot, mit dem er am Wochenende auf eine der 25 000 Miniinseln fährt, deren Felsen in der Eiszeit glatt geschliffen wurden. Die Fahrt mit einer der Inselfähren führt vorbei an Wiesen und Weizenfeldern hinter buckligen Klippen, und die oft auch waldigen Inseln haben keine Strandpromenaden, weil die Seegrundstücke in Privatbesitz sind. Auch Astrid Lindgren floh im Sommer immer wieder auf die Schären, auf Furusund, 50 km nördlich von Stockholm, sie besaß dort ein hübsches rotes Lotsenhaus mit weißen Fensterrahmen. Typisch war auch ihre Unterkunft in Stockholm, wo sie 61 Jahre lang wohnte, in der Dalagatan, mit Blick auf den Vasapark, in dem ihre beiden Kinder im Winter Schlittschuh liefen.

Die ungefähr eine Million Stockholmer teilen sich im Hochsommer anscheinend in drei etwa gleich große Gruppen auf: Ein Drittel kommt vier Wochen lang nicht mehr von den Schären herunter, ein Drittel verschwindet Richtung Mälarsee in den Wäldern, und das letzte Drittel folgt dem König nach Öland. Ich habe Stockholm im Hochsommer und im Winter erlebt – im Sommer gähnend leer und an einem beliebigen Winterabend so voll, quirlig und hupend, dass ich mich wie zu Hause wähnte, als mein Taxifahrer so gegen zehn Uhr abends nahe Slussen noch einen Auffahrunfall zustande brachte. Als ich den Fahrer fragte, was denn in die Stadt gefahren wäre, brummte der unwirsch: »Freitag. Die wollen alle nur raus!« In der Tat hat Stockholm kein nennenswertes Nachtleben.

Man ist gemeinhin lieber einfach Schwede, als sich ausdrücklich etwa zur Heimatstadt Linköping, Örebro oder Malmö zu bekennen. Höchstens in einer so insularen Provinz wie Öland legt man gelegentlich Wert darauf, *Ölänningar*, also ein Öländer zu sein. Das hat etwas damit zu tun, was den Schweden ihre Städte und Städtchen sind: nicht Mittelpunkte des Lebensgefühls (wie den Kölnern zum Beispiel ihr Köln am Rhein), sondern praktische Einkaufs- und Behördenzentren. Während wir Deutschen uns in unseren Städten prächtig amüsieren (Alaaf!), benutzen die Schweden ihre Städte als Versorgungszentren, die sie baldmöglichst wieder verlassen. Städte bieten Arbeitsplätze, und das hält auch viele Schweden in den umliegenden Siedlungen, doch wer einmal zufällig nachts durch die mittel-schwedische Industriestadt Jönköping gewandert ist, weiß, was Einsamkeit bedeutet. Mit Ausnahme der urschwedischen Städte Uppsala, Kalmar und Visby (auf Gotland) gibt es ja im Gegen-satz zu Deutschland nur wenige bis ins Mittelalter zurück-reichende Städte mit einer selbstbewussten Bürgerschaft. Die meisten Hafenstädte entlang der schwedischen West- und Ost-küste gehörten, wie gesagt, bis vor dreihundert Jahren noch zu Dänemark. Kalmar nicht. Kalmar war immer schwedisch.

Beim Bummel durch die nette alte Stadt Kalmar an der schwe-dischen Ostküste fällt zunächst nichts Besonderes auf. Mit den noch erhaltenen Treppengiebelhäusern und den Resten der mittelalterlichen Stadtmauer erinnert einen Kalmar ein wenig an Lübeck. Es gibt eine Fußgängerzone, einen verschlafenen Hafen und eine eindrucksvolle Festung. In der Altstadt ragt der barocke Dom hervor, in dem ein 1682 in Lübeck gefer-tigter Kronleuchter hängt. Nah dem Hafen, südlich der Alt-stadt Kvarnholm und unweit des Krusenstiernagartens liegt Schloss Kalmar, ein in der Renaissance zur Festung ausgebau-tes Schloss – absolut besichtigenswert, in seiner seit vierhun-dert Jahren unveränderten baulichen Gestalt. Mit dem sehr informativen Schlossmuseum (alle Informationen gibt es auch auf Deutsch) bietet es überdies tiefe Einblicke in das Schweden zu Beginn der Großmachtzeit. Neben der heutigen Ruine Borg-holm auf der vorgelagerten Insel Öland war Schloss Kalmar einst eine der beiden am schwersten armierten Festungen Schwedens. In seiner Anlage mit den kanonenbestückten Wäl-len und wuchtigen Rundtürmen ähnelt Kalmar *slott* auffällig der ungefähr zeitgleich entstandenen Zitadelle Spandau mit deren rundem »Juliusturm« und dem gotischen Pallas –, ist aber ungleich prachtvoller. Auf dem Einband dieses Buches ist es angedeutet – das Schloss über den Meereswellen.

Das moderne Kalmar hat allerdings die gleichen Globalisierungsprobleme wie viele deutsche Städte – es gab ein Volvo-Werk, doch das wurde kürzlich dichtgemacht. Um den wirtschaftlich unbedeutend gewordenen Hafen zu erhalten, wurde vor einigen Jahren ein nationales Meeresforschungsinstitut errichtet und seit dem Bau der Ölandbrücke gehört auch die große, der Stadt vorgelagerte Insel inzwischen amtlich zum Stadtbezirk. Kalmar, Lübeck, Stralsund, Stettin – die einst »erste Garde« der alten Ostseehäfen kämpft gegen den Abstieg in das wirtschaftliche Abseits.

So vieles hat Kalmar mit den Schwesterstädten im Süden gemein. Das typisch Schwedische fällt erst auf, wenn man Hunger oder Durst bekommt: Es gibt so gut wie keine Restaurants und erst recht keine Kneipen. Es gibt ein oder zwei Bäckereien, in denen man Kaffee satt, ein Sandwich und Saft oder Brause bekommt. Das war's. Es gibt auch keine kleinen Kioske mit Zeitungen, Süßigkeiten und Tabakwaren – dergleichen kauft man nur in ein, zwei Ladengeschäften, die sich *pressbyrå* (Pressebüro) nennen. Es gibt auch fast keine öffentlichen Sitzbänke, denn im Gegensatz zu uns lungern Schweden nicht herum. Ach ja: Wir reden hier übrigens über eine mittlere Großstadt mit über 200 000 Einwohnern! Innenstädte – selbst so schöne wie Kalmar-Kvarnholm – sind keine Orte, an denen Schweden sich aufhalten. Und wenn sie es nicht tun – warum sollten es dann die Touristen tun? Und doch: Die großen Parkplätze rings um die Altstadt sind eigentlich immer gut gefüllt. Wo also sind die Schweden? In den Geschäften. Und was tun sie da? Telefonieren, Bekannte treffen und einkaufen, wenn sie dran sind. Außer in Kaufhäusern und Supermärkten sieht man in allen schwedischen Läden, Banken und Einrichtungen gleich an den Türen kleine Zettelspender für sogenannte *turlappar*, Wartenummern, die wir nur aus Bürgerämtern kennen und hassen. Aber ohne Wartenummer wird man nicht bedient! *Turlappar* mit eingedruckter voraussichtlicher *väntetid*, Wartezeit. Das ist für einen modernen Industriestaat ein Shoppingerlebnis der besonderen Art: Parken, zum *Systembolaget (kurz: Systemet)* eilen, *turlapp* ziehen, kurzer Uhrenvergleich mit der *väntetid* und weiter zu den nächsten Besorgungen. Deshalb fehlen überall Sitzbänke! Dafür hat ja niemand Zeit! Und im nächsten Laden, *Gerdas Kaffe och Te* hat man Nummer 87. Bedient wird gerade 72, also genug Zeit für die wichtigsten Telefonate und ein Schwätzchen mit der Bekannten. Danach kurze Kontrolle des *Systemet*-Zettels: Reicht die Zeit noch für einen Abstecher zur *Svenska Handelsbanken?* Mal sehen: Nr. 137, dran ist gerade *(nu betjänas)* Nr. 122 – das wird zu lange dauern, aber mal sehen, vielleicht reicht es gerade! Auf zum *Systemet, turlapp* und Bestellzettel abgeben, die *Systemet*-Mitarbeiterin verschwindet im Magazin und kehrt mit einer braunen Packpapiertüte zurück. Mist! Ausgerechnet den noch gerade bezahlbaren deutschen Chardonnay haben sie nicht mehr. Trotzdem stellt die Rechnung einen veritablen Vermögensschaden dar.

Milchtüten im Klimawandel
Sommer in Schweden – Das Eiszeitland – Schweden im Urlaub –
Mitsommerfest – Sterbhus-Auktionen

Hej! Vi svenskar är ju ett sjöfolk!, begrüßt mich die Milchtüte am frühen Sommermorgen an der schwedischen Westküste, unweit der Grenze zu Norwegen. »Wir Schweden sind ja nun mal Seeleute«, steht da, und dann wird auf zwei Seiten des Tetrapaks – übrigens eine schwedische Erfindung und zugleich ein heftig prosperierendes schwedisches Unternehmen – ausführlich und mit kindgerechten Zeichnungen erläutert, wie man sich in einem Boot bewegt, wo man Rettungswesten bekommt, wie man sie anlegt und was man tut, wenn man über Bord fällt. Eine Information der schwedischen Seenotrettungsgesellschaft. Die Milchtüten stehen einen Sommer lang morgens und abends auf dem Tisch, und man liest sie, fast unwillkürlich, ob man will oder nicht. Nach drei Tagen kannten selbst meine erst schwedisch radebrechenden Jungs den Text auswendig. Der elterliche Ruf »He! Schwimmwesten nicht vergessen!« war überflüssig.

Vi tyskar – äh, wir Deutschen sind zwar nun nicht unbedingt »Seeleute«, aber in den Sommermonaten kommt nicht wenig Milch in Tetrapaks auf den Tisch vieler Ferienwohnungen an den Küsten. Auf Amrum, Rügen oder Usedom, in Bremerhaven, Brunsbüttelkoog oder Husum habe ich so etwas allerdings noch nicht gesehen. Deutsche Molkereibetriebe scheinen alle Seiten ihrer Milchpackungen unbedingt für Milchmarkenlogos und die Darstellung glücklicher Kühe zu benötigen. Die DGzRS, die Deutsche Gesellschaft zur Rettung Schiffbrüchiger, die jedes Jahr wieder von der Flut überraschte Seeurlauber aus dem Wattenmeer fischen muss, richtet sich mit ihren kleinen Spendenrettungsbooten nur an die Erwachsenen, was mir inzwischen typisch deutsch erscheint. »Achtung – Wattenmeer! Ebbe und Flut beachten! Eltern haften für ihre Kinder!«. Drei Ausrufungszeichen, Pflicht getan.

Oh, ich weiß, wir haben einen Horror davor, zu richtigem, angemessenem Verhalten erzogen zu werden. Wir beklagen inzwischen zwar offiziell den verbreiteten Verlust elterlicher Sorgfalt und Kompetenz, kommen aber nicht auf die Idee, uns als Nation einmal direkt an die nachwachsende Generation zu wenden und wenigstens dieser auf allen möglichen Sendeplätzen zu erklären, was wir für richtig oder falsch halten. Zigaretten zum Beispiel dürfen in Deutschland nur an Erwachsene verkauft werden, dazu wurden alle Automaten auf Scheckkarten umgestellt und Zigarettenpackungen mit Warnhinweisen versehen. Jeder weiß, wie vergeblich es ist, die schon erwachsenen Süchtel bekehren zu wollen, doch warum nicht B***puppenpackungen oder Computerspiele mit kindgerechten Aufklärungen versehen? Nicht mit diesen Tod-und-Teufel-Hinweisen, natürlich, sondern einem kleinen Wink mit dem Zaunpfahl: »Übrigens: B*** legt Wert auf ihre Gesundheit. Darum würde sie auch nie rauchen!«. Höre ich da einen Aufschrei? Ein entrüstetes Sich-Verwahren der Milch-, Puppen- und Softwareproduzenten gegen etwas so Negatives wie Hinweise auf womöglich schädliches Verhalten? Ausgerechnet bei der ebenso unschuldigen wie kritiklos-lernfähigen Käufergruppe der unter 15-Jährigen? Denen man hierzulande doch umsatzfördernd nur suggerieren möchte, dass alles total easy ist?

Ja, wahrscheinlich ist das der Unterschied. In Deutschland räsonieren gestandene Unternehmer gegen die zunehmende soziale Inkompetenz der Jugend, wehren sich aber mit Händen und Füßen dagegen, ihr vor allem von Jugendlichen nachgefragtes Produkt mit einem Hinweis auf vernünftiges, sicheres Verhalten zu versehen. Das sei schließlich die Aufgabe der Eltern. Doch woher sollen die denn heute, im »Rundum-sorglos«-Zeitalter von Pauschalreisen, Schnäppchen und »Dschungelcamp«, wissen, welche realen Gefahren zum Beispiel im Wattenmeer oder im Hochgebirge lauern? Oh, schon gut, Anwälte, ich hab euch gesehen! Die anonymisierenden Sternchen bei den Markennamen weiter oben habe ich nach kurzem Überlegen selbst eingefügt. Ich möchte meine Anregung zumindest äußern können, ohne gleich auf Einstellung des Denkprozesses verklagt zu werden.

Wo waren wir? Ach ja, am Strand. Allein das fjordreiche Norwegen hat eine 20 000 Kilometer lange Küstenlinie, was dem halben Erdumfang entspricht. Nun, ein Großteil dieser Küstenlinie ist absolut unzugänglich, doch die Milchtüte hat völlig recht: Man trifft in Skandinavien überraschend oft auf Meerwasser. Nicht unbedingt auf das offene Meer, aber selbst tief im vermeintlichen Binnenland immer wieder auf Buchten, scheinbare Seen oder Wasserstraßen, die sich beim spontanen Halt oder einem gründlicheren Blick auf die Landkarte als Meeresarm oder Fjord erweisen. In Skandinavien ist die Erdgeschichte noch nicht fertig mit der Abwicklung der letzten Eiszeit. Es ist gerade erst 10 000 Jahre her, dass sich Grönland sozusagen bis ins Weserbergland hinein erstreckte, ein Festlandgletscher mit einer Höhe von alpinen 3000 Metern, der bis zur Kamschatka in Ostsibirien reichte. Nordsee war nicht; damals konnten wir noch von London aus trockenen Fußes über die moorige Anhöhe der heute versunkenen Doggerbank wandern und Helgoland als eisgepanzertes, rötliches Felsmassiv aus der

Eiszeitsteppe aufragen sehen. Wir? Ja, wir. Die direkten Vorfahren der Deutschen und der Wikinger. Erdgeschichtlich war das erst gestern.

Und wenn wir nun heute am waldgesäumten weißen Ostseestrand von Böda Sand in Badehose über Klimawandel und Erderwärmung diskutieren, müssen wir uns klarmachen, dass dieser gigantische, skandinavische Eispanzer in nur 1000 Jahren bis auf winzige Reste in Südnorwegen und Nordschweden abschmolz. Der damalige Klimawandel war, noch ganz ohne menschliches Fehlverhalten, ungeheuer, die Erderwärmung erreichte Spitzenwerte, weit über der heutigen. Mammuts und Säbelzahntiger starben aus, Eisbären und Robben überlebten. Der riesige Inlandgletscher schmolz und schmolz – man bedenke, der da schmelzende Eispanzer war mal viel größer als Grönland! –, die moorige Senke zwischen England und Deutschland wurde überflutet und zurück blieb die schotterige Endmoräne des deutschen Mittelgebirges, die weite, sturmflutgefährdete Schwemmsandebene Norddeutschlands und Dänemarks und das immer größer werdende Schmelzwasserbecken der Ostsee. Vom Eise befreit hoben sich die urzeitlichen-Kalkriffe Ölands und Gotlands aus dem Schmelzwassersee und wenige Jahrhunderte später auch der vom Eis bis auf den ältesten Granit abgeschliffene Sockel Skandinaviens. Nichts bot dem immer wärmer werdenden Klima Einhalt, keine Abgasverordnung, keine Feinstaubplakette. Die Natur zerstörte die jahrhunderttausendelang stabile Urlandschaft der Eiszeit mit ihren unwiederbringlichen Pflanzen- und Tiergemeinschaften ganz von allein. Ohne menschliches Verschulden schmolzen die Gletscher, einfach so. Wenn jemand es hätte aufhalten können, gäbe es heute die ganze wilde Natur Skandinaviens nicht. Gäbe es Schweden nicht. Norwegen sowieso nicht. Helsinki vielleicht, Nordfinnland nicht. Murmansk schon gar nicht. Island, Spitzbergen? Fehlanzeige. Die Gletscher schmolzen mit einer Geschwindigkeit, die heute Weltuntergangshysterie erzeugen würde.

Wir stehen fasziniert an den norwegischen Fjorden oder an den Ufern der ausgedehnten schwedischen Schmelzwasserseen Vänern, Vättern und Mälaren, großen Verwandten der mecklenburgischen Müritz, und sehen die Resultate eines gigantischen Klimawandels. Mit dem Klimawandel treibt man keine Scherze, viel zu ernst das Thema, aber ich stehe in Sommerhitze und Badehose auf meiner schwedischen Insel und frage mich, wie all das nordische Inlandeis ganz ohne unser Zutun so schnell verschwinden konnte. Vor 8000 Jahren war es in Nordeuropa im Durchschnitt sogar noch wärmer als heute. Vor 5000 Jahren – als hoch in den Alpen der »Ötzi« erfror und so für Jahrtausende konserviert wurde – wieder etwas kälter. Im Hochmittelalter war es dann wieder so unglaublich warm, dass in Berlin der Weinanbau florierte und die Wikinger Ackerbau und Viehzucht auf Grönland betrieben. Um 1300 v. Chr. wurde es für dreihundert Jahre abermals so kalt, dass gelegentlich der Bodensee zu- und der Wikinger in Grönland erfror. Die Forscher sprechen heute von der »Kleinen Eiszeit«. Zur Zeit treiben *wir* die Erwärmung voran, gar keine Frage, und wir können auch nicht behaupten, dass wir nicht wüssten, was wir tun, aber wir hatten es hier in den letzten paar tausend Jahren schon beträchtlich wärmer als heute. Wenn nicht, lägen Oslo, Stockholm und mein öländischer Badestrand noch heute unter kilometerdickem Eis.

Das wäre schade. Ich mag die nordische Natur, diese endlosen Wälder Mittelschwedens, den herrlichen Oslofjord und das nordische »Gebirge im Meer«, mir gefallen diese überall vom abgeschmolzenen Gletschereis bucklig rund geschliffenen Granitfelsen der »Schärengärten«, die weiten Strände Dänemarks, diese ganze Flora und Fauna, die natürlich einst aus Südeuropa eingewandert ist und mit dem Schwinden der Gletscher die so lange »heile« Eiszeitsteppe verdrängte. Befreit vom enormen Gewicht des Eises hebt sich ganz Skandinavien bis heute immer noch langsam an, eine leicht schräge Tafel, in Norwegen steil aus dem Atlantik aufragend, an der schwedischen Ostküste flach in der Ostsee versinkend.

Sjöfolk, stand auf der Milchtüte. Das trifft, wenn man unter »See« das Meer versteht, auf die Dänen und Norweger noch mehr als auf die Schweden zu. Deshalb sind die Dänen und die Norweger bis heute große Seefahrtnationen. Anlässlich der Frage, wem der Nordpol gehört, wurde gerade wieder deutlich, dass Grönland bis heute unter dänischer Oberhoheit steht, Dänemark mithin also unmittelbar an Kanada grenzt. So wie Norwegen direkt an Russland. Doch schon ein flüchtiger Blick auf die Karte zeigt, dass die Schweden und Finnen ebenfalls knietief im Wasser stehen, allerdings in Süßwasser. Und außer Venedig steht wohl keine andere Stadt der Welt derart im Wasser wie Stockholm an der Mündung des Mälarsees in die Ostsee.

Mangels Kneipen vergnügt sich die Nation am und an Wasser. Vermutlich, weil Schweden und Finnen je einen See und einen Elch pro Einwohner zu haben scheinen (die Norweger haben entsprechend einen Elch und einen Fjord und die Dänen jeweils einen Sund und eine Kuh pro Einwohner – das gilt natürlich nur als statistische Faustregel) und das auch intensiv genießen. Sommer in Skandinavien ist aber ganz anders, als wir uns das vorstellen. Die Skandinavier sind alle keine großen Tourismusnationen: Als Touristen können sie mangels Masse keinen richtigen Ballermanneffekt erzeugen – wann ist man zuletzt auf Mallorca norwegischen Urlaubern begegnet? –, und als Touristenziel erzwingt das nordische Klima viel zu lange den Gebrauch von Norwegerpullovern, um unter die Top Ten der deutschen Ferienziele zu gelangen. Dabei wollen die Skandinavier im Sommer das Gleiche wie die Deutschen: Landsleute treffen und mit denen zusammen einen trinken. Während es den 80 Millionen Deutschen jederzeit mühelos gelingt, Mallorca zu übernehmen und selbst im thailändischen Phuket regelmäßig eine zünftige deutsche Sause zu organisieren, geraten fernreisende Skandinavier immer wieder in die Isolation: kein vertrautes *Skål!*, nirgends. Zu Hause aber, da vergnügen sich alle am schönen skandinavischen Sommer, da fließt die Bierbrause, und überall gibt es *grillkorv, flintastek* und *vafflor med sylt och grädde*. Da wird man wehmütig. Im Hafen von Oslo liegen große Pontons mit Biertischen, an denen im Sommer frisch gepulte Krabben mit Bier verzehrt werden, und Dänemark steuert das *wienerbröd* bei, ein matschiges Plunderstück mit Pudding und etwas *schoklääde*. Will man das alles verpassen?

Da geht man doch lieber an der *västkust* oder im heimischen Mälarsee baden. In der Regel in Familie und weitläufigerem Freundeskreis – also truppweise –, mit Liegestühlen, Sonnenschirm, Kühltasche und *engångsgrill* (Einmalgrill in der Aluschale). Strandkörbe sind nördlich von Dänemark unbekannt. Jeder fünfte Schwede hat stattdessen eine *stuga*, Ferienhäuschen oder –hütte, ganz in der Nähe, das einzige nordische Massentourismusprodukt, ein fest in dänischer Hand befindlicher Markt. Und so finden sich alle wieder zusammen, genau so wie die Deutschen auf Mallorca.

Der schwedische Sommer beginnt mit dem Mittsommerfest, *midsommar;* neben *jul,* Weihnachten, der wichtigste Festtag in Schweden. Er wird an einem Sonnabend zwischen dem 20. und

26. Juni begangen, an jenem Sonnabend, der dem längsten Tag im Jahr am nächsten ist. Auch wenn der Freitag davor noch kein Feiertag ist, beginnt man schon an *midsommarafton* Blumen zu pflücken und Kränze zu winden. Am Sonnabend des *midsommardag* wird dann auf dem Festplatz des Dorfes oder der Stadt der Maibaum aufgestellt, was durchaus an das deutsche Maibaumritual erinnert – auch wenn mit der Vorsilbe *maj* in *majstången* nicht der Mai, sondern die Blumen – *maja* – gemeint sind. Dann tanzen die Einwohner, oft in ihren regionalen Trachten, um den Baum, der in manchen Orten – wie dem småländischen Papierzentrum Lessebo – auch mit kunstvollen Papierkränzen geschmückt ist.

Es kann im Juni manchmal noch empfindlich kühl sein, und es war dann lustig, meine ganze Dorfgemeinschaft in dicken Pullis tappsig wie Bären tanzen zu sehen, während Mütter mit Handschuhen ihre warm angezogenen Kleinen in den Kinderwagen herumschoben.

In unserem Dorf steht dieser »Maibaum« traditionell im großen Garten des einstigen Pfarrhauses neben der Kirche, und *midsommar* ist ein Volksfest mit Trödelmarkt, *loppis* genannt, Kutschfahrten und großen Kaffeetafeln, ausgerichtet vom Heimatverein, *hembyg gföreningen*. Gelegenheit, mal alle zu treffen. Zu essen gibt es Matjes, gekochte Dillkartoffeln mit Rahm und gehackten roten Zwiebeln, anschließend Lachs oder Rippchen, und man trinkt kaltes Bier und *brännvin*. Gegen Abend verlagern sich dann die Feiern in die Häuser, man lädt einander ein und singt und tanzt und quatscht. *Midsommar* wird im Norden viel intensiver wahrgenommen und erlebt als bei uns, denn der kurze, helle Sommer Skandinaviens dauert nur vier bis sechs Wochen lang. Als hellste Nacht des Jahres – es wird sebst in Südschweden nicht richtig dunkel, bei klarem Wetter kann man auch auf Öland die ganze Nacht hindurch die Wanderung einer rötlichen Dämmerung am nördlichen Horizont beobachten – wird die Mittsommernacht seit jeher als magische Zeit angesehen, in der sich die Zukunft voraussehen lässt und Gewächse ihre heilende Kraft entfalten. Die schwedische Flagge bleibt oft die ganze Nacht über gehisst.

Ein Wort noch zum *loppis*: Trödelmärkte sind zwar recht beliebt, aber das eigentliche Vergnügen sind die sommerlichen Nachlassauktionen, die auf schwedisch *sterbhus-auktion* (gesprochen: sterbhüs-aukchuun, im öländischen Dialekt) heißen. Zu unserer ersten wurden wir von unseren Freunden einfach mal mitgenommen. Es war ein Erlebnis, das ich nicht mehr missen möchte! Wenn der Nachlass verstorbener Einwohner aufgelöst werden soll, wird frühmorgens schon mal alle bewegliche Habe rings um das Haus des oder der Verstorbenen zur Besichtigung ausgebreitet, und dann kommen Hunderte, alle Nachbarn und viele Antiquitätenjäger aus der Stadt, mit Klappstühlen und Regenschirmen. Ein Imbisswagen darf nicht fehlen, und gegen Mittag betritt der professionelle Auktionator eine irgendwie hergerichtete Bühne und »verkloppt« – im wahrsten Sinne des Wortes! – das Hab und Gut. Das wird recht launig gemacht und ist für alle ein Riesenvergnügen, denn gerade der manchmal kitschige, völlig unbrauchbare oder kaum erklärbare Kleinkram wird in ganzen Bündeln oder Schachteln versteigert, in denen sich vielleicht nur ein Objekt befindet, das man haben möchte. »*Vad har vi här?*« (Was haben wir denn hier?), fragt oft der Auktionator, und alle lachen. Ihm werden dann Erklärungen zugerufen, auch Wünsche, das ganze rostige Gerümpel von der einen brauchbaren Säge zu trennen oder endlich zu dem begehrten Rasenmäher zu kommen. Man muss schon auf schwedisch zählen können, sonst kriegt man nichts mit: Der Auktionator haspelt die Kronenwerte derart schnell herunter, dass gerade die besten Nachlassstücke schon weg sind, bevor man begriffen hat, dass ein *tia* hier ein Zehner ist: *Santa Lucia, ger mi en tia – inte en femma, den har vi hemma!* (Santa Lucia, gib mir 'nen Zehner, nicht 'nen Fünfer, den haben wir immer!)

Wenn ich im Sommer auf Öland bin, schaue ich in *Ölandsbladet*, der Inselzeitung stets als Erstes nach, wann die nächsten Auktionen in der Umgebung stattfinden. Das steht ja auch meist schon auf der Titelseite.

Elchtest
Der große Unsichtbare – Besuch im Elchpark – Unheimliche Begegnung –
Elchwarnschilder- Vogelschau

Wenn Sie dieses Buch bis hierhin gelesen haben und sich allmählich etwas frustriert fragen: »Wo bleibt denn nun der Elch?«, dann geht es Ihnen wie mir. Ich weiß es nicht. Die Schweden wissen es übrigens auch nicht!

Dass es den *skogens konung*, den König des Waldes, gibt, ist gesichert, man kann ihn jeden Herbst in zahllosen Kühlhäusern besichtigen, allerdings bereits portioniert, außerdem auf der Elchfarm in Schonen und ganzjährig im urlauberfreundlichen *Grönasens Älgpark* bei Kosta, Småland, allerdings nur im eingangsnahen Schaugehege. Ein Besuch dieses Parks ist sehr lehrreich: Nach dem Eintritt besichtigt man zuerst ein Geschäft, in dem es beileibe nicht nur Andenken und Elchspielzeug gibt, sondern auch Elchjagdkleidung, Elchledermode, Messer mit Elchhorngriffen, Elchfleisch und die beliebte *älgkorv*, Elchwurst, eine grobe Salami, die einzige leidlich schmackhafte schwedische Wurstsorte, die ich kenne. Dann besichtigt man ein zertrümmertes Auto, in dessen Fahrgastzelle der durch die Windschutzscheibe eingedrungene (ausgestopfte) Elch noch steckt: Man kann den *älg*, wie er auf Schwedisch heißt, nicht »über«-fahren; wenn es mal zu einem Unfall kommt, »unter«-fährt man das Tier – ein Elchbulle ist zwischen 1,80 und 2 m groß, die Elchkuh immerhin 1,50 bis 1,70 m. Im Ernstfall prallen 500–800 Kilo Elchfleisch durch die Windschutzscheibe in das Auto hinein. Dieses Gewicht erreichen jedenfalls die Elchbulllen, Elchkühe werden 320 bis 400 kg schwer. Im Schauge-

198

hege sieht man sich nach diesen Informationen das mächtige Tier – das nach Carl von Linné wissenschaftlich »Alces alces« genannt wird, eine Lebenserwartung von bis zu 20 Jahren hat und zur Familie der Hirschtiere gehört – doch gleich mit etwas anderen Augen an. Aber wir wollten den Elch ja nicht im Stall, sondern in der Natur sehen. Auch diesem Wunsch trägt der Älgpark auf sehr naturalistische Weise Rechnung.

Vom Schaugehege aus kann man auf einem perfekt angelegten Weg ein bis zwei Stunden durch einen sehr typischen, jedoch stabil eingezäunten schwedischen Wald wandern und hier und dort auch mal auf einen *utsiktstorn*, Aussichtsturm steigen. Aber um Bäume zu betrachten, braucht man ja eigentlich keinen Aussichtsturm. Und nach einem schönen Spaziergang durch den småländischen Wald kann man zum Abschied noch einen *älgburger* genießen. Wo der Elch ist? Ich sagte doch, ich weiß es nicht. Elche sind wie Schrödingers Katze: Wenn man sie tatsächlich entdeckt, dann gibt es sie auch, dann sind sie real. Aber da man sie in der Regel nicht sieht, sind sie meistens eben nur virtuelle Elche, eine Möglichkeit. Dabei gibt es allein in Småland etwa 30000, und die gesamte Elchpopulation in Schweden wird auf 400000 Exemplare geschätzt.

Ein Bekannter entdeckte eines Morgens eine Elchfährte vor seiner Ferienhütte in Norwegen. Begierig, das Tier mit dem Schaufelgeweih wirklich einmal in freier Wildbahn zu sehen, verbrachte er die folgende Nacht auf dem Dach seiner Hütte. Man möchte den Elch zwar gern sehen, ihm aber weniger gern auf Augenhöhe begegnen. Nun, die Nacht war lausig kalt, es schneite sogar kurz. Gesehen hat mein Bekannter nichts, der Elch blieb verborgen. Als der Morgen dämmerte, stieg der gute Mann frustriert und durchgefroren vom Dach – und entdeckte im feuchten Neuschnee rings um seine Hütte zahllose Elchfährten! Das ist eine bekannte physikalische Besonderheit des virtuellen Elches: Er ist nicht da, aber er kann Spuren hinterlassen.

Ich weiss, dass ich mindestens einem dieser möglichen Elche einmal auf Armeslänge nahe gewesen bin, doch da lag ich schlafend in meinem Zelt am See Stora Le im nördlichen Dalsland und bemerkte ihn überhaupt nicht. Am Morgen fanden sich rings um das Zelt jedoch Mengen von frischen Elchköteln, die am späten Abend zuvor dort noch nicht gewesen waren. Camping in einer Elchlatrine: Auch ein Naturerlebnis.

Der Elch versteckt sich tief in sumpfigen Wäldern. Er wandert nicht mittags durch Elchparks. Er macht auch im Park das, was er am besten kann: sich unsichtbar. Er hat allen Grund auf der Hut zu sein: Jedes Jahr werden im Herbst aufgrund staatlicher Abschussquoten rund 100 000 Tiere geschossen Aber wenn ich im Herbst zusehe, wie sich unser dörfliches Gemeinschaftskühlhaus bis obenhin mit Elchfleisch füllt, obwohl es auf der Insel Öland keine Elche gibt, frage ich mich: Wie kommt es, dass ich in Schweden viele Jahre lang sogar in der Jagdsaison (am Ende der Brunftzeit, September und Oktober) nie einen wilden Elch gesehen habe, während ich im zehnmal so dicht besiedelten Deutschland praktisch jeden Abend rudelweise Hirsche, Rehe, Damwild, Wildschweine, Hasen und Füchse auf den Feldern und an den Waldrändern entlang der Straßen sehe? All dies viele Wild müsste doch bei uns noch viel seltener und verborgener sein als in der vergleichsweise menschenleeren schwedischen Wildnis!

Was fällt einem denn auf, wenn man in Deutschland außerhalb der Städte und Dörfer über Land fährt, durch weite Felder und unsere Märchenwälder? Hochstände. Und zwar Massen von Hochständen und Jagdansitzen. Auf den etwas mehr als zweihundert Kilometern von Berlin nach Rostock passiert man pro Kilometer etwa drei bis vier Hochsitze, insgesamt sicher über achthundert, die Distanz zwischen zweien beträgt ungefähr eine Schussweite. Und das sind nur die von der Autobahn aus sichtbaren Jagdposten! Die Hochsitze sind für unsereinen derart gewöhnliche Landschaftsmöbel, dass wir sie kaum noch wahrnehmen. Und sie werden allesamt sorgfältig gepflegt und erhalten. Was treibt also unsere Wildschweine, Rehe und Hirsche dazu, jeden Abend wieder aus der Deckung zu treten und sich in Rudeln in das Schußfeld der Hochsitze zu begeben? Schiere Überbevölkerung. Unser sogenanntes jagdbares Wild ist kein Wild, sondern ein jeden Winter mit Futterkrippen aufwendig vermehrter Nutztierbestand. Und der wird in Deutschland trotz unserer Bevölkerungsdichte systematisch viel höher gehalten, als er von Natur aus wäre. Jagd und Hege nennen wir das, und es heißt, die Jäger würden so die hierzulande ausgestorbenen Bären, Wölfe und Luchse ersetzen. Sie würden eine quasi natürliche Auslichtung betreiben, würden »den Bestand jung und kräftig erhalten«. Dass sie Hirsche, Rehe und Wildschweine schießen und somit »auslichten«, ist nachvollziehbar, aber welcher Bär hätte winters je eine Futterkrippe für das »notleidende« Rotwild aufgestellt? Wenn man keine Futterkrippen aufstellen würde, überließe man die Auslichtung ja der Natur. Das wäre dann eine »wilde« Auslichtung. Man käme also seltener »zum Schuss«. Schlagen Sie das mal hierzulande einem Jäger vor!

In Schweden ist der natürliche Bestand an Wölfen und Bären ebenfalls weit zurückgedrängt worden. Deshalb vermehrt sich der Elch – der den Gestank von Wolfsurin nicht erträgt – ja auch so gut. Elche sind in Schweden schon zu einer Plage geworden, und da sie Blätter, Gräser und junge Triebe fressen und an die Baumrinde gehen, richten sie ernorme Forstschäden an. Im späten Herbst dann, wenn die Sümpfe einfrieren und der erste Schnee fällt, wächst die Chance, einen Elch zu sehen, etwas an. Dann zieht er weiter als sonst herum, und das ländliche Schweden stellt ihm begeistert nach. Auf der Pirsch, also nicht etwa von einem Hochsitz aus. Und niemand füttert Elche. Die müssen schon alleine klarkommen. Und dann ziehen auch schon mal ein, zwei Elche in einer frostigen Winternacht vom Festland über den gefrorenen Sund zur wenige Kilometer entfernten Insel Öland. Und bescheren den arglosen Insulanern gelegentlich Begegnungen der wilden Art.

Öland ist zwar eine weithin trockene Heidelandschaft, die dem Elch nicht behagt, aber in der Mitte und im Norden der lang gestreckten Insel gibt es etwas Wald. Er genügt dem *älg*, um sich mal wieder unsichtbar zu machen. In einer Herbstnacht steuerte der Auslieferfahrer Lalle seinen Kleinlaster über die hell beleuchtete Ölandbrücke und bog bei Isgärde von der Hauptstraße auf eine schmale Landstraße ab, die quer durch den nur wenige Kilometer breiten Inselwald zur östlichen Seeseite der Insel führte. Das sind auch hier, an der breitesten Stelle der Insel, keine 10 Kilometer, eine kurze Fahrt also. Und hinter der zweiten oder dritten Kurve stand plötzlich der Elch mitten auf der Straße, groß, urig und reglos, schwarzgrau im nächtlichen Schwarz des Waldes, mit dem schaufelig gehörnten Kopf dem heranbrausenden Transporter entgegenblickend. Eine unerwartete, schon fast zu nahe Erscheinung. Erschrocken trat Lalle mit voller Kraft in die Bremsen. Reifen quietschten, der Laster schlingerte – und kam schließlich mit abgewürgtem Motor wenige Meter vor dem mächtigen Tier zum Stillstand. Lalle erzählte später, es sei gespenstisch gewesen: Während er sich geradezu auf die Bremse gestemmt habe und nur mit Mühe das ausbrechende Fahrzeug auf der Straße halten konnte, hätte der Elch trotz des dröhnenden Motors, der quietschenden Reifen und des schwankenden Fernlichtes reglos auf der Straße gestanden. Auf Augenhöhe mit ihm. Ungeheuer erleichtert darüber, einen schweren Wildunfall gerade noch verhindert zu haben, wartete Lalle dann darauf, dass sich das Tier von der Straße trollen würde. Es dauerte zwar eine Weile, doch endlich setzte sich der König des Waldes in Bewegung. Allerdings nicht von der Straße fort, sondern gravitätisch schreitend direkt auf Lalles Transporter zu. Lalle war so verdattert, dass er sogar zu hupen vergaß. Sekunden später krachte das große Tier mit dem Kopf und dem breiten Geweih frontal in die Windschutzscheibe des Wagens, die dabei zerbarst – und verschwand erst dann wie ein Geist im Wald.

Der Elch hatte wohl nur seinen Weg fortsetzen wollen. In seiner Welt gibt es keine Kleinlaster.

Übrigens: Dass der Elch für deutsche Touristen so wichtig geworden ist, daran ist natürlich IKEA mit Schuld. Die Möbelschweden positionierten sich in Deutschland wie schon erwähnt mit dem Elch als Maskottchen. Die Folge: Deutsche Urlauber montierten scharenweise die legendären Elchwarnschilder an den Straßen des Nordens ab und brachten sie stolz als Souvenir mit nach Hause – etwas boshaft könnte man von einer Ersatzbefriedigung sprechen, die womöglich für das Fehlen eines erzählenswerten Jagderlebnisses entschädigen soll. Das derart bestohlene Schweden reagierte jedenfalls kühl und geschäftstüchtig: Fortan bot man die offiziellen Elchwarnschilder zum Verkauf an.

Etwas weiter im Norden, in den dichteren Wäldern Mittelschwedens, an der Grenze nach Norwegen, fällt jemandem, der den deutschen Mischwald gewöhnt ist, nach einer Weile noch mehr fehlendes Getier auf. Um zu verdeutlichen, was mir fehlt, muss ich beschreiben, was ich von zu Hause gewöhnt bin. Am Stadtrand von Berlin, also in meiner Stadt, erlebe ich früh-morgens lautes, vielstimmiges Vogelgezwitscher, krächzende Krähen, keckernde Elstern, gurrende Tauben, geräuschvoll im Garten raschelnde und schnaubende Igel (die hören sich unge-fähr so an, als ob sich hinter den Büschen ein röchelnder Un-hold herumtreibt!), vernehmlich nagende Eichhörnchen, Füch-se, Waschbären und Marder auf Patrouille, die Ringelnatter in der Hecke, Wildschweine auf der Suche nach Komposthaufen und Mülltonnen, Wildenten, die den Zierteich zum Auftanken anfliegen und darin eifrig gründelnd das Unterste zuoberst keh-ren, und einen Fischreiher, der das so entstandene Schlamm-loch anschließend inspiziert.

Diese norddeutsche Wald- und Vorstadtfauna gibt es in Schweden auch. Wer *Nils Holgersson* gelesen hat, kennt Smirre, den Fuchs und die Kraniche vom Kullaberg. Der Igel heißt auf Schwedisch *igelkott*, die Ente *anka*, die Schlange *orm*. Die uns bekannte Tierwelt ist also fast komplett vertreten, nur das Wildschwein und der Waschbär fehlen. Das Wildschwein kam nicht über die Ostsee hinaus (es wird im Norden vom Elch ver-treten; aber auf Öland haben einige aus Wildgehegen aus-gebüchste und dann Unheil anrichtende Wildschweine 2009 einen drastischen Ausrottungsbeschluss bewirkt) und der ame-rikanische Waschbär wurde in Schweden meines Wissens nach nicht eingeführt. Und wenn man mal eine Woche lang im mit-telschwedischen Wald lebt, ohne Licht und Strom, also mitten in der Natur, fällt einem auf, dass diese ganze wohlvertraute Tierwelt hier unsichtbar und unhörbar ist. Die Wälder sind überraschend still, fast lautlos. Bäume knarren im Wind, Äste rascheln, der nahe See plätschert, tagsüber hört man mal ein paar Krähen krächzen – viel weniger als in Deutschland! –, doch ansonsten herrscht tiefe Stille. Man sieht auch keine Tiere. Der virtuelle Elch ist immer nah, verrät sich aber nur durch Losung. Ansonsten gilt die Regel: Wer auf sich aufmerksam macht, ist Beute. Der schwedische Wald steht eben wirklich »schwarz und schweiget«, und das kann ganz schön unheimlich sein. Hier flötet keine Amsel (mangels warmen Städten ist die Amsel nur in Südschweden als Zugvogel kurz zu Gast), hier auf Öland klagt nachts das Käuzchen.

Es wundert mich schon, dass die Schweden wie die Briten begeisterte Vogelbeobachter sind. In Deutschland ist dieses Hobby nicht sehr verbreitet. Aber auf unserer kleinen Nordseeinsel Amrum organisiert der *Öömrang Ferian*, friesisch für »Amrumer Verein«, vogelkundliche Besichtigungen, die regelmäßig auch das Interesse der Touristen finden. Wenn man das mal mitmacht, findet man heraus, dass das Interessanteste an der Vogelwelt der Vogelzug ist: Gegenüber der mondänen sibirischen Wildgans, die wie eine Jetsetterin nur zweimal im Jahr kurz vorbeischaut, hat es die heimische Lachmöwe schwer, das Interesse der Öffentlichkeit auf sich zu ziehen: Prominent ist, wer sich rar macht. Und je weiter man nach Norden kommt, desto schwerer fällt der Vogelwelt die Sesshaftigkeit. Es herrscht ein reges Kommen und Gehen, an dem der moderne Nils Holgersson noch immer regen Anteil nimmt. Schließlich lässt sich aus dem Zeitpunkt des Erscheinens und der Menge der gefiederten Touristen viel über den Zustand des Klimas und die Lebensbedingungen in der außerschwedischen Welt erfahren.

Das war in Deutschland noch vor hundert Jahren nicht viel anders: Über Winter zogen fast alle Vögel fort. Nur die zähesten blieben, und denen halfen wir gern mit Vogelfutter und geheizten Großstädten. Es wäre nicht nötig gewesen, ein altes Kinderlied markiert den fortschreitenden Klimawandel: »Amsel, Drossel, Fink und Star, alle Vögel sind schon da«. Das war einmal. Die Amsel zum Beispiel ist hierzulande längst kein Zugvogel mehr. Drossel und Fink ziehen winters immer öfter in die Stadt, statt sich ins Ausland abzusetzen, und unsere Stare sind echt deutsch: Wenn es kalt wird, sammeln sie sich auf zentralen Großflughäfen und fallen dann in Massen auf Mallorca ein.

Noch fliegt Akka von Kebnekajse, die Chefin von Nils Holgerssons Wildgänsen. Mit ihren Wing-Commandern *Yksi* ind *Kaksi* (finnisch, »Eins« und »Zwei«) sehen wir sie in strenger Pfeilformation frühjahrs nach Schweden und im Herbst zurückfliegen. Vor hundert Jahren inspirierte ihr Zug die Lehrerin Selma Lagerlöf dazu, Schweden aus der Vogelperspektive zu betrachten. Das war damals ein ganz neuer, unglaublich moderner Gedanke, eine bis heute faszinierende Landesbeschreibung. Doch es ging ihr nur um Schweden. Woher die Wildgänse kamen und wohin sie im Herbst wieder verschwanden, blieb Nils Holgersson verborgen. Das spielte keine Rolle.

Ich habe sie gesehen. Akka und ihre Wildgänse machen noch immer auf Amrum Rast. Nur: Wie lange noch?

Im Kanu durch Dalsland

Nordic Walking – Stora Le, Dalsland – Latrin spade und Shit-Island –
Mückenplage

Schweden ist für Deutsche ein beliebtes Urlaubsland. Nur –
was macht man im Urlaub in Schweden? Deutsche, die
zum Urlaub nach Südtirol oder nach Österreich fahren, gelten
gemeinhin als altmodisch: Sie widerstehen eisern dem Mallor-
carummel. Die Skiausrüstung für die ganze Familie einschließlich der Liftgebühren ist schließlich auch so teuer, dass »Malle«
nicht infrage kommt. Schwedenurlauber hingegen nehmen
ihre Langlaufskier vorsichtshalber selbst im Sommer mit – was
sonst enthalten wohl all die sogar in den kalten nordischen
Sommern aufmontierten Dachsärge auf deutschen Volvo-
Kombis? Man kann ja nie wissen. Und falls es mal nicht schnei-
en sollte: Dann nimmt man die Skistöcke und improvisiert Ski-
langlauf im Hochsommer! »Nordic-Walking« nennt sich das,
Wandern mit den in der warmen Jahreszeit ansonsten selbst in
Skandinavien nutzlosen Skistöcken. So hat wenigstens ein Teil
der mitgeschleppten Ausrüstung einen Sinn. Und damit niemand auf falsche Ideen kommt, wurde sommerliches Herum-
wandern mit Skistöcken in Deutschland ganz schnell zu einer
hippen Trend-»Sport«-Art erklärt: In Schweden habe ich – ehrlich! – noch nie jemanden so herumlaufen gesehen, und wenn
überhaupt müsste es eigentlich *nordisk vandran* heißen, doch
dann hätten die meisten Walker(innen) dabei wohl ein komi-
sches IKEA-Gefühl, was auch nicht zur Preispolitik der Mar-
kensportartikelhersteller passen würde. Nur schade, dass man
an die teuren, kohlefaserverstärkten High-Tech-Wanderstöck-

chen keine blechernen Zielschildchen nageln kann. Das wär's: die Nordic-Walking Silbermedaille von Byxelkrok, direkt auf der schwedischen Insel-Fernstraße selbst erwalkt.

Nein, in Schweden paddelt man. Dieses Land hat mehr Seen als Paddelboote. Es gibt aber gut ausgestattete Verleihfirmen, in denen man robuste Aluminium-Kanadier samt wasserdicht verschließbaren Vorratstonnen für Tage oder Wochen mieten kann. Es ist die nordische Ausdauer-Alternative zu den achterbahnähnlichen Eintags-Exitements, die die mitteleuropäische Sport- und Tourismusindustrie so schätzt. Rafting oder Canyoning zum Beispiel bedeuten intensiven (teueren) Material- und Personaleinsatz für ein exzessives, wenige Minuten bis wenige Stunden langes Erlebnis.

Eine Kanutour auf einem der unzähligen skandinavischen Seen zu unternehmen, ist dagegen Basistourismus: Man mietet – wenn man nicht schon mit einem auf dem Autodach mitgebrachten eigenen anreist – ein Kanu und verschwindet für Tage oder Wochen ohne weitere Geldausgabe in der nordischen Einsamkeit. Zugegeben, das Achterbahngefühl fehlt, man kann »danach« weder duschen, noch sich ein frisch gezapftes Bier gönnen, und es gibt auch keine Après-Ski-Party oder Hüttensause, ja noch nicht mal ein anständiges Bett, erlebt aber, nur wenige hundert Kilometer von Deutschland entfernt, Freestyle-Bootsmanöver mit *Live-Drowning* (Unfreiwilliges Baden-Gehen beim Anlegen), Outdoor-Gewitter mit Um-die-Wette-Zeltsicherung, Mücken-Survival und den *latrin-spade*. Was das ist? Das ist der Kack-Spaten, ein kurzstieliger Spaten, der in der freien Natur die Klospülung ersetzt, dazu gedacht, die letzten Hinterlassenschaften gnädig zu begraben (Jeder, der ein Kanu mietet, erhält kostenlos einen *latrin-spade* dazu!). Dieser Spaten ist vielleicht das erste Indiz, dass der Tourismus in Schweden allmählich eine natürliche Grenze überschreitet: Es gibt besonders beliebte Paddelseen, bei denen die Tourenpaddler unweigerlich immer wieder dieselben landschaftlich schön gelegenen Übernachtungsplätze oder kleinen Inselchen ansteuern.

Ein beliebter See für dieses Fernstreckenpaddeln in Alu-Kanadiern ist der Stora Le in Südwestschweden. In der Provinz Dalsland, an der Grenze nach Norwegen. Der lang gestreckte See gehört zu einem weiten, sich von Norwegen bis zum großen Väner-See hinziehenden, felsigen Wald- und Seengebiet. Dalsland ist ein Paddel-Paradies, das auch viele Kanäle zu bieten hat, nicht umsonst nannte Prinz Eugen diese Gegend einst »ganz Schweden in Miniatur«; und vom Stora Le-See aus lassen sich eine Vielzahl von stillen, kleinen und großen Seen erkunden, die über zahlreiche Schleusen miteinander verbunden sind. Doch die größte Faszination übt der Stora Le aus, nördlich von Uddevalla unmittelbar an der schwedisch-norwegischen Grenze gelegen, zwei bis fünf Kilometer breit, aber über 120 Kilometer lang (mit dem nördlichen Foxen zusammen) und bis zu 140 m tief. Auf dem Grund soll es immer noch Tiere aus der Eiszeit geben, wie den vierhörnigen Seeskorpion zum Beispiel, denn dieser See hat sich vor ca. 10 000 Jahren gebildet, nachdem Gletscher das Gestein ausgehöhlt hatten. Durch den Stora Lee mitten hindurch verläuft die schwedisch-norwegische Grenze.

Eine Woche auf dem See hatten wir uns vorgenommen, meine Frau, unsere 12 und 15 Jahre alten Söhne, ein Freund und ich; unser Freund hatte diese Tour vor vielen Jahren schon mal allein gemacht. Das Juliwetter war prachtvoll, sonnig und warm, nach den ersten fünf Kilometern beschlossen wir spätnachmittags, auf einem Felsen am Ufer zu übernachten. Wir verzichteten auf unsere Zelte und rollten die Schlafsäcke auf einem Felsen über dem abendlich stillen, einsamen See aus. Wir blieben allerdings nicht einsam. Kaum dass die Sonne untergegangen war, entdeckten Milliarden halbverhungerter schwedischer Mücken fünf bekloppte Deutsche, die ohne Zelt übernachteten. Es wurde unangenehm naturnah. Erst am Abend des nächsten Tages empfand ich meine Nase – irgendwie hatte ich in meinem Schlafsack ja Luft kriegen müssen! – nicht mehr nur als fühllosen Klumpen im Gesicht.

Da hatten wir gerade, zehn Kilometer weiter nördlich, eine winzige Insel, einen Felsbuckel mit drei Kiefern entdeckt, ein richtiges Eiland. Sehr romantisch. Nördlich und südlich erstreckte sich der endlose Stora Le, links lagen etwas größere Inselchen, fern rechts ein dunkles, bewaldetes Ufer. Für die Jungs wurde ein Zelt aufgeschlagen, zwischen den drei Kiefern, und wir fühlten uns sicher vor Mücken. Woher sollten die auch kommen, mitten im See? Außerdem war es windig geworden. Alles schien perfekt, das Abendrot am nordwestlichen Himmel war wunderschön, die Einsamkeit überwältigend – für uns Deutsche.

Nun ja, die natürlichen Bedürfnisse waren das erste unbedachte Problem. Campieren auf so einem Winzinselchen mitten im See ist ja ganz nett, aber das Inselchen hatte einen Durchmesser von nur etwa 20, 30 Metern und das bedeutete, dass alle mit dem *latrin-spade* noch einmal zur nächst größeren Insel paddeln mussten, sicherheitshalber immer zu zweit. Schon nach der zweiten »Latrin«-Fahrt hatte dieses größere Eiland bei uns seinen Namen weg: »Shit-Island«. Aber die Aussicht von »unserem« Felsbuckel auf den weiten See inmitten dichter Wälder war grandios, und wir genossen diesen ungestörten Ausblick auf die wilde Natur. Dann verblaute allmählich der Sommerabend – und ich, mit meiner vom Vorabend noch geschwollenen Nase, hörte es als Erster: das ferne, vage Summen von Myriaden Mücken. Zum zweiten Mal derselbe Anfängerfehler! Was nun? Hektisch und notdürftig wurden im letzten Licht die zwei weiteren Zelte aufgeschlagen, halb auf nacktem Fels, Freund Christian beschränkte sich auf das mückensichere Innenzelt, ich musste mein größeres, zusammenhängendes Doppelzelt auf dem Felsen aufschlagen, halb auf der Klippe. Aber: Diese Nacht schien jedenfalls gerettet!

Der Wind, der uns Schutz vor den Mücken zu versprechen schien, nahm in der Nacht jedoch zu, der See wurde unruhig, Regen kam auf, der zuerst Christian in seinem Mückenschutz-Innenzelt durchnässte. Als er dann alle anderen nach Mitternacht alarmiert weckte, war das romantische Felseneiland in unserer subjektiven Wahrnehmung noch einmal beträchtlich kleiner als zuvor geworden: Von Norden drängten finstere Wolken heran, in denen es beständig blitzte und grummelte. Abgeschnitten von jeder Wettervorhersage, hatten wir uns überraschen lassen. Wenn man auf einem Felsbuckel mitten in einem nordischen See campiert und nicht flüchten kann, gewinnt ein Gewittersturm eine ungewohnt archaische Qualität. Und dabei hatten wir uns erst etwa 15 Kilometer vom letzten Dorf entfernt! Ich meine 15 Kilometer im Umkreis, nachts, auf einem Felsen mitten im See, die nächste Siedlung noch etwa eine Tagestour entfernt, und um uns herum 100 Quadratkilometer wegloser Wald.

Ich war in Schweden und Norwegen schon weiter entfernt vom nächsten bewohnten Ort gewesen, 30, 40 Kilometer, doch auf der Straße und in einem funktionierenden Auto; im schlimmsten Fall also einen mehrstündigen Fußmarsch weit, je weiter nördlich, desto größer werden die Distanzen. Von dem kleinen, eben noch so reizvollen Felsbuckel mitten im Stora Le gab es jedoch kein Unter- oder Entkommen: Wir saßen erst einmal fest, und das stündlich schlechter werdende Wetter ließ die notdürftig hoch gezogenen Aluboote unheilvoll scheppern.

Diese Art Urlaubsgestaltung – die nur für Leute zu empfehlen ist, die in der Lage und bereit sind, ihren gesamten Wochenbedarf an allem, was man eventuell brauchen könnte, einigermaßen einzuschätzen und mitzuschleppen (man kann nicht irgendwo essen gehen oder etwas Fehlendes nachkaufen!) – ist nur durch das – schon erläuterte – *allmansrätt* möglich. Schweden, das ganze Land, ist anscheinend ein öffentlicher Campingplatz, Lagerfeuer und »wildes« Angeln auf den großen Seen inklusive.

Das Gewitter rollte zwar bedrohlich nahe heran, verschonte uns letztlich aber. Am nächsten Morgen nutzten wir eine Wetterberuhigung und setzten eiligst zur nächstgrößeren Insel über, die mehr Waldbestand aufwies, schon eingedenk des *latrin-spade* und der Unmöglichkeit, auf unserer Miniinsel austreten und irgendwas vergraben oder bei Gewitter nach unserem »Shit-Island« übersetzen zu können. Man bemüht sich ja, aus Fehlern zu lernen. In den nächsten Tagen wurde es allmählich immer regnerischer, und ich kann allen Freunden des hippen »Raftings« nur versichern, dass ein paar Stunden Spritzwasser mit anschließender heißer Dusche etwas ganz anderes sind als tagelanges Paddeln in immer feuchteren, nasskalten Klamotten, zunehmend muffigen Schlafsäcken und von Nacht zu Nacht schmutzigeren Zelten. Aber: Es kostet auch tagelang nicht eine Öre.

Drei feuchte Nächte später, inzwischen auf dem Rückweg, lenkten wir unsere beiden Alukanadier hoffnungsfroh einer anderen felsigen Landzunge entgegen – und verursachten einen kleinen Zusammenprall mit der schwedischen Freizeitgestaltung. Um unser letztes Etappenziel zu erreichen, mussten wir den See paddelnd queren und sahen schon von weitem, dass an dem angesteuerten Felsen ein sportliches Motorboot festgemacht hatte. Es war Freitagnachmittag, ein etwas älteres schwedisches Ehepaar war mit der Motoryacht von Ed ein paar Kilometer nach Norden gedonnert und hatte – für einen beschaulichen Nachmittag in mitgebrachten Klappstühlen – an dem einzigen Platz angelegt, der uns vor der letzten Etappe genügend Platz für die Kanus und drei Zelte bot. Das war ihr gutes Recht – was mir aber dabei auffiel (und was ich nach einer ganzen Woche auf dem Stora Le erst jetzt bewusst wahrnahm), war die Tatsache, dass von den wenigen Leuten, denen wir in den vergangenen Tagen auf dem See begegneten, die Schweden jedenfalls in Motorbooten unterwegs gewesen waren (für Segelboote ist der Stora Le zu schmal; man kann nicht kreuzen).

Schweden lieben Wasser, Wald und Sommerwochenenden, kämen aber nie auf die Idee, zu ihren bevorzugten Zielen mühsam hinzupaddeln oder zu rudern. So etwas ist Arbeit, und in der Freizeit vermeidet man Arbeit. Wenn die Touristen es schick finden, tagelang ziellos herumzupaddeln, dann vermietet man ihnen eben Kanus und fährt nach Dienstschluss mal rasch mit seinem Motorboot zur *smultronställe*, dem Lieblingsplätzchen. Mal ehrlich: Wir sind ja nicht anders! Was dem Deutschen sein Cabrio, ist dem Schweden sein Motorboot. Und – geben wir es ruhig zu! – auch wir würden angenervt reagieren, wenn ausgerechnet unsere Lieblingsautobahnraststätte mit lauter Volvos zugeparkt wäre und wir zwischen vielen fröhlich singenden Schweden keinen freien Platz mehr finden würden. Doch das ist glücklicherweise unwahrscheinlich: Dafür gibt es einfach nicht genug Schweden.

Unser beklappstuhltes Motorbootschwedenpaar (der Schwede als solcher liebt Klappstühle!) ließ uns gewähren, hielt unten am Wasser tapfer aus, während wir weiter oben auf dem Felsen geräuschvoll und umständlich die Zelte aufschlugen. Erst als wir den kargen Felsen nach feuchten Holzresten abgesucht und Feuer gemacht hatten, verstauten sie wortlos Hündchen, Klappstühle und Picknickkorb im Motorboot und brausten mit vorwurfsvoll heulendem Motor von dannen. Pfui Spinne, habe ich mich touristisch gefühlt!

Zwei Tage später und wieder zurück in Ed, dem Dörfchen an der Südspitze des Stora Le, unterhielt ich mich eine Weile mit dem Kanuverleiher. Doch, meinte er, auch die Schweden würden gern mal paddeln, allerdings als Freizeitvergnügen und meist nur tageweise während der Industrieferien im Juli. Die wahren Paddelfanatiker seien die Deutschen, entschlossen, den Norden per Kanu zu erobern. Jedes Mal im August, wenn in Schweden die Ferien enden, sei der Stora Le fest in deutscher Hand. Das hatte ich mir auch ungefähr so vorgestellt: Wir schrieben den 3. August und kein Schwede weit und breit. Als ich den eine Woche lang unverzichtbaren *latrin-spade* zurückgab, erwähnte ich die erkennbar oft genutzten Lagerplätze: Ob sich da nicht ein Problem abzeichne? *Ja visst* (aber sicher!), lautete die Antwort, ob ich mir – wenn das alles so weiterginge – vorstellen könne, dass es hier das *allmansrätt* in zehn Jahren noch gäbe? Bisher hatte er, der Kanuverleiher, fast als Einziger im Ort von dieser Art Tourismus profitiert. Doch das Geschäft würde nicht ewig so weitergehen können; man errichtet bereits erste feste Unterstände, um die zunehmenden Abfälle kontrollieren und entsorgen zu können. Irgendwann würde man auch Toilettenstationen brauchen. Und von denen bis zum gelenkten Eintags-»Canouing« auf festgelegten Routen mit gut erreichbaren *snabbmat*-Imbissen ist es dann nur ein kleiner Schritt. Auch die nordische Wildnis ist keine unerschöpfliche Ressource. So wurde der *latrin-spade* zum Fanal.

Ein Störfall wird besichtigt
Atommüll im Seebad — Schweden steigt wieder ein —
Der unmögliche Störfall — Strom für Europa

Borgholm im Sommer 1987. Die »Hauptstadt« der Insel Öland mit rund 3000 Einwohnern bewundert die schicken Segler aus allen Ostseeanrainern im Yachthafen, nahe dem ersten Hotel »am Platz«, dem *Strand-hotellet*, kurz »Strand« genannt. Borgholm hat zwar keinen nennenswerten Strand (es gibt da einen Campingplatz mit Badestrand nahe dem einstigen »Industriegebiet« und dem längst als Tourismusbüro genutzten ehemaligen Inselbahnhof), aber Borgholm ist schick und im Sommer eine einzige große Fußgängerzone. Auf einer Schieferklippe über der Stadt thront wuchtig *Borgholm slott* (Schloss), *nordens schönaste ruin,* die schönste Ruine des Nordens, und unweit davon unterhält die Königsfamilie, die hier jährlich kurz zu Besuch weilt, das auffällig italienisch anmutendes Sommerschlösschen Solliden. Segler, Urlauber und VIPs flanieren durch das Städtchen und den Yachthafen, Radio Kalmar berichtet wie jedes Jahr life, aus einem Sendecontainer und Ü-Wagen, mitten im Hafen.

Der ist nicht sehr groß. An seine einstige wirtschaftliche Bedeutung für Schwedens bevorzugte Sommerinsel erinnern noch ein großes Betonsilo, das höchste Gebäude Borgholms, und ein kleiner Fähranleger. Die dazu passende, kaum 20 PKW fassende Fähre nach Timmernabben auf dem nahen schwedischen Festland knapp südlich von Oskarshamn verkehrt nur noch im Sommer, gelegentlich. Ansonsten steuert kaum noch ein Hochseeschiff den Hafen von Borgholm an, in dem zahllose weiße

Yachten liegen. Bis auf eines: Ungewöhnlich groß und breit liegt der leuchtend orangefarbene Frachter direkt neben den teuren Yachten, im Schatten des Hochsilos, im leeren *industrihamn*. Zwei Gangways führen zum Schiff, an der heckseitigen flappt eine bedruckte Plane im Sommerwind: *För visning kö här!* – zur Besichtigung hier anstellen! Die schwedische Atomindustrie zeigt Flagge.

Unter dem Eindruck der Beinahekernschmelze im US-Atomkraftwerk Three Mile Island bei Harrisburg hatte sich die schwedische Bevölkerung in einer Volksabstimmung 1980 für den Ausstieg aus der Kernenergie entschieden. Zu dem Zeitpunkt produzierten in Schweden »nur« drei Kernkraftwerke Strom – Barsebäck bei Malmö, Oskarshamn und Forsmark südlich von Stockholm, mit zusammen 12 Reaktorblöcken –, doch sie deckten immerhin die Hälfte des schwedischen Strombedarfs. Die anderen 50 Prozent wurden und werden mit Wasserkraft erzeugt. Der Ausstieg war bis zum Jahr 2010 geplant. Zum Vergleich: In Deutschland wurde der Ausstieg aus der Kernenergie erst 1996 von der rot-grünen Koalition durchgesetzt – allerdings bei einem Anteil der Kernenergie an der hiesigen Stromversorgung in Höhe von etwa 11 Prozent.

Ab 1980 wurde in Schweden also das Kernkraftwerk Barsebäck – mit zwei Reaktorblöcken das kleinste der drei – abgeschaltet. Dadurch hat sich jedoch der Anteil der Kernenergie an der schwedischen Stromproduktion nicht verändert und beträgt weiterhin 50 Prozent. Seit dem Ausstiegsbeschluss wurden in Schweden weder Kohle- noch Gaskraftwerke gebaut, noch in die Windenergie investiert. Erst in den letzten zwei, drei Jahren hat man in Schweden ein paar Windkraftwerke aufgestellt. In Deutschland drehen sich inzwischen tausende, allein rund einhundert rings um Nauen im flachen Havelland vor den Toren Berlins. Zugegeben, in der Landschaft sind diese großen Windräder kein schöner Anblick, und die von ihnen produzierte, schwankende Leistung reicht bei weitem nicht zur Deckung eines größeren Anteils am Strombedarf, doch schon dieser Anteil würde in Schweden prozentual viel höher ausfallen als in Deutschland – kohlendioxidfrei und ohne Risiken. Außerdem stellen die Windkraftwerke zumindest den Versuch dar, die Energieversorgung auf eine breitere Grundlage zu stellen.

Von Borgholm aus kann man Oskarshamn sehen, fern am Horizont, jenseits des Kalmarsundes zwischen der lang gestreckten Insel und der schwedischen Ostküste. Was man sieht, ist aber nicht direkt Oskarshamn, sondern den im Dunst blassen Klotz und hohen Abzugsschlot des Atomkraftwerks Oskarshamn. Von dort kam jenes orangefarbene Schiff, die schwedische Variante der deutschen »Castor«-Transporte zum Endlager Gorleben. Ein in grellem, warnendem Orange gestrichener Frachter für Gefahrgut der allergefährlichsten Sorte: verbrauchte Kernbrennstäbe auf dem Weg von und nach Frankreich. Ein maritimes Zwischenlager auf einer absonderlichen PR-Mission. Während sich im Wald bei Gorleben die Atomkraftgegner an die Schienen ketten, lädt die schwedische Atomindustrie im mondänen sommerlichen Borgholm zur Besichtigung ihres Hochseemülltransporters ein, der ansonsten den Rest des Jahres über schwach strahlenden Atommüll aus den schwedischen Atomkraftwerken zur Wiederaufbereitungsanlage La Hague in Frankreich und von dort wieder zurückbringt. Es gibt aber kein Endlager in Schweden und auch keine Wiederaufbereitungsanlage, man muss den strahlenden Müll also irgendwie loswerden. Man wird ihn aber nicht auf Dauer los, die Franzosen bereiten ihn nur auf; das heißt, sie reichern die verstrahlten Brennstäbe wieder an nach dem Prinzip »Aus zehn alten mach einen neuen«; aber dann schicken sie alles irgendwann wieder zurück, Frankreich hat kein Endlager, Deutschland auch nicht – bisher. Also verschifft man radioaktiven Müll nach Frankreich, und von dort, zusammen mit ein paar frisch angereicherten Brennstäben, wieder zurück nach Schweden.

Die schwedische Öffentlichkeit ist zwar im Prinzip der eigenen Regierung gegenüber duldsamer und gutgläubiger als die deutsche, aber alles hat seine Grenzen. Fünf Jahre nach dem Volksentscheid über den Atomausstieg war noch nichts geschehen – außer dass die Industrie etwas sparsamer mit dem teuren Strom wirtschaftete und Forsmark und Oskarshamn mehr Leistung produzierten. Die Energieerzeuger mussten einmal augenfällig demonstrieren, dass sie alles unter Kontrolle hatten. Man wird lange überlegt haben, was man dafür tun konnte. Heraus kam die Idee, den während der sommerlichen »Industrieferien« nutzlos stillliegenden Atommüllfrachter als Demonstration der Gefahrlosigkeit nach Borgholm zu entsenden. Das war etwa so, als hätten die deutschen Kernkraftwerkbetreiber beschlossen, mal einen »Castor«-Transport nach Sylt umzuleiten, zur Hochsaison, nur mal so, als Unbedenklichkeitsbeweis. Ich bin sicher, dass es auch auf Sylt Befürworter der Kernenergienutzung gibt, einer immerhin wenig klimaschädlichen Energieerzeugung – und gerade Sylt ist vom Klimawandel und den damit einhergehenden Sturmfluten sehr bedroht –, aber Castoren zur Badesaison in Westerland? Als Sympathieträger für die Kernkraftwerksbetreiber? Wer hierzulande diese Frage als provokativ und hypothetisch bezeichnen würde, als unnötig Ängste schürend und nicht sehr konstruktiv, muss sich sagen lassen: Die schwedische Atomindustrie hat genau das gemacht – aber um das Gegenteil zu erreichen.

Zugegebenermaßen meines Wissens nach bisher nur einmal, 1987 – denn im Jahr zuvor flog Tschernobyl in die Luft und vergällte besonders den Schweden alle Lust an Pilzen und Elchgulasch –, und das Atommüllschiff im Yachthafen von Borgholm war schon ziemlich provokant. Für mich *tysken* allerdings mehr als für die Schweden: von »Greenpeace« weit und breit keine Spur, keine Demonstranten vor den Gangways, kein Aufschrei in der Presse. Stattdessen Eltern mit Kindern, entspannt, neugierig: Was wird denn hier geboten? Als ich damals verdattert vor dem grellorangefarbenen Atommüllfrachter im Yachthafen stand, war ich bereits ein direkt Betroffener. Das AKW Oskarshamn steht ungefähr 25 Kilometer Luftlinie von unserem weiß-blauen Haus entfernt; Strom erhalten wir inzwischen von E.on, dem deutschen Energieversorger, der vor wenigen Jahren den bisherigen schwedischen Anbieter Sydkraft aufkaufte. Und fast zeitgleich wurde mein Berliner Stromanbieter, die BEWAG, an den schwedischen Energiekonzern Vattenfall verkauft. Also: In Schweden kriegen wir jetzt Strom aus deutscher und in Berlin aus schwedischer Hand.

Vattenfall, der viertgrößte Energieversorger Europas, ist übrigens mit einer der nachhaltigsten und klimaschonendsten Methoden zur Stromgewinnung groß geworden, einer, für die der Firmenname heute noch steht: Wasserkraft. Erzeugt in den großen, schnell strömenden Flüssen Nordschwedens. Deswegen hat Lars Göran Joseffsen, der Chef des Konzerns, auch das Image eines Vorzeigeökologen. Inzwischen ist Vattenfall unter anderem Eigentümer und Betreiber des AKW Krümmel bei Hamburg und fiel durch laxe Informationspolitik auf, als es dort 2007 in einem Transformatorengebäude brannte.

Déjà-vu. Zufällig war ich in jenem Jahr ein paar Tage in Linköping gewesen, knapp südlich von Stockholm, am Roxensee. Östra-Götaland, ein weites, sanft gewelltes Bauernland, durchzogen vom Götakanal, der seit über hundert Jahren und über hundert Schleusen Göteborg mit Stockholm verbindet. Kernschweden. Es war wunderschön gewesen in der *Idingstäd säteri*, einem jahrhundertealten Herrensitz (*säteri*), der heute als Tagungszentrum und *vandrarhem* (Jugendherberge) betrieben wird. Und erst Tage später las ich – inzwischen in Schonen – in der Presse, dass es am Tag unserer Abreise einen gravierenden Störfall im nahen Kernkraftwerk Forsmark gegeben hatte. Da kam einem die düstere Kehrseite des Atomstroms selbst rückblickend unangenehm nahe.

Ich weiß, dass ich mich gleichsam auf vermintem Gelände bewege, aber ich war eigentlich nie ein besonders engagierter Gegner der Atomkraft. Als Oberschüler in Deutschland hatte ich 1979 gegen das AKW Brokdorf demonstriert, in Schweden dann (nach 1986) aber lange hingenommen, dass eine Industrienation ohne Öl-, Kohle- und Gasreserven nicht allein von Wasserkraft leben kann. Und das in Sichtweite von Oskarshamn. Wie brüchig diese Anschauung aber ist, wurde mir deutlich, als ich im Sommer 2008 in schwedischen Zeitungen las, dass schwedische Energieexperten und Wirtschaftspolitiker es für denkbar hielten, Schweden – genauer: schwedische Autos – innerhalb von zehn, fünfzehn Jahren mit Treibstoff aus Biomasse von Öleinfuhren unabhängig zu machen. Ach, auf einmal geht's? Noch dient Strom zwar nicht zum Antrieb von Autos, doch Schweden entdeckte plötzlich eine alternative Energiequelle. Das hat mich überrascht: *Die Botschaft hör' ich wohl, allein, mir fehlt der Glaube* (Goethe). Man fragt sich doch, was eigentlich zur Umsetzung des Ausstiegsbeschlusses sonst noch entwickelt wurde. Was mich schon lange wundert, ist die im Gegensatz zu Deutschland auffällige Geduld der Schweden: Die radioaktive Wolke, die von Tschernobyl in der Ukraine nordwärts trieb, über den schwedischen Wäldern abregnete und Pilze, Heidelbeeren und Elche auf Jahre verstrahlte, raubte den Schweden gleich drei nationale Lustbarkeiten: Elche, Elche, Elche. Für zwei Jahre fielen die Jagdsaison und das Elchfleisch praktisch aus, unser dörfliches Gemeinschaftskühlhaus blieb in jenen Jahren fast leer. Der Protest hielt sich jedoch in engen Grenzen: Man schimpfte auf die Russen (nach russischen U-Booten waren jetzt russische Kernkraftwerke Feindbild Nummer eins), auf den Wind, der in jenen Tagen mal aus Süd und nicht wie sonst aus West gekommen war, auf die Regierung, die nur täglich neue Verbote aussprach und keine Entschädigung leistete – aber nicht auf die heimischen Kernkraftwerke: Ich kann mich nicht erinnern, dass irgendein Öländer im Zusammenhang mit Tschernobyl das nahe Oskarshamn erwähnte. Das schien etwas ganz anderes zu sein, ein schwedisches Kernkraftwerk eben – und insofern unvergleichlich.

Trotz des Ausstiegsbeschlusses nahm man hin, dass Forsmark und Oskarshamn mit Volllast am Netz blieben und dass niemand in Regierung und Energiewirtschaft öffentlich darüber nachdachte, was denn nach der Kernenergie kommen sollte. Stattdessen pochte man auf die Sicherheit der eigenen Anlagen Es schien undenkbar zu sein, im Zusammenhang mit Tschernobyl schwedische AKWs zu erwähnen. Ausführliche Presseberichte erläuterten im Detail, was in Tschernobyl alles versagt hatte, immer auf den Schlusssatz hinauslaufend: In Schweden wäre so ein Unglück schlicht undenkbar. In Deutschland wären schnell kritische Gegengutachten veröffentlicht worden, in Schweden aber nicht. Die Debatte in den Medien war ausführlich und in vielem kontrovers – doch in einem waren sich (beinahe) alle einig: Das Reaktorunglück war zwar schockierend, die Folgen waren zwar bestürzend und gravierend, der radioaktive Fallout war zwar bedrohlich – aber es war ein ausländisches und kein schwedisches Problem. Die deutsche Atomindustrie vertrat im Prinzip den gleichen Standpunkt, doch im Gegensatz zur schwedischen wurde ihr nicht geglaubt.

Wenn es einen Zusammenhang, eine Gemeinsamkeit zwischen der unglaublich blauäugigen Präsentation des Atommüllfrachters im Yachthafen von Borgholm und den Störfällen in Forsmark und Krümmel gibt, dann besteht sie vielleicht in der für Deutsche überraschenden politischen Akzeptanz der Versicherungen der Kerntechniker und einer ungewohnten Informationspolitik. Um es pointiert zu sagen: In Schweden schlägt man Alarm, wenn es brennt; in Deutschland dagegen schon, wenn jemand beim Zündeln erwischt wird. Nach vielen Jahren in Schweden und der merkwürdigen Besichtigung eines Atommüllfrachters als sommerliches »Event« in Borgholm, nach dem erst spät bekannt gegebenen Störfall in Forsmark und dem »Abwarten« des schwedischen Betreibers des AKWs Krümmel, habe ich den vagen Verdacht, dass man im Norden mit der Kerntechnik trotz Tschernobyl so umgeht, als würde beim neuesten Automodell überraschenderweise der Auspuffkrümmer die elektronische Motorsteuerung zu stark erhitzen und während der Fahrt gelegentliche, unerwartete Ausfälle verursachen.

Als mir das mit meinem nagelneuen Volvo passierte, erlebte ich ein paar gefährliche Beinaheunfälle. Ein Konstruktionsfehler, hieß es. Er ließe sich beheben, sicher, allerdings auf Kosten des Kunden. Nun ja. Das fehlerhafte Auto konnte ich zum Glück verkaufen.

Es hat mich dann nicht überrascht, dass ein Jahr vor Ablauf der nach dem Volksentscheid zum Atomausstieg definierten Restlaufzeit bis 2010 die schwedische Regierung den »historischen« Beschluss fasste, aus dem Ausstieg wieder auszusteigen und neue Kernkraftwerke bauen zu lassen. Das Klimaproblem, hieß es Anfang 2009 seitens der bürgerlichen Koalitionsregierung, hätte die Akzeptanz der Bevölkerung gegenüber der Kernenergie deutlich erhöht. Aufgefallen ist mir eine Bemerkung der konservativen Politikerin Maud Olofsson (von der *Centerpartiet*) nach ihrer Zustimmung zum Beschluss: Sie denke dabei besonders an ihre Kinder und Enkelkinder. Ein eindrucksvoller Beleg, für wie sicher die Schweden ihre Kernkraftwerke halten. Ihre Partei hatte sich zuvor allerdings lange gegen die Kernenergie gewehrt. Und dass Ministerpräsident Fredrik Reinfeldt zugleich versicherte, nun auch Windkraft und erneuerbare Energien fördern zu wollen, wirkt nach 30 Jahren des Festhaltens am alten Kurs – trotz Ausstiegsbeschluss – etwas matt.

Zeit, den »Gefahrgut« signalisierenden orangefarbenen Atommüllfrachter mal wieder auf PR-Tour zu schicken. Zur Besichtigung durch die Enkel.

Das Schweigen der Steine

Thorsborg auf Gotland — Der schwedische Superlativ — Rätselhafte
Monumente: Ismanstorp und Eketorp auf Öland — Runensteine
und Schiffe — Glashütten — Kunst und Können — Ulf Lundells Hymne

Schweden braucht sich nicht zu verstecken! Leider tut es das
manchmal. Das kann dann sehr ärgerlich sein. Mir fällt da
wieder die *Thorsborg* auf Gotland ein. Gotland ist – anders als
Öland – recht waldreich, besonders im Südosten der großen
Ostseeinsel. An einem sehr heißen Sommertag lenkte ich meinen klapperigen Kombi tief in den Kiefern- und Fichtenwald,
auf der Suche nach der in jedem Inselführer hervorgehobenen
größten früheisenzeitlichen Fluchtburg Skandinaviens. Das
war – auf der Landstraße von Ljugarn an der Ostküste kommend – nicht weiter schwierig, ungefähr jeden (gefühlten)
Kilometer fand sich ein entsprechender Hinweis: *Thorsborg –
Sveriges största järnålder-fornborg!* (Thorsburg – Schwedens
größte eisenzeitliche Fluchtburg!) Fluchtburgen sind eine Besonderheit des nordischen Ostseeraumes; meist kreisrunde,
mit steinernen, einst palisadenbewehrten Ringmauern umgebene Siedlungsruinen aus der Zeit zwischen 300 und etwa
1000 nach Christus, die nicht ständig besiedelt waren, aber
wieder und wieder auf- und umgebaut wurden. Einige kannte
ich schon von Öland. Manchmal finden sich nur kreisrunde
Trümmerhaufen (*Löts fornborg*), manchmal starke Mauerrin-
ge mit Tortürmen, aber ohne erhaltene Häuserfundamente
(*Gråborg*). Bemerkenswert ist *Ismanstorps borg* – zahlreiche erhaltene Hausfundamente und merkwürdig viele Zugänge in
der Ringmauer (vielleicht eine Kultstätte?) – und natürlich

224

Eketorps borg, am besten erhalten und zum Teil wieder aufgebaut.

Doch die größte von allen sollte die Thorsburg auf Gotland
sein. Über diese steinernen Ringwälle gibt es keine schriftlichen
Überlieferungen. Grabungen und Rekonstruktionen haben erwiesen, dass sie meist jahrhundertelang genutzt wurden, doch
niemand weiß genau, warum und wozu. Das regt die Phantasie
an. Ein Parkplatz verriet mir, dass ich mich nur noch wenige
hundert Meter vom größten eisenzeitlichen Monument Schwedens entfernt befand. Die Spannung wuchs, also hinein in den
dichten, sommerlich warmen Wald, ein ausgetretener Pfad
wies den Weg. Ich stolperte über Baumwurzeln, kraxelte mühsam einen bröckeligen Kalksteinhang hoch, fand ein rätselhaf-
tes Schild mit der Aufschrift *Tjängvide luke*, stolperte weiter
über die Wurzeln dicht an dicht stehender Fichten, immer in
der Erwartung, gleich die Thorsburg zu erblicken. Der Pfad endete an einem hölzernen Aussichtsturm ohne weitere, erklä-
rende Beschilderung. Von oben hatte man einen grandiosen
Blick über das waldige Südostgotland. Schön, nur wo war verdammt noch mal die Burg?

Die Antwort lautete: Ich befand mich schon mitten drin. Die
Thorsburg ist unsichtbar, weil sie seit 1000 Jahren von dichtem
Wald überwachsen ist. Man sieht sie auch nicht vom Aussichtsturm aus. Der heutige bewaldete Krabbelpfad *Tjängvide luke*
war vor 1000 Jahren mal einer der Zugänge zu einer Fluchtburg auf einem erhöhten Kalkplateau. Damals hatte es hier
keinen Wald gegeben, und nur, wenn man sich den Wald weg-
dachte, konnte man sich vage ein etwa 15 Meter über die Umgebung herausragendes Plateau vorstellen, das nur von einer
Seite aus zugänglich gewesen war. Erkennen konnte man leider nichts. Man stand sozusagen »im Wald«. Nach längerem,
Schweiß treibendem Umherirren zwischen den Bäumen stieß

ich auf einen halbrunden, verfallenen Kalksteinwall mit einer anderen »Luke«. Jetzt erschloss sich mir zumindest das Wort Luke. Diese Öffnung führte zu einem anderen Parkplatz, und schließlich entdeckte ich noch einen dritten mitten im Wald. Man kann nicht meckern: Verkehrstechnisch war die Thorsburg perfekt erschlossen. Dass sie dennoch faktisch unsichtbar ist, liegt wahrscheinlich an der schwedischen Achtsamkeit im Umgang mit den nationalen Kulturdenkmälern: Was mögen die Archäologen nicht alles entdeckt – und für künftige Generationen wieder zugedeckt haben! Wenn ich heute das größte eisenzeitliche Monument Schwedens beschreiben sollte, würde ich sagen: Es ist gut ausgeschildert!

Nach einigem Suchen fand ich *Tjängvide luke* wieder, schließlich auch mein Auto, und fuhr zur Küste. Das Meer hat einen großen Vorteil: Es lässt sich kaum verfehlen!

Mein Erlebnis auf Gotland – das erst seit 1697 zu Schweden gehört, davor war die Insel mal im Besitz Dänemarks, der Hanse oder der Piraten – ist kein Einzelfall. Das heutige Schweden ist eine vergleichsweise junge Nation, als unabhängiger schwedischer Staat erst knapp fünfhundert Jahre alt. Während sich in Deutschland auf jedem Höhenzug eine 1000-jährige Burg, ein 2000-jähriges Römerkastell oder – weiter unten – 3000-jährige Pfahlbauten finden, genießen die wenigen erhaltenen Altertümer Schwedens eine große Aufmerksamkeit.

Das liegt wohl auch an einer sprachlichen Besonderheit, der schwedischen Neigung zu Superlativen. Die »größte« Thorsburg hatten wir ja schon, die Schlossruine Borgholm ist natürlich *nordens schönaste ruin* (die schönste Ruine des Nordens), erhaltene Schlösser sind entweder *praktful* (prächtig) oder *pampig* (pompös), die nach über dreihundert Jahren im Hafenschlick Stockholms fast unversehrt geborgene *Vasa* ist *Sveriges största orlogskepp* (Schwedens größtes Kriegsschiff), was nicht stimmt; und für eine Führung bedankt man sich hier nicht mit einem *stor tack*, einem großen Dank, sondern einem *jettestor tack*, einem riesengroßen Dank.

Wir sind in Deutschland in einer vergleichsweise beneidenswerten Lage: Schon um 500 vor Christus waren den alten Römern die gefährlich unruhigen Gesellen nördlich der Alpen recht gut bekannt – und das hatte zur Folge, dass die Germanen aufmerksam beobachtet und immer wieder beschrieben wurden. Um 50 vor Christus ließ Julius Cäsar die erste Brücke über den Rhein schlagen und erschreckte die römische Öffentlichkeit mit dramatischen Kriegsberichten aus dem nördlichen Urwald, darunter auch die erste Beschreibung der Elchjagd, ein im Lateinunterricht noch heute gern gelesenes Stück Jägerlatein. Von Skandinavien wussten die Römer allerdings nichts. Deshalb gibt es auch keine schriftlichen Zeugnisse über das alte Schweden.

Was den Besuch der im nachgewachsenen Wald versunkenen, spätantiken oder frühmittelalterlichen Thorsburg so gespenstisch machte, waren nicht nur deren Unsichtbarkeit, sondern auch die vielen mit dieser großen Anlage verbundenen Fragezeichen. Es gibt keinerlei Aufzeichnungen über Bau, Funktion und Schicksal dieser oder ähnlicher Anlagen. Obwohl in historischer Zeit entstanden, fehlt jegliche Überlieferung.

Ein anderes Beispiel: Mitten auf der Ostseeinsel Öland liegt *Ismanstorp borg*, heute auch im Wald verborgen, aber viel kleiner und nicht vom Wald überwachsen. Ismanstorp ist ein rund einhundert Meter durchmessender, verfallener Steinkreis mit zahllosen, gut erkennbaren und radial angelegten Hausfundamenten samt zentralem Brunnenschacht und nicht weniger als sieben angelegten Zugängen in der einstigen Ringmauer. Auch *Ismanstorps borg* stammt aus dem frühen Mittelalter, der Zeit um 500 nach Christus, als das römische Reich unterging. Ismanstorp sieht aus wie eine Fluchtburg aus der Völkerwanderungszeit – doch warum hatten die Errichter gleich sieben Zugänge angelegt?

Zwanzig Kilometer südlich von Ismanstorp steht das zu zwei Dritteln wieder aufgebaute Eketorp, heute eines der bedeutendsten Vorzeitdenkmale und Touristenziele Ölands. Eketorp ähnelt dem kleineren Ismanstorp und der viel größeren Thorsburg auf Gotland. Im Museum von Eketorp werden zahllose Grabungsfunde ausgestellt – doch die entscheidende Frage beantwortet auch Eketorp nicht: Wozu? Als Eketorp auf Öland und die Thorsburg auf Gotland gebaut wurden, waren das römische *Colonia Aggripina* (Köln) und *Londinium* (London) schon ein paar Jahrhunderte alt. Über diese Städte wissen wir einiges – über die alten schwedischen Festungen jedoch nichts.

Denn es gibt über sie keine Quellen, keine schriftlichen Zeugnisse. Die Festungsruinen verraten nur, dass sich in den ersten 1000 Jahren der christlichen Zeitrechnung dramatische Vorgänge im hohen Norden abgespielt haben müssen. Denn ohne Grund hätten die schwedischen Ureinwohner wohl kaum diese großen, steinernen Festungen angelegt – Jahrhunderte vor dem Erscheinen der Wikinger in Mitteleuropa.

Schweden schweigt. Weder die alten Griechen noch die Römer wussten etwas von Skandinavien. Der Norden Europas war selbst ihrem besten Geografen, Claudius Ptolemäus, unbekannt, und auf den ältesten Kartendarstellungen Europas fehlt die große skandinavische Halbinsel. Es bestand eine merkwürdige »Ungleichzeitigkeit«: Während in Franken christliche Mönche bereits eifrig Chroniken der Könige aus dem Geschlecht der Merowinger schrieben, lag ganz Skandinavien noch im Nebel der Vorzeit.

In den alten Fluchtburgen wurden auch keine Runensteine gefunden. Die Runen sind erst spät, nach der Begegnung der Wikinger mit der christlich-römischen Kultur entstanden und von dieser beeinflusst worden. Älter sind die *ritsningar*, die Steinritzungen, wie man sie aus dem bronzezeitlichen (also noch vor Christi Geburt entstandenen) Kammergrab von Kivik in der Nähe von Simrishamn, Schonen, kennt. Diese auch von anderen Orten bekannten Steinritzungen deuten Menschen, Schiffe, Streitwagen mit Pferden und Geräte an, die man für Luren (alte Blasinstrumente) halten kann. Sie lassen erkennen, dass im Norden schon lange vor Christi Geburt nach eigenen Ausdrucksformen gesucht und besonders an der Entwicklung seetüchtiger Schiffe gearbeitet wurde.

Aber auch das war ein langer Prozess. Die Skandinavier entdeckten eine elastische, schnittige Schiffsform aus überlappend verbundenen Holzplanken, die selbst starkem Seegang standhielt und sowohl gerudert als auch gesegelt eine bislang unerreichte Geschwindigkeit und Wetterfestigkeit erreichte. Sie begriffen schnell, was für einen Vorteil ihnen diese an Bug und Heck spitz zulaufenden, hochseetüchigen Schiffe boten. Noch bis in die Völkerwanderungszeit hinein navigierten sie zwar entlang der nordischen Küsten – orientiert an Landmarken wie dem nahe Kivik steil aus dem Meer ragenden Urberg *Stenhuvud* (Steinkopf) oder dem an der Westküste Schwedens gelegenen *Kullaberg* (Kugelberg) –, doch um 700 nach Christus wagten sie sich auf das offene Meer – und entdeckten Europa, Island, Grönland und schließlich sogar Amerika. Aus dieser Zeit stammen die ersten Runensteine. Was den frühen Skandinaviern ihre Schiffe bedeuteten, lässt sich an den zahlreichen sogenannten Schiffssetzungen ermessen, Steinsetzungen in spitzen Schiffsformen, deren größte, *Ales stenar*, in Schonen zu finden ist: einst sechzig an den vorn und achtern angedeuteten Steven bis zu vier Meter hohe Findlinge auf einem weithin sichtbaren Hügel.

Die späteren Runensteine dagegen stehen meist allein, oft noch immer im Zentrum alter Siedlungen, wie zum Beispiel der über vier Meter hohe, mit einer verschlungenen Schlange geschmückte Runenstein von Köpingsvik (Öland), vielfach aber auch – wie der *Karlevi-sten* (Öland) – scheinbar zufällig inmitten von Wiesen und Weiden, stets nah am Meer, den einstigen Hafen- und Lagerplätzen.

Es gibt ein Verkehrszeichen, das auf Kunst- und Kulturdenkmäler hinweist: ᚼ Es sagt nichts darüber aus, was einen erwartet – das muss man schon selbst anhand von Karten und Beschreibungen herausfinden, doch dieses Zeichen am Wegesrand lohnt einen neugierigen Blick – selbst wenn sich das so gekennzeichnete Kulturgut nicht gleich zeigen sollte.

Eindrucksvoll gelungen ist die Präsentation der schwedischen Glaskunst, die vor Jahrhunderten tief im Wald von Småland entstand, begünstigt durch den Fund geeigneten Quarzsandes in einem holzreichen Gebiet. Ein Dutzend berühmte Glasbläsereien, darunter weltbekannte Glashütten wie Orrefors, Kosta-Boda und Johannfors, liegen in einem ungefähr 50 Kilometer durchmessenden *glasriket*, dem Glasreich, beisammen und ziehen Liebhaber und Touristen aus aller Welt an. Holz ist aber nicht nur Brennstoff, sondern ebenso Zellstoff, und so findet sich im nahen Lessebo auch ein altes Zentrum der Papiererzeugung samt Papiermuseum. Schweden lieben Museen, und mancher deutsche Museumsleiter würde sich so andächtige Bewunderer wünschen, aber die schwedische Sprache unterscheidet nicht zwischen »Kunst« und »Kunsthandwerk«: In Schweden ist alles jenseits von Gebrauchsartikeln *konst*. Und da die Sprache nicht unterscheidet, fällt es meinen schwedischen Freunden sehr schwer, nachzuvollziehen, warum ich, der Deutsche aus Berlin, ihre Begeisterung manchmal nicht ganz teile.

Als Deutscher in Schweden steht man manchmal vor dem Problem: Wie erklärt man einen fehlenden Begriff? Vielleicht so: Die deutsche Sprache ist strenger und trennschärfer als das Schwedische. Es ist wie mit dem *bordschick*, den Tischmanieren: Die Deutschen haben den Knigge, die Regel, den festgelegten Anspruch, die Schweden ihren Konsens. Vorgegebener Anspruch – oder allgemeiner Brauch? Wir unterscheiden gern, gliedern, zerlegen, sind gerade bei »Kunst« sehr anspruchsvoll, legen hohe, von uns selbst oft nicht ganz verstandene Maßstäbe an. Da ist Schweden tolerant. Kunst ist – anders als in Deutschland – nie elitär, sondern »schön«. So wird alles besonders Schöne zur *konst*. Und damit sind wir wieder in der heilen Welt angelangt: Ich glaube, die Schweden haben ein gemeinsames, nationales Schönheitsideal, einen im besten Sinn kindlichen Beharrungswillen, eine Bereitschaft zur Traditionspflege, die weit über alles hinausgeht, was ich in Deutschland kenne.

Dazu passen die verbreiteten Museumsdörfer in Schweden: Besonders gut erhaltene alte Dorf- und Bauernhäuser werden komplett demontiert, alle Bauteile nummeriert und dann wieder in einem Museumsdorf zusammengesetzt. Das größte dieser nationalen Erinnerungsdörfer der Schweden steht mitten in Stockholm, im Park Skansen, und hier kann man sich mitten in der Großstadt wie auf dem Dorf fühlen, um zwei- bis dreihundert Jahre in der Zeit zurückversetzt. Häuser aus allen Landesteilen wurden hier wieder aufgebaut, und ein Besuch in Skansen vermittelt Besuchern selbst bei einem nur kurzen Aufenthalt in Stockholm einen stimmungsvollen Eindruck vom alten Schweden. Bei der Einkehr in das *värdshus*, in ein nach Skansen versetztes altes Wirtshaus, war ich überrascht, von einer jungen Schwedin in traditioneller Tracht am Tisch bedient zu werden – eine in Schweden tatsächlich schon ganz aus der Mode gekommene Sitte. Das Museumsdorf auf Öland – wir haben natürlich auch eines! – heißt Himmelsberga, liegt mitten auf der Insel, ganz in der Nähe von *Ismanstorp borg*, und weist vier authentisch wieder aufgebaute Inselgehöfte, viele alte Gerätschaften und eine klassische öländische Bockwindmühle auf. Im Sommer finden hier Freilichtaufführungen und kleine Konzerte statt, und im größten Hof werden Werke öländischer Künstler ausgestellt. Wenn wir von einem Besuch in Kalmar wieder zurück auf die Insel kommen, legen wir oft eine Pause in Himmelsberga ein: Schöner als unter den Bäumen im Innenhof des alten, falunroten Haupthauses kann man nicht Kaffee trinken und Zimtgebäck essen!

Der schwedische Rocksänger Ulf Lundell hat vor zwanzig Jahren eine poetische Hymne auf dieses schwedische Lebensgefühl gesungen, *Öppna landskap*, das offene Land, eine raue, knorrige Elegie über dieses Leben im weiten Bauerland, nah der Küste, in stillen Dörfern, in denen (natürlich!) niemand einbricht oder stiehlt, wo man den Branntwein selber brennt und die Nachbarn fröhlich feiern hört, ein Lied, das viele auch heute noch für die heimliche Nationalhymne halten. Kennengelernt habe ich es allerdings nicht in Schweden, sondern in Berlin. Durch Mats, er lehrte Schwedisch an der Volkshochschule Berlin-Spandau – ein paar Kurse Schwedischunterricht hatte ich nach den ersten peinlichen Fehlern dann doch genommen. Für Mats war dieser Song genau richtig zum Verständnis des schwedischen Lebensgefühls gewesen, und ich übersetzte mir die Verse: »Dann wind ich einen Kranz aus

Laub und leg ihn auf den nahen Stein, den Runen zieren, Nachrichten aus alter Zeit.« In den großen alten Fluchtburgruinen auf Gotland und Öland gibt es keine Runensteine, doch irgendwo in den Kartoffelfeldern von Südöland, nah der Sundküste, steht der schmucklose, nur etwa 1,50 Meter hohe *Karlevi-sten*, voller eingeritzter Runen, ein Gedicht, das seit über tausend Jahren von einem hier begrabenen Wikingerfürsten kündet, einem Seekönig aus Dänemark. *Flestr vissi that*, die meisten wissen es, wie der unbekannte Skalde in den Stein ritzte, doch heute weiß es niemand mehr – und ich dachte wieder an die riesige, inzwischen fast unsichtbare Thorsburg auf Gotland.

Mord und Totschlag
Schwedens Presse: Faszination des Grauens — Schwedenkrimi:
Zerstörung der heilen Welt — Henning Mankells Ystad —
Abschaffung der Prostitution — Stieg Larssons Helden

Der Teufel, das Böse und die Versuchung beschäftigen die Schweden mehr als die Deutschen. In Schweden sind Probleme zum Beispiel nicht etwa groß, sondern *djävulskt* – teuflisch! Und die schwedischen Boulevardzeitungen schreiben mehr über grausige Verbrechen als über politische Skandale. Bei jeder Bluttat, bei jedem Mord ergehen sich die Journalisten der Yellow Press reflexhaft in reißerischen Spekulationen über Ursachen, Hergang und Hintergründe. Der Literatur gegenüber hat die Presse den Vorteil realer Ereignisse, doch man merkt oft schon den Schlagzeilen an, dass es weniger um das konkrete Geschehen als um das Grauen über den Einbruch des Bösen in die so geordnete schwedische Welt geht. Schweden kultiviert die »heile Welt« ganz massiv, als Teil des nationalen *folkhemmet*, des »Volksheims«, in dem selbst die Ruinen der blutig-gewalttätigen Vergangenheit kaum anderes als pittoreske Versatzstücke der Landeskultur und deren Geschichte sind. Kulissen eben.

Man hat das Gefühl, die schwedischen Boulevardblätter überböten sich jedes Mal darin, die Bluttat so grausig wie möglich darzustellen. Wenn man verfolgt, wie sich die beiden großen, überregionalen Boulevardblätter *Aftonbladet* und *Expressen* mit Titelseiten und mit gefühlvollen Hintergrundberichten über mehrere Tage auf tragische Verkehrsunfälle stürzen und sofort subtil Täter- und Opferrollen verteilen (»Frau – zwei Kinder!! –

starb bei Verkehrsunfall – Unglücksfahrer hält sich für unschuldig!«), fragt man sich unwillkürlich, worum es eigentlich geht: Um einen Verkehrsunfall – oder um Schuld und Sühne? Das kennen wir auch hierzulande, doch wenn am nächsten Tag selbst die großen seriösen Tageszeitungen auf ihren Titelseiten Kurzmeldungen wie diese bringen: »Neue Entwicklung bei Todesfahrt in Byxelkrok: Verursacher ist polizeibekannt«, ahnt man, dass unsere Nachbarn im Norden nicht einfach nur sensationslüstern sind, sondern gespannt Anteil nehmen, wie sich der »Fall« aufklärt und ob hinter dem scheinbaren Unglück nicht doch ein Verbrechen, das Böse eben, steht.

Das ist offenbar so interessant, dass eine wachsende Zahl schwedischer Autoren begann, dies faszinierte und auch lustvolle Grausen über die verbrecherische Zerstörung der heilen Welt in Kriminalromanen – die in Schweden *deckar* heißen – zu verarbeiten. Ganz im Stil der gewohnten Berichterstattung: je drastischer, je reißerischer und brutaler, desto besser.

Im Jahr 2007 veröffentlichte der schwedische Autor Jan Theorin einen Kriminalroman, der auf »meiner« Insel spielt; der Roman heißt auch *Öland*, zumindest in der deutschen Übersetzung. Der schwedische Autor beschreibt Öland darin als eine düstere, fast verwunschene Insel, auf der im Nebel schreckliche Verbrechen geschehen, düstere Bluttaten, Mord und weit in die Vergangenheit reichendes, lang hinwirkendes Unrecht. Öland? Düster und neblig? Ausgerechnet die »Insel der Sonne und des Windes«? Abgesehen davon, dass der Autor kundig ist und ich jeden seiner literarischen Schritte auf der Insel nachvollziehen konnte: Was ging da vor? Wieso erscheint dem schwedischen Autor die eigentlich so lichte, weite Insel so düster, schwer und verhängnisvoll?

Nach Selma Lagerlöfs *Nils Holgersson*, nach Axel Munthe

und Astrid Lindgren nur noch Mord und Totschlag in Schweden? Das Ehepaar Sjöwall/Wallhö, Henning Mankell und nun Jan Theorin und Stieg Larsson: Schwedische Kriminalromane erfreuen sich seit längerem größter Beliebtheit, ja sind geradezu zu einem »Exportschlager« des Landes geworden. Worin liegt also ihr besonderer Reiz? Vielleicht in der mutwilligen Zerstörung der heilen Welt, im Einbruch des verdrängten Bösen in die schwedische »Puppenstube«, in dem Kontrast zwischen der sehr geschlossenen, sehr kontrollierten, ja moderaten schwedischen Gesellschaft und der blutigen Gewalttat, dem ultimativen Regelbruch. Es sind finstere Phantasien in einer oberflächlich wohlgeordneten Welt – für die Schweden faszinierende Langfassungen der beliebten Kriminalnachrichten aus der Tagespresse und für die übrige Welt schon deshalb schockierende Storys, weil sie ein Schweden zeigen, das wir nicht vermutet hätten, ein abgründiges, das anders als die allgemeine Wahrnehmung von Schweden ist.

Umso mehr, wenn der Krimi die Berichterstattung der Zeitung fortzusetzen scheint und sich als wahre Geschichte gebärdet. Die weit über Schweden hinaus erfolgreiche Krimiautorin Liza Marklund hat das versucht und 1995 mit ihrem auch in Deutschland erschienenen Roman *Mia – Ein Leben im Versteck* eine scheinbar authentische Geschichte veröffentlicht, die von der als Co-Autorin benannten Frau »Mia« erzählt, die vor ihrem gewalttätigen libanesischen Mann in den Untergrund und ins Ausland fliehen musste.

Die Aufregung, die in Schweden 2008 die Meldung auslöste, dass Liza Marklund ihren Roman nicht nach einer wahren Geschichte geschrieben, sondern frei erfunden hatte, war gewaltig. Es ging nicht an, dass eine Autorin einen Roman als »wahr« verkaufte und der Nation in ihrem Kampf für das Gute eine erfundene Geschichte präsentierte. Durch ihre Entschuldigung, dass ihre Geschichte »nicht bis ins kleinste Detail« zutreffend sei, belegte Marklund den Zusammenhang der so überaus erfolgreichen schwedischen Kriminalromane mit den als »wahr« empfundenen Presseberichten: Die Leser wollen den Kampf des Guten gegen das Böse sehen oder davon lesen – je glaubwürdiger und realistischer, desto höher die Auflage. Doch Erfindung muss Erfindung bleiben.

Dabei ist die Wirkung von Stieg Larssons, Jan Theorins und Henning Mankells Romanen im Ausland sogar größer als in Schweden selbst: Die Schweden genießen mit wohligem Schauer alle Nachrichten in der Presse über finstere Bluttaten, über Katastrophen im Privatleben. Der Krimi verlängert und intensiviert diesen abgründigen Reiz, diesen Grusel über das Böse im sonst so heilen, beschützten Alltag. Politische Romane, mit denen in den letzten Jahren besonders amerikanische Autoren glänzten, kommen in Schweden weniger gut als in Deutschland an. Deutschland scheint politischer zu sein, auch Frank Schätzings Bestseller *Der Schwarm* verarbeitete ein umweltpolitisches Thema. Das Verbrechen an sich, die Bluttat, der perfide oder bizarre Mord ist offenbar die Domäne der Schweden. Kein Wunder auch, dass sich Schwedens finstere Phantasie weniger in Stockholm – der einzigen Großstadt –, sondern mehr in der »heilen« Provinz auslebt: Henning Mankell stellt sich seinen Kommissar Wallander in Ystad vor, einem Provinznest an der schwedischen Südküste. Das ist der wahre Schocker, das Schlimmste, was Schweden sich vorstellen können: Der Verlust der Sicherheit in der heilen Welt, darum malte Theorin sein Öland auch so bedrohlich finster. Stockholm als Schauplatz von Verbrechen ist schon nicht mehr so aufregend, die Schweden gehen davon aus, dass das Böse eher in der Großstadt zu Hause ist. Ganz besonders in Kopenhagen – Kopenhagen ist eine schon fast unskandinavische Weltstadt, liegt damit knapp außerhalb des *vi svenskar*-Kosmos – und dort ist anscheinend alles vorstellbar. Übrigens: Das südschwedische Städtchen Ystad wurde durch Mankells Romane in den neunziger Jahren eine Touristenattraktion: Die Leser können hier alle Plätze, Restaurants und Straßen aus der Romanwelt wiedererkennen. Selbst den gedachten Wohnsitz des Kommissars Kurt Wallander, das rote Backsteinhaus in der Mariagatan 10. So wie in London noch immer viele Touristen den Wohnsitz Sherlock Holmes in der Bakerstreet suchen.

Das Verbrechen in der Provinz ist spannender als in der großen Stadt. Der Unterschied zwischen Stadt und Land ist besonders in Schweden viel ausgeprägter als in Deutschland. Das künstlerische und kulturelle Leben in Stockholm, Göteborg, Malmö und den alten Universitätsstädten Lund und Uppsala unterscheidet sich wenig von dem aller anderen europäischen Groß- und Universitätsstädte, doch es fällt einem auf dem Land immer wieder die schiere Distanz auf, die große Ferne, die es Sven Standardsvensson so schwer macht, am gesellschaftlichen Leben teilzuhaben. Das von den Schweden sehr früh schon als Chance begriffene Internet erleichtert zwar Kommunikation und Austausch, ersetzt aber nicht das Erleben.

Doch ein Kapitel über Schwedens Krimis wäre unvollständig, ohne einen Blick auf die zurzeit erfolgreichste Krimiserie überhaupt zu werfen: die Trilogie von Stieg Larsson. Im Mittelstück – *Verdammnis* – geht es um Mädchenhandel.

In Schweden ist die Prostitution inzwischen verboten: Freier riskieren bis zu sechs Monate Haft, Zuhälter sechs Jahre und Mädchenhändler bis zu 10 Jahre, wobei das Angebot käuflicher Liebe straffrei bleibt (»Glückliche Huren gibt es nicht«, titelte der SPIEGEL am 11.11.2007 einen Bericht über die abnehmende Prostitution in Schweden); das Gesetz ist dazu gedacht,

Frauen – und besonders die Opfer von Mädchenhändlern, jüngere Frauen aus osteuropäischen Ländern – und Kinder zu schützen: In einer dem einvernehmlichen Sex unter Erwachsenen schon lange relativ offen und liberal gegenüberstehenden Gesellschaft überrascht uns Deutsche vielleicht die Entschlossenheit, mit der Schweden versucht, mit dem Strafgesetzbuch das »älteste Gewerbe der Welt« abzuschaffen – indem man es rigoros für illegal und kriminell erklärt. Doch es ist wie mit dem Alkohol: Die Kriminalisierung verdrängt die Prostitution aus dem Sichtfeld der Öffentlichkeit in einen schwer zu überwachenden Untergrund aus legalem Angebot – man will die Frauen nicht kriminalisieren – und illegaler Nachfrage.

In Deutschland geht man – wenn auch vorsichtig und bedächtig – zumeist den umgekehrten Weg, um Zwangsprostitution und Mädchenhandel zu verhindern: Indem man kontrollierte legale Freiräume schafft und den freiwilligen, käuflichen Sex zwischen Erwachsenen zu einem zwar sittenwidrigen – in Leistung und Bezahlung also nicht einklagbaren – Gewerbe macht und Bordelle wie Gewerbebetriebe überwacht. Der in engen Grenzen kontrollierte Freiraum soll helfen, jeden Missbrauch umso wirksamer verfolgen zu können. Da über die Praxis die Länder und Kommunen entscheiden, herrschen in Deutschland allerdings uneinheitliche rechtliche Bedingungen. Gesellschaftliches Einvernehmen besteht hingegen – wie in Schweden – gegenüber der Ablehnung jeglichen Missbrauchs, gegenüber Zwang und Schlepperei.

In *Verdammnis* – Originaltitel: Das Mädchen, das mit dem Feuer spielte – hat Stieg Larsson die mörderischen Verbrechen eines Mädchenhändlerringes beschrieben. Schon durch die Wahl seiner Helden – dem schwedischen Enthüllungsjournalisten Mikael Blomquist und dessen skurriler Recherchepartnerin Lisbeth Salander – hat der Autor eine Brücke zur täglich neu aufregenden Quelle nationaler Informationen über das »Böse« geschaffen, den Medien, vor allem den Boulevardblättern. Er vermittelt seinen Lesern das Gefühl, die Abgründe hinter den täglich gern verschlungenen Nachrichten über Verbrechen lesen und so miterleben zu können.

Seine Plots sind fesselnd, dicht und mitreißend, die Figuren seiner Ermittler, des mit einer verheirateten Frau offen liierten Blomquist und der unangepasst-bizarren Lisbeth Salander, überraschend sperrig und ungewohnt.

Und doch fiel mir, dem zeitweilig in Schweden heimischen *tysken*, dem Deutschen, etwas Merkwürdiges auf. In den jeweils umfangreichen, über 600 Seiten umfassenden Romanen bemüht sich Larsson jedes Mal auf den ersten 200 Seiten akribisch, das alltägliche, für alle Schweden im Detail nachvollziehbare Leben seiner Helden darzustellen, deren Wohnungen in Stockholm, in Hütten auf Schären oder verborgen im Wald, deren berufliche Tätigkeiten und private (auch sexuelle) Beziehungen. Dabei erfolgt eine sich in Nebensätzen und kurzen Beschreibungen äußernde Sympathielenkung der Leser: Auch jenseits gesetzlicher Normen werden die Ermittler Blomquist und die merkwürdige Salander dem Leser als moralisch integre Instanzen präsentiert: Sie nutzen die Spielräume der Rechtsordnung Schwedens weit aus, verletzen dabei aber nie – so ein Schlüsselsatz – »Gottes Gesetz«. Dieser Bezug fehlt in den auktorial geschilderten Gedanken der vermeintlich »Bösen« völlig: Das Böse ist in dieser Darstellung immer und jederzeit gottlos, jenseits jeglicher Moral und christlicher Werte.

Dadurch verrät sich zwar noch nicht der Täter, doch für den interessierten Leser engt es die Zahl der Verdächtigen ein: Ein

Verbrechen ist immer gewissenlos, grauenhaft in seiner Überschreitung aller Regeln einer friedlich-bürgerlichen Gesellschaft. Die ermittelnden Helden sind dagegen äußerst moralisch, geradezu gnadenlosalttestamentarisch – Auge um Auge, Zahn um Zahn. Krimitypisch gibt es kaum moralische Grauzonen, der Held geht aufgrund eines hohen Ehrbegriffes schon mal unschuldig ins Gefängnis – um sich später für die erlittene Schmach zu rächen, und der Autor attestiert auch seiner faszinierend unangepassten, sexuell promiskuitiven und latent aggressiven jungen Heldin ausdrücklich hohe moralische Werte.

Das Bild, das Larsson so von der schwedischen Gesellschaft zeichnet, entspricht dem von den Massenmedien bestärkten Selbstbild einer »guten« Gemeinschaft, die durch asoziale, kriminelle Subjekte bedroht und höchstens in Einzelfällen korrumpiert wird. Die ebenso genialische wie einsame Lisbeth Salander, die Larsson zeichnet, ist zwar in ihrer Lebensführung, ihrem misstrauischen, einzelgängerischen und sozial überhaupt nicht integrierten Lebenswandel das krasse Gegenmodell zur schwedischen Gesellschaft, doch wie bei Pippi Langstrumpf versöhnen ihre rigoros kompromisslose Moralität und ihr Herz für alle Leidenden und ungerecht behandelten Mitmenschen die Leser von Anfang an mit deren Privatkrieg gegen die »Schweinehunde« dieser Welt. Erst im zweiten der drei Blomquist-Salander-Romane Larssons fällt dem deutschen Leser allmählich auf, dass er es hier mit einer literarischen Erbin des rachsüchtigen Kapitäns Ahab auf der Jagd nach dem weißen Wal, dem Unheil aus der Tiefe, oder mit, so Larssons Worte, »All dem Bösen« zu tun hat. Doch wie bei Pippi Langstrumpf fragt sich der Leser nach tausend Seiten, woher eine sozial nicht integrierte, rachsüchtige, Gewalt mit Gegengewalt beantwortende junge Frau das umfassende moralische Korsett nimmt, das ihr der Autor bescheinigt. Aus dem Elternhaus stammt es – wie bei Pippilotta – jedenfalls nicht. Doch diese Frage stellt sich den schwedischen Lesern nicht: Larssons Lisbeth Salander ist ein von der Gesellschaft verstoßenes, misshandeltes Kind – was ihre Eigentümlichkeiten erklärt – und dennoch ein liebenswert erfolgreiches, moralisches Produkt eben dieser schwedischen Gesellschaft, ein Engel, wenn auch ein schwarzer, gepierct und tätowiert obendrein.

Den angepassten, erfolgreichen Mainstream der schwedischen Gesellschaft verkörpert dagegen der Journalist Mikael Blomquist, nicht von ungefähr nach Astrid Lindgrens jugendlichem Detektiv Kalle Blomquist benannt. Er verkörpert alle Werte und Ideale der Gesellschaft – und das lässt ihn neben einer markanten Außenseiterin wie Lisbeth Salander blasser erscheinen. Larsson beschreibt seinen Helden Blomquist als einen bis zur Selbstverleugnung aufgeklärten schwedischen Gutmenschen, als skrupulösen, völlig uneitlen Gerechtigkeitsfanatiker, der zwar sexuell nichts »anbrennen« lässt, aber lieber ohne jegliche Regung von Eifersucht oder Besitzanspruch mit älteren, selbstbewussten Frauen ins Bett steigt, als sich von jungen, attraktiven Blondinen verführen zu lassen. Diese Figur hätte als moderner, politisch korrekter »Idealmann« von Alice Schwarzers *Emma* erfunden sein können, und dazu passt, dass der für eine kleine, ambitionierte Zeitschrift tätige Blomquist ein sexuell äußerst tolerantes Verhältnis zur erfolgreichen Herausgeberin dieser Zeitschrift unterhält.

Um Verbrechern das Handwerk zu legen, braucht es in dieser Romanwelt weder die schwedische Polizei noch die staatliche Rechtsordnung – beide schildert der Autor als inkompetent –, sondern die moralische Kraft von Pippi Langstrumpf und Kalle Blomquist. Die schwedischen Originaltitel verraten seinen moralischen Impuls: *Män som hatar Kvinnor* – Männer, die Frauen hassen, und *Luftslottet som sprängdes* – Das Luftschloss, das platzte.

Doch so einfach ist die schwedische Gesellschaft nicht. Der politische Konsens, die Prostitution zu bannen und als kriminellen Übergriff unter Strafe zu stellen, ist eine Sache. Eine ganz andere ist das individuelle, oft sucht- und triebgesteuerte Verhalten, das sich auch in Schweden nicht von dem anderer Gesellschaften unterscheidet. Stieg Larsson – selbst Journalist – wusste das. Anders als Henning Mankell, der seinen Polizeikommissar Kurt Wallander ebenso zornig wie frustriert die Abgründe des Verbrechens ausloten ließ, oder Johan Theorin, der das Böse in alter, nie geklärter Blutschuld schilderte, führt Larsson seine Leser in einem fast presseüblichen, reportagehaft genau chronologisierten Stil bis an die Grenzen des Erträglichen, um schließlich – erlösend – den Sieg der Moral über die Abgrunde der Unmoral zu feiern.

Besuch im Pippilotta-Land
»Astrid Lindgren Värld« in Vimmerby — Heimliche Heimat —
»Niemals Gewalt!« — Astrid Lindgren, die Steuer und der Sturz
der Sozialdemokratie — Petterson und Findus

Ihr Bullerbü wurde »plattgemacht«. Im Grunde war sie nicht
ganz unschuldig daran. Sie hat es natürlich nicht gewollt, im
Gegenteil, sie hat »ihr« Bullerbü konservieren wollen. Ihre heile Welt. Man könnte sagen: Es ist ihr gelungen, aber sie war zu
gut. Ihre so oft beschriebene reale Heimat in dem kleinen
Städtchen Vimmerby in Småland hat sich unter dem übergroßen Einfluss ihrer weltweit beliebten Geschichten, ihrer tref-
fenden Bilder, Typen und unverwechselbaren Heldinnen und
Helden aufgelöst, verflüchtigt.

Näs, den Hof nahe Vimmerby, auf dem Astrid Lindgren
(1907–2002) aufwuchs, gibt es noch, doch ich konnte da nicht
hinkommen: Schlangen von Bussen und Besuchern versperrten den Weg, Astrid Lindgrens Welt wird inzwischen
beherrscht von der *Astrid Lindgren Värld*, einem großen Vergnügungspark nahe Vimmerby. Hier, in diesem Park, hat man
versucht, ihre Welt zu verewigen: Auf Schwedens vermutlich
größter Freilichtbühne können Kinder die Geschichten nachspielen oder sich die Aufführungen anschauen, hier gibt es in
einem großen Wald Pippi Langstrumpfs Villa Kunterbunt
(nicht die einzige übrigens, eine weitere entdeckte ich südlich
von Visby auf der Insel Gotland), Michels Katthult, Ramus'
Scheune und Ronjas Mattisburg.

Angefangen hatte es ganz harmlos mit einer privaten Initiative: Drei Väter bauten 1981 einige zu Lindgrens Geschichten

passende Häuser im Wald, damit ihre Kinder darin die berühmten Erzählungen nachspielen konnten. 2007 – zum hundertjährigen Geburtstag von Astrid Lindgren, die 2002 verstorben war – wurde dann sogar Saltkrokan (nach der Kräheninsel aus Lindgrens 1965 erschienenem Roman *Ferien auf Saltkrokan* benannt) einer staunenden Öffentlichkeit vorgestellt, ein neues Areal mit Elektrowägelchen und lebensgroßen Puppen, ganz wie auf der Kirmes.

Nun gibt es hinter den noch erhaltenen Fassaden des realen Landstädtchens Vimmerby außer der Kommunalverwaltung nur noch »Langstrumpf«- und »Lönneberga«-Produkte, und – hinter einer endlos langen Schlange von Reisebussen – eine neue Welt. Sie ist vollkommen künstlich und dennoch »wahr«, sie ist ein »Planet Pippi« und zugleich die ewig heile Urheimat des *vi-svenskar!*-Gefühls: Astrid Lindgren Värld, ein Marketing- und Tourismusunternehmen, das inzwischen kaum noch Rücksicht auf die freundlichen, bescheidenen, sehr schwedischen und humorvollen Botschaften ihrer Bücher nehmen kann.

Astrid Lindgren Värld« ist ein Unternehmen geworden, das nach den gleichen marktwirtschaftlichen Regeln funktionieren muss wie Disneyland, Legoland oder der Heidepark Soltau. Pippi-Lotta, Michel (in Schweden: »Emil«), Ronja und Karlsson vom Dach sind in dieser Welt Marken, *unique selling propositions*, der Marke »Harry Potter« vergleichbar, mit dem Unterschied, dass sie kaum noch durch Lindgrens Bücher als vielmehr durch »Typen« und deren weltweite Darstellung in Film und Bild geprägt werden. Die Sache hat sich überdreht, ist irgendwann aus dem literarischen Ruder gelaufen: Ungebucht und unangemeldet kann man zwar noch Vimmerby erreichen, aber kaum mehr diesen Tourismus-, Kinder- und Erlebnispark mit angeschlossenem Hotel, Fanshop und Imbissbuden.

Es scheint offenbar nicht anders zu gehen. Wenn eine Idee eine gewisse Größe erreicht, gerinnt sie, wird zur Marke. Und wenn die Entwicklung endet, versteinert sie: Aus Dinosauriern wird »Jurassic Park«, aus Walt Disney wurde Disneyworld, aus Lego wurde Legoland, und aus Pippi Langstrumpf und Karlsson vom Dach eben Astrid Lindgren Värld. Wir denken inzwischen sogar in solchen Strukturen, unwillkürlich suchen wir geradezu danach. Von etwas, das uns fasziniert, muss es mehr geben, dem ersten Eindruck müssen zweite, dritte, hunderte folgen, wir wollen darin eintauchen, uns damit einhüllen. Das ist in Schweden nicht anders als in Deutschland. Ein »Technik-Zentrum« oder eine »Luther-Stadt« reichen uns nicht, wir wollen mindestens ein »Bäderland«, machen es nicht unterhalb einer »World of Warcraft« (Onlinespiel) oder dem »Planet Hollywood« (Burgerbräterei). Kürzlich entdeckte ich eine Drogerie, die sich als »Universum der Schönheit« anpries. Und *Ladbilslandet* (Seifenkistenland) ist ein öländischer Kindervergnügungspark für zweckentfremdete Rasenmähermotoren.

Land, Welt, Planet, Universum – was eine unendliche Ausweitung des Vergnügens verspricht, ist im Gegenteil immer eine radikale, eingezäunte Verdichtung; der Betreiber will nur nicht, dass wir das merken – wir sollen das Gefühl haben, dass es mehr als das, was das Legoland oder die Astrid-Lindgren-Welt zu bieten hat, gar nicht gibt. Wir erwarten »Alles«, das volle Spektrum, bekommen aber nur Sortiment und Registrierkasse. Ich bin zum Beispiel als Kind mit Lego-Bauklötzchen aufgewachsen und erlebte dann als junger Erwachsener in »Legoland«, im dänischen Billund, eine Enttäuschung: »Legoland« war nicht unendliche Vielfalt, sondern ein seltsamer, eingezäunter Plastikrummel mit vielen Imbissen, Fahrgeschäften im Legodesign und einer internationalen Miniatur-Legostadt (»Nicht anfassen, nicht betreten!«), in der für mich noch das

246

Beste die real schwimmenden und ferngesteuerten Lego-Schiffe waren – doch die waren mit dem erhältlichen Legosortiment allerdings so nicht nachbaubar. Die Tour endete (wie immer) in einer großen Verkaufshalle. Ein Factory-Outlet mit Rummelplatz, Hotel und Campingplatz als Reiseziel und Touristenmagnet. Lego hat schon vor dreißig Jahren das »Legoland« als Spitzenprodukt und Krönung des eigenen Sortimentes vermarktet und mit dem Factory-Outlet dafür gesorgt, dass sich der mit Abstand umsatzstärkste Einzelhandelsladen für Legoprodukte stets fest in eigener Hand befand – und mit dem dadurch eingesparten Händlerrabatt zuzüglich des nicht gerade preiswerten Eintrittsgeldes einen wirtschaftlichen Selbstläufer erzeugt. Mehr noch: Für solche Produkt-Länder und -Welten gibt es als Bonus einen zusätzlichen, geradezu unbezahlbaren Nutzen: Sie setzen die Markenwerbung in Bereiche fort, die für kommerzielle Werbung fast unerreichbar sind: Wer nach Dänemark oder Schweden reisen will, wird inzwischen in jedem Reisekatalog, in jedem Reisebüro der Welt auf Lego und Astrid Lindgren hingewiesen – nicht nur als Marke, sondern als Ziel!

Astrid Lindgren Värld ist augenfällig nicht Schweden (das liegt darum herum, gleich vor dem Parktor) und auch nicht Astrid Lindgrens Welt, denn ihre Welt ist immer noch tatsächlich Schweden: Lönneberga gibt es wirklich, Michels und Klein-Idas Småland auch, nahe Visby auf Gotland steht wie gesagt schon eine »Villa Kunterbunt«, alle Schweden machen heute noch am liebsten Ferien auf Saltkrokan ähnlichen Inseln, und durch Ölands Trollskog toben noch immer viele echte Ronjas. Warum es trotzdem so unglaublich viele Schweden zur »Astrid-Lindgren-Värld« zieht, scheint mir an einem anderen, sehr schwedischen und zugleich sehr modernen Phänomen zu liegen, einer Sehnsucht, die wir Deutschen weniger stark empfinden: der Sehnsucht nach der *svensk samhället*, der schwedischen Gemeinschaft, dem ausgeprägten Wohlgefühl, unter sich zu sein, einem Gefühl, das den begrenzenden Parkzaun nicht als Einschränkung, sondern als Schutz empfindet. Die *värld* ist künstlich, ja, alle Schweden wissen das, aber sie ist so herrlich schwedisch! Das ist ihre »Krösa-Maja-Welt«, ihre Großmütterleinwelt, die die Außenwelt, das Fremde, noch stets als bedrohlich wahrgenommen hat.

Pippi Langstrumpf ist trotz aller Unangepasstheit urschwedisch, eine unerzogene, selbstbewusste, abenteuerlustige und kluge Göre, sie ist wie Karlsson vom Dach und Ronja auch ein schwedisches Erziehungsideal. Kinder, die nicht von ihren Eltern, sondern von ihrer Welt erzogen werden, und zwar – Astrid Lindgren musste es gar nicht ausdrücklich erwähnen, jeder Schwede spürt es – von ihrer schwedischen Welt. Ausland ist Taka-Tuka-Land. Pippis verschollener Vater ist in Lindgrens Geschichte ein Seemann (*Vi svenskar är ju ett sjöfolk!*) und soll also in der Welt herumgekommen sein, doch was für eine Welt ist das, die da vor einigen Jahrzehnten in Vimmerby und ursprünglich für schwedische Kinder geschildert wurde? Es ist eine merkwürdige Welt: 90 Prozent Schweden und 10 Prozent Taka-Tuka-Land.

Das mag uns Taka-Tuka-Ausländern vielleicht nicht gefallen, ist aber die tiefere Wahrheit von Astrid Lindgren Värld. Lindgrens Pippilotta ist das egal: Die Idee zu dieser Figur kam der Verfasserin im Winter 1941: Ihre siebenjährige Tochter Karin lag mit einer Lungenentzündung zu Bett und ließ sich von ihrer Mutter mit Geschichten die Langeweile vertreiben: Karin hatte eine Vorliebe für lustige Vornamen, und plötzlich sagte sie ihrer Mutter;: »Erzähl mir von Pippi Langstrumpf!« Der

Anstoß kam also von Töchterchen Karin – Karin Nyman ist heute übrigens eine renommierte Übersetzerin, unter anderem von Peter Härtling –, und Astrid Lindgren dachte sich zu diesem Namen ein fröhliches, vorlautes rothaariges Mädchen aus, das mit seinem Affen und seinem Pferd allein in der Villa Kunterbunt lebt. Sie stattete die Figur mit ihren eigenen Kindheitserlebnissen aus Vimmerby aus.

Das später niedergeschriebene Manuskript der Geschichte schickte sie an den Verlag Albert Bonniers, der es zwar höflich, aber bestimmt, als »zu gewagt« ablehnte. Pippilotta trat also nicht gleich ihren Siegeszug an. Als Schriftstellerin setzte sich Astrid Lindgren erst mit ihrem zweiten Buch durch, *Britt Mari erleichtert ihr Herz,* mit dem sie den zweiten Preis eines Wettbewerbes des Verlags Rabèn & Sjögren gewann. Die Pippi-Langstrumpf – Erzählung, die dann 1945 endlich erschien, war allerdings geglättet, also verharmlost. Das ursprüngliche Manuskript, die »Ur-Pippi« wurde erstmals 2007 in Schweden, Deutschland und anderen Ländern veröffentlicht: In jener Fassung wurden die Erwachsenen für die raue Art, mit der Kinder damals gestraft wurden, noch rüder kritisiert, Pippi selbst erschien ungehobelter und weniger gutmütig und sollte einmal sogar ins Kinderheim gebracht werden.

In Deutschland hatten nicht weniger als fünf Verlage das Manuskript abgelehnt, bevor die deutsche Erstausgabe dann von einem Wissenschaftsverlag herausgebracht wurde. Unwahrscheinlicher geht es kaum. Doch wie das kam, ist eine hübsche Geschichte, auf die mich Edgar Bracht, der kundige Lektor dieses Buches und damit ein Mann »vom Fach«, aufmerksam machte:

»Eines Tages stieß der Hamburger Buchhändler Friedrich Oetinger, der gerade einen Verlag für Sozial- und Wirtschaftswissenschaften aufbaute, in Stockholm in einem Buchhandel auf das Buch und ließ sich von einer Buchhändlerin darüber erzählen. Sie fragte Oetinger, ob er nicht die Autorin selbst kennenlernen wolle, sie wohne ganz in der Nähe. Die Begegnung fand schon zehn Minuten später statt, und Astrid Lindgren berichtete darüber wie folgt: ›Herein trat ein sehr bescheidener Herr, ein sanftmütiger, braunäugiger, freundlich lächelnder Mann, der Franz Schubert auffallend ähnlich sah. Nach einem besonders erfolgreichen Verleger sah er nicht gerade aus. Er war in der Tat sehr dürftig gekleidet, aber während dieser ersten Nachkriegsjahre war es in Deutschland nicht so leicht, elegant gekleidet zu sein. Der sanftmütig Blickende stellte sich vor … und fragte, ob er eine Option für Deutschland bekommen könnte.‹

So kam der Wissenschaftsverlag zu einem Kinderbuchprogramm. Fortan reiste Oetinger mit seiner Frau jeden Sommer nach Schweden und traf sich mit seiner Autorin, die in Deutschland nach einigen Jahren sogar noch mehr Auflagen erreichte als in ihrer Heimat (von den weltweit 130 Millionen verkauften Astrid-Lindgren-Büchern wurden 25 Millionen in Deutschland abgesetzt). Umgekehrt reiste Astrid Lindren, die Deutsch lernte, auch häufig nach Deutschland, wo sie als erste Kinderbuchautorin überhaupt 1978 den Friedenspreis des Deutschen Buchhandels erhielt. Sie bedankte sich mit der berühmten Rede »Niemals Gewalt«, die mit dafür sorgte, dass ein Jahr später in Schweden ein Gesetz erlassen wurde, das die Prügelstrafe und andere elterliche Gewalt verbot – weltweit das erste Gesetz dieser Art, worüber man sich in Deutschland damals noch in Karikaturen lustig machen zu müssen meinte. Immerhin brach diese Rede hierzulande ebenfalls eine überfällige Diskussion vom Zaune. Aber erst im November 2000 wurden körperliche Strafen als Erziehungsmittel auch in Deutschland rechtlich verbannt.«

Ich wusste das bisher nicht, fand aber, dass es nicht fehlen durfte! Wie ich davon erfuhr, bietet gerade an dieser Stelle passenderweise auch einen kleinen Einblick in die enge Zusammenarbeit zwischen einem Autor und seinem Lektor.

Ganz im Gegensatz zum Rummel der Astrid Lindgren Värld war der Kinderbuchautorin – die 1999 den Titel »Beliebteste Schwedin des Jahrhunderts« erhielt – jeglicher Personenkult fremd: sie verbat ihn sich. Ihre Tochter und Erbin musste daran erinnern, als Vimmerby der Dichterin ein Denkmal setzen wollte. Es wurde schließlich doch errichtet, Astrid Lindgren mit ihrer Reiseschreibmaschine in Bronze, auf dem Marktplatz von Vimmerby, aber das Verhältnis der weltberühmten Schriftstellerin zu ihrem Heimatland war nicht ungebrochen.

Ingvar Kamprad, der IKEA-Gründer, war bereits 1973 vor der schwedischen Höchstbesteuerung geflohen, Astrid Lindgren setzte sich 1976 mit ihren Mitteln zur Wehr und schrieb sich ihren Unmut vom Leib. Ohne die Berechtigung einer hohen Besteuerung infrage zu stellen, rechnete sie dem Staat jedoch erzürnt vor, dass sie nach schwedischen Steuergesetzen mehr Steuern zahlen müsse, als sie überhaupt verdiene. Nun, man kann mit dem schwedischen Staat über vieles kontrovers diskutieren, aber nicht über Steuern. Die damals sozialdemokratische schwedische Regierung zeigte der berühmten Schriftstellerin die kalte Schulter, fand einen Steuersatz von 85 Prozent des Einkommens (ohne die Sozialabgaben) berechtigt – und musste erleben, dass die verärgerte Astrid Lindgren erfolgreich zu deren Abwahl aufrief.

Das ist die vielleicht weniger bekannte, politische Seite der Volksschriftstellerin. Aber die unangepasste Kinderwelt, die Astrid Lindgren in ihren Geschichten entfaltete, hat dennoch

Schule gemacht und lebt weiter: Heute erzählt (und zeichnet) Sven Nordqvist die schon bei Kindergartenkindern beliebten Wimmelbildergeschichten von Petterson (im schwedischen Original »Pettson«) und seinem Kater Findus, die auf einem echt lindgrenschen »Bullerbü«- Hof leben, in dem seit 100 Jahren die Zeit stehen geblieben zu sein scheint. Noch immer dringt nichts in diese urschwedische Idylle ein, das sie stören könnte: Kein Auto, kein Radio oder Fernseher, weder Zeitung noch Telefon – und Nordqvists Bilderbücher erfreuen sich einer enormen Nachfrage. Auch in Deutschland.

In gewisser Weise ist Nordqvists Petterson urschwedisch: ein alter, eigenbrötlerischer, total versponnener Kauz, der ganz allein mit seinem sprechenden Kater auf einem Einödhof lebt. Insofern scheint er sich sehr von Astrid Lindgrens Kinderfiguren zu unterscheiden. Doch das ist wohl eine sehr erwachsene Sicht auf diese Figur: Nordqvists Petterson wird gerade deshalb von Kindern heiß und innig geliebt, weil sie ihn nicht als schrägen alten Kauz wahrnehmen, sondern als einen sehr kindlichen Erwachsenen: Petterson betrachtet seine kleine schwedische Bauernhofwelt mit kindlichen Augen und kommt zum großen Vergnügen seiner kindlichen Leser auf kindlich-chaotische Ideen – auf das Ausstopfen einer Hühnerattrappe mit Feuerwerkskörpern zum Beispiel, um den Fuchs zu erschrecken. Der einzige Erwachsene ist der Nachbar Gustaf, der mit einer Flinte auftaucht, um den Fuchs zu erschießen – ein klassischer Spielverderber! Kater Findus übernimmt dabei die Rolle des jungen Lesers, der mit kindlichem Verständnis schnell bemerkt, was für einen Unsinn der Alte da treibt. Das ist ein großer Spaß.

Ein ebenfalls sehr beliebtes Kinderbuch heißt *Mulle Meg bygger en bil* – Mulle Meg baut ein Auto. Gespannt schlug ich es auf und entdeckte Pippi Langstrumpfs Bruder! Mulle Meg lebt allein mit einem Hund in einem Petterson-Hof in der schwedischen Einsamkeit, hat eine schwedisch rot-weiße Kramwerkstatt, ebenso wie Petterson und Lönneberga-Michel – und (auf Öland) sogar auch meine Söhne! –, und baut sich aus einem alten Motor, vermutlich einem Rasenmähermotor (das kann man sich als Schwede sehr gut vorstellen), und dem gesammelten Schrott ein Auto zusammen. Dessen notwendige Bauteile sich dabei gut erklären lassen – und mit dem er zum Schluss allein zur fernen, fernen Stadt fährt. Wundert sich jemand?

Es mag uns unglaublich erscheinen, aber dieses Kinderbuch beschreibt die Realität schwedischer Jugendlicher auf dem Land – und zwar bis ins letzte Detail! Pippi Langstrumpfs ältere Brüder lieben alte, verrostete Volvos und eher noch mehr alte, verrostete Amischlitten, die sie auf den Höfen in oft jahrelanger Arbeit in »Hot Rods« verwandeln, in prachtvolle Vorzeigeautos, mit denen sie jedes Sommerwochenende hunderte von Kilometern zu Treffen in den Städten fahren, ganze Trecks amerikanischer Straßenkreuzer. Und dann kurven sie in Vimmerby mit bullernden Motoren um den Block und zeigen den auf Einlass in Astrid Lingren Värld anstehenden Besuchern stolz Mulle Megs *bil*. Und die Besucher, das sind die Eltern. Da sind sie also, mit den jüngeren Geschwistern, deshalb trafen wir Pippi und Mulle Meg allein auf dem Hof. Nils Holgersson war übrigens auch schon allein auf dem Hof gewesen und hatte dort Unsinn gemacht, als er zum Däumling verzaubert wurde. Mit dem einzigen Unterschied, dass die Eltern damals in die Kirche gingen – und nicht auf den Rummel von Astrid Lindgren Värld.

Es war nicht ihre Absicht. Lindgrens Welt, ihre Geschichten und deren Figuren, sind anders, feiner, schöner und zugänglicher als die Rummelplatzwelt in Vimmerby. Wer ihre Bücher gern gelesen oder die zumeist sehr schönen Verfilmungen ge-

sehen hat, wer sich von ihrem heimatlichen Schwedenbild ver-
zaubern gelassen hat – von Ronja im Räuberwald, von Saltkrokan und Propeller-Karlsson vom Großstadtdach –, braucht diese
värld nicht. Sie ist wie alle diese künstlichen »Erlebniswelten«
eingefroren, kalt und tot. Hier lebt nichts mehr, hier ist alles
zur Marke, zum Markenzeichen erstarrt. Und das ist sehr
merkwürdig. Denn Karlssons, Ronjas und Lönneberga-Michels
schwedische Welt lebt ja noch! Sie ist da, die Schweden haben
sie nie aufgegeben. Man muss allerdings einen großen Bogen
um Vimmerby machen, um sie zu entdecken.

Vielleicht merken es ja nur die Schweden selbst nicht. Weil sie
vielleicht zu dicht dran sind, um es sehen zu können, weil ihnen
die inzwischen auch schon zu einer mangaähnlichen Zeichen-
trickfigur geronnene Pippilotta Viktualia Ephraimstochter Langstrumpf trotz ihres so eindringlich schwedischen Namens inzwischen wie ein beliebiges »Commercial« erscheint oder weil
wahre Fans immer nach den Spuren oder Gräbern ihrer Helden verlangen. Ich weiß es nicht. Und doch ist rings um die
värld alles da: Lönneberga ist immer noch fast überall, mit
Traktoren zwar und automatisierten Melkmaschinen, doch inzwischen sind ja auch fast hundert Jahre vergangen. Deshalb
sieht man statt auf dem Ackergaul manchen jungen Emil-Mi-
chel stolz »Hot Rod« oder Trecker fahren, während die heutige
Annika laut *tysken!* schreit und Pippi ihr erstes Mofa auspro-
biert. Ronja hat inzwischen zwei Kinder, schlichtet Konflikte
und pflegt noch immer Alte, und Nachbar Karlsson vom Dach,
ganz Profi, leiht sich meine elektrische Heckenschere und
kappt als Erstes gleich mal das Stromkabel. Für mich ist *das*
Astrid Lindgrens Welt. Ich fühle mich ganz wohl darin. Das ist
mein schwedisches Zuhause.

Echte Profis

Der Dienstoverall – Die Schweden sind multifunktional –
Vom Rasenmähen – Singende Manager

Beruflich sind die Schweden echte Profis! Sie tragen möglichst Dienstuniform, damit fängt schon mal alles an, am liebsten Overalls mit 20 Taschen und Werkzeuggürtel mit mindestens einem halben Dutzend verschiedener Gerätschaften unklarer Funktion, Betriebsbasketballkäppi mit *Harasjömåla-kronofiske-* (Harasjömåla-Kronfischereigut), *Munkedals Föreningsbanken-* (Genossenschaftsbank Munkedal) oder *Tull-* (Zoll)-Aufnäher, Arbeitsschutzstiefel, kiloschwere Ohrenschützer oder Headset, und – als Frau – das Haar vorschriftsmäßig zum Pferdeschwanz zurückgebunden, als Mann ersatzweise eine Sonnenbrille. Schweden sind für alle Herausforderungen des Berufslebens gerüstet und multifunktional (eindeutige Berufsbeschreibungen fallen ihnen schwer). Sie sind jederzeit über drei verschiedene Handys erreichbar – je nachdem, wer anruft, Dienst, Familie oder »wichtige Gesprächspartner« –, sie sind effizient, entschlossen und enorm beeindruckend. Dabei spielt es keine Rolle, ob die Schweden gerade im Dienst sind oder zu Hause den Rasen mähen. Arbeit ist Arbeit, und wenn man schon arbeitet, dann aber richtig. Also vorschriftsgemäß, gut ausgerüstet und gegen alle Eventualfälle geschützt. Das ist auch wichtig, denn sie sind bei der Arbeit fast immer allein (außer natürlich in Stockholm, da sieht man schon mal zwei oder drei von diesen Profis zusammen, aber Stockholm ist schließlich Stockholm, das gilt nicht). Wenn man sie im Büro (*kontor* genannt, das schwedische *byro* ist der Schreibtisch), antrifft, sieht man sie wohl auch schon mal ohne Ohrenschützer, und wenn diese schwedischen Profis in der *apotek* oder an der Supermarktkasse irgendwie »zivil« und nicht so richtig »professionell« aussehen, dann leiden sie selbst am meisten darunter. *Tror det!* (Kannst du glauben!)

Nach dem Fall der Mauer habe ich ein paar Jahre lang einen großen schwedischen Baukonzern beraten, der sein ehemaliges ostdeutsches Partnerunternehmen von der Treuhandanstalt gekauft hatte. Es ging nun darum, das Unternehmen im vereinten Deutschland neu vorzustellen, und die schwedische Muttergesellschaft schickte aus Stockholm Werbefotos von schwedischen Bauarbeitern, gedacht als Imageträger und Kompetenznachweis. Die Fotos waren beeindruckend, aber nutzlos: Der Bruch mit unserer bundesdeutschen Realität auf dem Bau wäre viel zu extrem gewesen. Wir sind zwar auch professionell, aber nicht so! Nicht wie das erträumte Idealbild der Berufsgenossenschaft, des betrieblichen Arbeitsschutzbeauftragten, des Gewerbeaufsichtsamtes und der Baupolizei in einer Person! Nur der Schutzhelm mit dem Firmenlogo ließ erkennen, dass es sich nicht etwa um ein idealtypisches Schulungs-, sondern um ein Werbefoto handelte. Um einen ganz normalen schwedischen Bauarbeiter also.

Die Arbeit, die man auf dem Bau leistet, erzwingt eine gewisse Berufskleidung, doch es gibt einen Unterschied, einen auffälligen Unterschied zwischen Deutschen und Schweden: In Deutschland werden solche Anforderungen gern minimal – wir sagen dazu »hinreichend« –, in Schweden dagegen stets maximal ausgelegt. Nicht, dass in Deutschland der Arbeitsschutz vernachlässigt wird – obwohl die Zahl der Unfälle am Arbeitsplatz recht hoch ist –, doch eine Firma wird sich eher an den gesetzlichen Bestimmungen orientieren als an dem maxi-

mal denkbaren Ideal. Sicherheitsstiefel ja (meistens), Schutzhelm selbstverständlich, aber ansonsten? Zimmermannshosen.
Das ist in Schweden anders. Da gilt das Ideal. Immer. Selbst
bei Arbeiten in der Freizeit. Das Werbefoto hatte in Schweden
auch völlig vertraut und glaubhaft kompetent gewirkt: Ja, so
wollen wir sein. Tipptopp und allen Lagen gewachsen. Gut gerüstet und gut ausgestattet. Wenn es etwas zu tun gibt, zieht
sich die Nation erst einmal um und setzt Ohrenschützer auf –
es könnte laut werden. Man sieht den Schweden an, wenn sie
»im Dienst« sind. Das ist ausgesprochen teuer. Was haben die
Schweden davon? Wie kann man so wettbewerbsfähig sein?
Und bleiben?

Indem man möglichst viele Multitalente heranbildet. Die
schwedische Neigung, möglichst in einer Betriebsuniform betont »profesionell« zu wirken, korrespondiert mit einer betrieblichen Neigung, die teuren Mitarbeiter zu möglichst vielseitig
einsetzbaren »Allroundkönnern« zu machen. Schwedische Unternehmen sind gut darin, aus Belegschaften enge Teams zu
machen, und es kommt ihnen dabei das stark ausgeprägte
schwedische Gruppengefühl entgegen. Die Mitarbeiter wollen
es selbst – aber sie wollen nicht »Mitarbeiter« sein, sondern
Lasse, Olle, Stina oder Lotta. »El-Truppen-Lotta« eben. Der
Betrieb, das Arbeitsteam, ist sozusagen die nächst höhere Fa-
milienebene. Und wie in einer Familie ist die Hierarchie zwar
flach – aber Mama oder Papa hat das Sagen. Ganz klar.

Es ist ein auch in Deutschland und sogar weltweit bekanntes
Führungsprinzip, aus »Mitarbeitern« möglichst »Teammitglie-
der« zu machen, ein Gemeinschaftsgefühl, eine Gruppeniden-
tität zu erzeugen. In Schweden funktioniert es aber besonders
gut. Um beim Vergleich mit Deutschland zu bleiben: Meiner
Erfahrung nach lassen sich Mitarbeiter in Deutschland bereit-

willig einordnen – wir erwarten das auch von unserer Firma oder Behörde (man »schafft beim Daimler« oder ist »ein Siemensianer«, zum Beispiel) –, haben aber noch manche weiteren Identitäten: Wir, Männer wie Frauen, sind daneben auch »Metaller«, sind »Arbeiter« oder »Angestellte« oder sogar »Beamte«, sind stolz darauf, eine »Führungskraft«, ein »Vorarbeiter« oder »Schichtleiter« zu sein, wir haben gern mal »den Hut auf« oder gehen genauso gern in der Gemeinschaft unter: »Das hab ich doch nicht zu entscheiden!«, oder: »Da muss ich aber erst den Chef fragen«.

Schweden sind anders. Nicht sehr, aber auffällig. Daher fällt es unsersgleichen in Schweden verdammt schwer, herauszufinden, an wen man eigentlich geraten ist: Selbst in der Steuerbehörde, *skattemyndigheten*, spricht man mit Bengt, Lina oder Olof, die alle wahnsinnig nett sind, irgendwie immer für alles zuständig erscheinen – und mein Anliegen auch tatsächlich bearbeiten! Die Auskunft: »Das muss meine Chefin entscheiden«, habe ich in Schweden noch nicht gehört. Gelegentlich ruft mal jemand: »*Du, Olle, hur är det egentligen med fritidshus?*« (»Du, Olof, sag mal, wie ist das bei Freizeithäusern?« – Die schwedische Besonderheit des »Freizeithauses« als steuerrechtliche Kategorie ist mir in Deutschland noch nicht begegnet!), aber dann weiß man nur, dass es irgendwo jemanden gibt, *som vet*, der also Bescheid weiß. Natürlich gibt es auch in Schweden immer irgendwo eine Chefin oder einen Chef, aber den oder die hat man womöglich bereits gerade am Telefon, und zwischen »Chef« und Praktikantin scheint es selbst bei Volvo oder IKEA kaum Zwischenstufen zu geben. Zumindest nicht nach außen hin. Ein deutsches »Ich will jetzt sofort Ihren Chef sprechen!!« könnte in Schweden ein mildes Lächeln an der Ladentheke auslösen – dann steht man ihr oder ihm gerade gegenüber. Oh, auch in Schweden gibt es »Vorzimmer« und – selten! – »Chefsekretärinnen«, klar – aber die geben sich meist nicht als solche zu erkennen! Das ist dann eben einfach »Lotta« – und wenn sich zufällig »Anders« meldet, dann könnte das der geheimnisvolle »Chef« sein oder aber ein Praktikant, der hilfreicherweise an das gerade verwaiste Telefon gegangen ist. Man bekommt immer Kontakt in Schweden – Kundenkontaktnummern finden sich seit jeher auf allen Produkten, vom Industrietransformator bis zur *godis*-Tüte (Süßigkeitentüte), aber nur durch langen, häufigen Kontakt, durch eine Einladung zum Golfen (nichts Besonderes, ist in Schweden ein Breitensport) oder nach Hause bekommt man vielleicht heraus, welche genaue Funktion Anders eigentlich bei EL-Truppen hat. Unter uns: Er ist Eigentümer, Chef und einziger Techniker, Lotta (»Einer unserer Servicetechniker ruft dich an!«) bedient halbtags das Telefon – von zu Hause aus, eine Nachbarin! – und schreibt die Rechnungen – falls man eine braucht –, Süne hat das Geschäft letztes Jahr verkauft und arbeitet jetzt als freier Mitarbeiter mit – was er aber niemandem erzählen würde, dafür ist er zu professionell.

Mehr machen mit weniger Leuten, lautet seit jeher eine Devise in Schweden. Es ist vielleicht nur ein Zufall, aber Arbeiter habe ich in Schweden immer einzeln erlebt und gesehen, Manager dagegen immer in Gruppen. *Der* Vorstand oder *der* Aufsichtsrat sind ja auch Gruppen. Irgendwie sollte das ja eigentlich umgekehrt sein. Wenn es einem erst einmal auffällt, fängt man an zu suchen.

Und ich machte schon in den späten achtziger Jahren, als ich die ersten Male nach Schweden fuhr – durch die DDR nach Sassnitz auf Rügen und von dort mit der Auto- und Eisenbahnfähre nach Trelleborg – eine merkwürdige Entdeckung. Die Route Berlin – Sassnitz war ja keine der zur Anbindung (West-)

Berlins an die alte Bundesrepublik wie Korridore durch die DDR gelegten Transitstrecken, sondern immer ein Einreise-Ausreise-Vergnügen mit einem (West-) Berliner Reisepass, der für die DDR ein politisches Ärgernis war und stets schikanöse, langwierige Kontrollen in Berlin-Staaken und Sassnitz verursachte. Und gerade in den vier Jahren von 1986 bis 1989 mussten und wollten wir häufig nach Schweden, bis zu dreimal im Jahr, hin und zurück, immer der gleiche Krampf. Ich hatte also oft genug Gelegenheit, den Hafen von Sassnitz vom etwas oberhalb gelegenen Grenzkontrollpunkt aus stundenlang zu betrachten und zuzusehen, wie die Deutsche Reichsbahn ihre Züge in die Fähren bugsierte, Fernreisewaggons – und ganze Güterzüge. Zugladungen voll Holz, weniger langes Stammholz als vielmehr kurzes, minderwertiges Holz in offenen Güterwagen. Ausgerechnet Holz – von Deutschland nach Schweden?

Für die Produktion von Pressspanplatten – das Stammwerk von IKEA liegt nicht weit entfernt im südschwedischen Schonen – und als Zellstoff für die Papierproduktion im waldreichen Småland. Deutschland – jedenfalls die DDR – exportierte Holz nach Schweden. Warum schlugen die Schweden es nicht selbst, mehr als genug haben sie ja? Blende zurück zu dem Werbefoto des schwedischen Bauarbeiters: Personalkosten! Es »rechnete« sich einfach nicht, Holz für die Pressspan- und Papierproduktion in Schweden schlagen zu lassen, es war billiger, sich dieses Holz von der stets devisenhungrigen DDR liefern zu lassen, die die Waldarbeiter mit »Aluchips« bezahlte, der nicht konvertierbaren Mark der DDR. Das Holz wurde dann in schwedischen Kronen, in »Valuta« bezahlt, werthaltigem Geld.

Und was machte die DDR mit den Kronen? Sie holte sich schwedische Firmen ins Land, Schweden war neutral, es stand außerhalb der kalten Bündnisse, verfügte aber über Westtechnologie und westliches Know-how, das war weniger prekär, als solche Leistungen vom »Klassenfeind« zu kaufen. Für die schwedischen Unternehmen war es eine sichere Bank, ein konkurrenzfreier Markt. Währungsunion und Wiedervereinigung trafen insofern nicht nur die überhaupt nicht wettbewerbsfähigen Volkseigenen Betriebe, VEBs, sondern auch die Schweden. Da saßen sie dann, im einstigen Außenhandelszentrum der DDR an der Berliner Friedrichstraße und hatten ihr Geschäftsmodell verloren. Das war auch für die Schweden hart, viele brachen ihre Zelte ab und gingen zurück nach Schweden. Für ein heute sehr erfolgreiches schwedisches Bauunternehmen in Deutschland stand die Entscheidung Ende der neunziger Jahre auf der Kippe, bei einem Managementmeeting in Stockholm sollte sie fallen. Es war ein Tagesordnungspunkt unter vielen, es sollte eine kurze Präsentation geben, eine knappe Diskussion und einen Beschluss. Siebenhundert Arbeitsplätze standen in Deutschland dabei auf dem Spiel, die schwedische Konzernleitung musste überzeugt werden.

Zusammen haben wir dann für das Treffen einen Film gemacht, und der schwedische Chef der deutschen Niederlassung hatte eine Idee für den Schluss, eine historische Aufnahme: Fußballweltmeisterschaft 1958, Schweden gegen Deutschland, Schlussminute, der Ball droht neben dem deutschen Tor ins Aus zu rollen, ein Schwede läuft dem Ball nach, aus dem Spielfeld heraus, um die Eckfahne herum, erreicht ihn noch im Feld und schießt aus einem extrem spitzen Winkel das Siegtor gegen Deutschland. Die Botschaft, die der Niederlassungsleiter für seine Kollegen im Konzern einblenden ließ, lautete: *Här matchen spelas!*, hier, in Deutschland, wird das Spiel gespielt – und die Schweden können auch gewinnen. Ich habe kürzlich mal nachgeschaut: Die Tochterfirma in Deutschland hat nach eigenen Angaben heute zweitausend Mitarbeiter.

Doch ich wollte ja nachschauen, wo die Arbeiter sind, warum ich sie in Schweden immer nur einzeln sehe – und warum sie dann immer so wirken, als müssten sie auch alles alleine können. Ich meine die Mechaniker in den Autowerkstätten, die Land- und Waldarbeiter, das Personal der Tankstellen und Baumärkte, die Polizisten, Museumswächter, Müllmänner und Straßenkehrer. Wo sind die alle? Man sieht immer nur einen oder eine. Und zwar hochgerüstet und im Zweifelsfall mit schwerem Gerät. Eben multifunktional.

Sogar Museumswächter – allerdings ist dieser Begriff leicht irreführend: Es gibt überall und für fast alles öffentliche und private *museer* und *utställningar*, kleine und größere Museen und Ausstellungen, auf die Verkehrsschilder hinweisen, und irgendwer kümmert sich jeweils darum. Und zwar um alles, vom Rasenmähen bis Kartenverkauf, um Bewachung, Reparaturen, Führungen, Telefondienst, Reinigung und Winterdienst, um die Abrechnung und den Betrieb des Cafés. Bei durchaus mittelgroßen Volvo-Werkstätten ist es dasselbe: Irgendwann erscheint jemand in einem Overall mit vielen Taschen, der in der Lage ist, ein Original-Volvo-Ersatzteil in einen deutschen VW einzubauen (etwas mitleidig, vielleicht), und im Gespräch stellt sich heraus, dass der nette Affe auch für Rasenmähen, Buchhaltung, Telefondienst, Außenwerbung und so ziemlich alles andere zuständig ist. Allein. Und »Affe« ist übrigens die in Schweden geläufige Kurzform von Alfred.

Wohin wir im weiten, offenen Land auch schauen – überall hochgerüstete Einzelkämpfer: Da ist Maria auf dem riesigen *tröska* (Mähdrescher), mit Zwanzig-Taschen-Overall, Ohrenschützern und den obligatorischen drei Handys, sie ist nicht nur für das Mähdreschen, sondern auch für Rasenmähen, Kühemelken, Schweinemast, Betrieb und Kasse des Angelsees und drei schulpflichtige Kinder zuständig; da ist Nils auf seinem überschweren »Woodcracker«, einer Holzerntemaschine, allein im Wald von Dalsland an der Grenze zu Norwegen unterwegs. Seit dem Untergang der DDR hat nach meinem Eindruck die Waldwirtschaft in Schweden wieder zugenommen, doch Nils sagt, das hätte sich nur verlagert: Seit der Wende holzten die Finnen halb Karelien ab, den russischen Nordosten des skandinavischen »Löwen«, er wäre hier ja allein mit seinem Cracker, aber die Finnen würden immer gleich mit fünf, sechs solcher Maschinen in ein Holzrevier fahren und das Aufforsten danach den Russen überlassen. Zellstoff für Zeitungspapier in Deutschland, sagt er schulterzuckend, so sei das eben jetzt. Und wenn er nicht gerade erntet? Dann sei er im Betrieb für Rasenmähen, Aufforstung, Lagerung, Beregnung des Stammholzes und Verladung zuständig.

Inzwischen nähern wir uns in Deutschland auch dieser Form der Leistungsverdichtung. Vielleicht nicht gerade bei der Berliner Stadtreinigung, die mit üblicherweise drei Mann Besatzung auf dem orangefarbenen »Räumschiff« (so die Eigenwerbung) wöchentlich bei mir in Spandau vorbeikommt. Der zum Beispiel für Nordöland zuständige Kollege von den Borgholmer Kommunalbetrieben fährt seine Strecke allein ab und verlässt das Führerhaus seines Fahrzeugs nicht. Ein hydraulischer Greifer packt die stets an einem bestimmten Platz stehende Mülltonne, entleert sie vollautomatisch und lässt – schon wieder anfahrend – das leere Ding polternd zurückfallen. Steht die Tonne mal nicht da, wo sie stehen sollte – wird nicht geleert. Zugegeben, der Berliner Bezirk Spandau ist für sich allein genommen schon so bevölkerungsreich wie die schwedische Großstadt Kalmar, doch im Gegensatz zu seinen Berliner Kollegen ist der Entsorger aus Borgholm nach der Tour noch zuständig für Rasenmähen – und so weiter. Wirklich! In Schweden sind Betriebshöfe im Durchschnitt deutlich größer als in Deutschland, und ein schöner, stets gemähter Rasen ist ein Aushängeschild für Sorgfalt, Umsicht und urschwedische Werte. Niemand will gern Büsche oder gar Bäume auf einem Firmengelände! Das sähe ja wild aus. Wer es sich leisten kann, teert oder pflastert das ganze Firmengelände. Wer nicht, mäht Rasen.

Ob auch die Briefträger dienstlich Rasen mähen müssen, weiß ich nicht, aber wenn ich an das kritische Interesse unseres ehemaligen Dorfbriefträgers Gösta gegenüber meinen gartenbaulichen Bemühungen denke, erscheint es zumindest nicht unwahrscheinlich. Sie sind wie ihre deutschen Kolleginnen und Kollegen bei Wind und Wetter einsam unterwegs, klappern das ganze Land ab, aber anders als die Deutschen kommen die Schweden der Post entgegen. Wir sind gewöhnt, unseren Briefkasten unmittelbar im oder vor dem Haus zu haben, im ländlichen Schweden findet man dagegen überall, in Dörfern, an Straßenkreuzungen, mitten im Wald und auch irgendwo im Nirgendwo niedrige Gestelle mit fünf bis zwanzig normierten und nummerierten, dunkelgrünen oder schwarzbraunen Plastikboxen. Postbotin Kerstin (schwedisch gesprochen: »Scherstin«) steuert mit ihrem Postauto so eine Batterie klappernder Behältnisse an, wirft aus dem Seitenfenster heraus die Post ein und braust weiter. Das weite, leere Land hat eben schon früh Rationalisierungen erfordert.

Und die vielleicht grandioseste war das Internet. Bereits Mitte der neunziger Jahre, deutlich vor der berüchtigten »Dot. com-Blase«, begriffen die Schweden, was das Internet für eine so vereinzelte Nation bedeuten konnte. Das erste, was die Schweden lange vor den Deutschen herausfanden, war der Onlinewerbeverbund: Wenn ich Mitte der neunziger Jahre bei Stat-Oil tankte und mit der *Kontokort*, der Kundenkarte, bezahlte, reagierte ein ganzes Netz online verbundener Unternehmen darauf so, als sei im Herbst ein Elch aus der Deckung getreten: Es wurde sofort aus allen Rohren gefeuert. Überall da, wo ich zuletzt etwas gekauft hatte und registriert war – und die Schweden waren schon vor zwanzig Jahren unschlagbar darin, Daten zu erheben und zu registrieren! –, rappelten die hier *dator* genannten Computer, und ich wurde in den folgenden Tagen via Post mit persönlicher Zielwerbung geradezu überschüttet. Und fast zeitgleich bemerkten die Schweden, dass das Internet eine Lösung für das drängende Problem des Absterbens der kleinen Dorfläden sein konnte. Es gibt jedoch nicht genug Schweden! Neun Millionen Schweden, das sind nicht viel mehr als zwei Millionen Haushalte, von denen sich auch noch zwei Drittel dort befinden, wo Onlineshops zur Volksversorgung nicht so dringend benötigt werden. Wie es funktionieren könnte, haben die Schweden also früh herausgefunden – aber das Grundproblem nicht gelöst, die geringe Nachfrage, die Einsamkeit in der *öppna landskap* oder dem *schärgard*, den zahllosen Inselchen der Schären.

»*Jag älskar dej, din friska doft af salt och tang, din glittrande solnedgang*«, besingt *popstjärnan* (Popstar) Lars Berghagen das schwedische Paradies – »Ich liebe dich, liebe den frischen Duft von Salz und Tang, den glitzernden Sonnenuntergang« im Schärengarten vor Stockholm, dem nahen Fluchtziel stressgeplagter Großstadtschweden. Die gibt es auch, und mitten im fernen, quirligen Deutschland, wo das große Spiel gespielt wird, sehnen sich die dorthin verschlagenen schwedischen Manager auch danach, nach Feierabend, Flucht und Freunden. Es war anrührend: Vor Beginn der Expo 2000 in Hannover hatte ich das Richtfest für den schwedischen Pavillon zu organisieren, Vertreter der schwedischen Regierung waren zu Gast, der schwedischen Botschaft in Deutschland, des errichtenden Baukonzerns und der Expo-Leitung. Mit den Schweden war abgestimmt worden, dass wir zum Buffet dezent Instrumentalversionen internationaler, moderner Musik einspielen würden. Das gelang auch alles ganz wunderbar, das Buffet wies viele schwedische Fähnchen auf, bot neben Petit four auch heimische *köttbullar*, man fühlte sich wohl, und der Abend auf der Baustelle wurde lang und länger. Die Musik plätscherte durch das Festzelt im Rohbau, und irgendwann wurde ich gefragt, ob ich nicht auch andere Musik, irgendetwas Schwedischeres zu bieten hätte. Das hatte ich zwar, war aber unschlüssig gewesen: Lars Berghagen, *Till sommaren och dej* (Auf den Sommer und dich!), schwedische Pop- und Volksmusik, einige CDs, die ich irgendwo in einem schwedischen Supermarkt gefunden hatte. Die Volksmusik von Lars Berghagen war nicht gerade meine erste Wahl für einen Empfang. Genau, hieß es jedoch zu meiner Überraschung, ja, Lasse, den wollen wir jetzt hören! Und dann wurde es am späten Abend in Hannover richtig schwedisch: Nicht wenige Titel waren gut bekannt, Manager zogen ihre Jacketts aus und noch etwas später, gegen Mitternacht, sang mindestens die Hälfte der Anwesenden im Rohbau des schwedischen Pavillons inmitten der nächtlichen Expo-Baustelle sehnsüchtig schwedische Volkslieder.

Eis und Eisen

Der Norden Schwedens: Kupfer und Eisenerz — Falun und Kiruna —
Schwedens schönstes Gebäude und höchster Berg — Das erste Eishotel
der Welt — Fernstraßen, Verbindungen — Mehr Handys als Schweden

Es gibt in Schweden nur drei gewöhnliche Himmelsrichtungen: Süden, Westen und Osten. Norden ist keine Himmelsrichtung, Norden, *norr* – oder sogar *norrut*, ganz weit draußen im Norden – ist ein nur schwer ins Deutsche übertragbarer schwedischer Mythos. Das liegt zum einen an der geografischen Lage Schwedens im Norden Europas mitsamt dem daraus entstandenen, fast insularen »nordischen« Selbstgefühl – das die breite, finnisch-karelische Landbrücke nach Mitteleuropa einfach ignoriert –, zum anderen an einem gewissen Grausen vor der nördlichen Einöde. Die Bereitschaft der Schweden, sich Richtung Norden zu bewegen, nimmt nördlich von Stockholm mit jedem Kilometer ab. Die alte Universitätsstadt Uppsala ist noch ein Ziel: Diese nördlichste Stadt Mittelschwedens, auf einem aus der letzten Eiszeit stammenden Geröllrücken gelegen, zieht durch ihre Domkirche – die größte ganz Skandinaviens –, durch das hoch über der Stadt aufragende Schloss und durch den nach Carl von Linné benannten Botanischen Garten auch viele Touristen an. Doch jenseits von Uppsala wird es richtig einsam. Weiter nördlich gibt es dann auch kaum noch Ziele. Jedenfalls nicht für die Mehrheit der Bevölkerung. Es ist aber für einen europäischen Industriestaat nicht gut, wenn ungefähr die Hälfte der Landesfläche weniger als dünn besiedelt ist. Die schwedische Regierung sucht ihr Heil darin, Fernstraßen in den hohen Norden zu bauen und wirbt zurzeit entlang der bestehenden südlichen, östlichen und westlichen Fernstraßen mit bunten Broschüren für eine neue Route *norrut*. Das Vorhaben ist löblich, aber der Erfolg bleibt abzuwarten.

Da selbst der Süden Schwedens im Durchschnitt dünner besiedelt ist als Mecklenburg-Vorpommern, ergibt sich die Frage, wer eigentlich nach Norden gelockt werden soll. Was bietet einem denn die weite Wildnis? Im Norden nichts Neues: Der Norden produziert noch immer das, was er seit alters her produziert hat, Holz, Wasserkraft (Strom) und Erze, doch wenn man sich mal auf den Weg macht, gibt es durchaus mehr zu entdecken!

Falun, zum Beispiel: In Falun wurde schon seit dem 11. Jahrhundert Kupfer abgebaut, teilweise bis zu zwei Drittel der Weltproduktion. Das Arbeiterviertel und die um die Bergwerke herum entstandene Industrielandschaft gehören heute zum Weltkulturerbe der UNESCO. Der Einschnitt kam 1697, als ein großer Teil der Grube einstürzte. Nebenbei bemerkt: Im nahen Sundhborn, 14 km nordöstlich von Falun, ist das schon erwähnte, künstlerisch dekorierte Wohnhaus des Malers Carl Larsson zu besichtigen.

Eisenerz hingegen wurde und wird aus den Gruben bei Kiruna gewonnen. Dieses Eisenerzvorkommen ist zwar äußerst ergiebig, Kiruna liegt aber 200 km nördlich des Polarkreises, ist die nördlichste Stadt Schwedens und gehört zur historischen Provinz Lappland, weswegen auch die 1912 vollständig aus Holz errichtete Kirche die Form eines Lappenzeltes hat. Ein Landschaftsbild von Carl Eugen von Schweden schmückt den Altar dieser Kirche, die 2001 zum schönsten Gebäude Schwedens gewählt wurde. Die Zukunft Kirunas erscheint allerdings höchst ungewiss, denn die erwähnte Erzader verläuft schräg unter der Stadt. 24 Millionen Tonnen werden hier jährlich gefördert, und man rechnet damit, dass der Boden bald schwanken wird.

70 km westlich von Kiruna erhebt sich der Kebnekajse, mit 2100 Metern der höchste Berg Schwedens. Das mag manchem alpinen Skifahrer vielleicht nicht sehr hoch erscheinen, verglichen etwa mit der Zugspitze (2962 Meter) oder dem Matterhorn (4478 Meter), doch der Kebnekajse ist immerhin einer der höchsten Berge nördlich des Polarkreises und wirkt vom Herbst bis zum späten Frühjahr wie ein urtümlicher Eiszeitgletscher, mit Bedingungen in der Gipfelhöhe, die denen auf dem Matterhorn – im Winter! – ähneln.

Zur Gemeinde von Kiruna gehört auch Jukkasjärvi, ein in 320 Meter Höhe gelegenes größeres Dorf mit kaum tausend Einwohnern. Dort hat sich der Tourismusverein wirklich etwas einfallen lassen, um Fremdenverkehr anzulocken. 1989 veranstaltete er eine Ausstellung mit Eisskulpturen von japanischen Künstlern. Ein Jahr darauf zeigte man in einem kuppelförmigen Iglu auf dem Eis des zugefrorenen Flusses Torne-älv eine Ausstellung mit Werken des französischen Bildhauers Jannot Derid. Einige Gäste waren davon so angetan, dass sie sich entschlossen, in dem Iglu zu übernachten, in warme Schlafsäcke gehüllt, auf Rentierfellen. Die Idee des Eishotels war geboren – und ein Jahr später entstand hier geradezu ein Eispalast mit 60 Räumen für 140 Personen, inklusive einer fünf Meter hohen Empfangshalle samt Bar. Das Eishotel wird inzwischen in jedem Winter wieder neu errichtet, Säulen und tunnelartige Spitzbogengewölbe aus Eis vermitteln einen einmaligen Effekt. Alle Zimmer sind mit Skulpturen aus Eis dekoriert, das von Traktoren mit besonderen Sägen aus dem glasklaren Eis des zugefrorenen Flusses geschnitten wird. Auch für das Seelenheil wurde gesorgt, indem man in späteren Jahren eine Kirche und ein Kino aus Eis hinzusetzte. Den vorläufigen Höhepunkt markierte im Jahr 2003 die Eröffnung des Eistheaters – eines Nachbaus des legendären elisabethanischen Globe Theatre aus London – in dem klassische Stücke dargeboten werden. Zwischen Dezember und April kann man in diesem Ice Hotel Art Center Urlaub machen, bei –7 Grad innen und Außentemperaturen von –30 Grad. Um die 14 000 Übernachtungen werden inzwischen regelmäßig gebucht (sie kosten so um die 130 Euro), und jährlich bis zu 45 000 Tagesgäste wollen das eisige Hotel zumindest besichtigen. Der Aufwand, diese Sehnsucht nach frostiger Umgebung in einer Epoche schmelzender Gletscher zu befriedigen, ist enorm: Jedes Jahr Ende Oktober tragen Radlader und Schneekanonen nicht weniger als 30 000 Tonnen Schnee auf Stahlschalungen auf. Und im Sommer? Da werden die bis zu zwei Tonnen schweren Eisblöcke in einem Kühlhaus aufbewahrt. Andere Eisquader kommen in die *glassfabrik* (Eisfabrik), werden mit Bohrungen versehen und dann in alle Welt verschickt. Denn die Eisbar ist in klimatisch warmer, aber sozial frostiger Zeit in Mode gekommen: Stockholm, London, Tokio und Kopenhagen haben inzwischen auch solche Eisbars, ebenso Schüttorf bei Rheine (Westfalen) wollte nicht nachstehen und errichtete die bekannte Index-Eisbar-Diskothek, die größte ihrer Art. Eishotels gibt es mittlerweile nicht nur in Ländern, die dafür prädestiniert zu sein scheinen – wie Kanada, Finnland, Alaska und Norwegen –, sondern auch in der Schweiz, Österreich und Rumänien.

Um das in Kiruna geförderte Erz zu verhütten, also das Eisen aus dem Gestein auszuschmelzen, bräuchte man Kohle. Die jedoch gibt es in Schweden nicht, woran die Eiszeit schuld ist. Bei uns, im einst steinkohlereichen Deutschland – und auch in England –, lernen schon die Kinder in der Schule, dass Steinkohle aus dem versteinerten Holz von vor 100 bis 200 Millionen Jahren versunkenen Urzeitwäldern besteht, die allmählich absanken, dann überspült, verschüttet und von schließlich immer mächtigeren Ablagerungen bedeckt wurden. Dieser Prozess fand Millionen Jahre lang auch im heutigen Skandinavien statt. Bis zur Eiszeit. Vor einer Million Jahren vergletscherte Skandinavien unter kilometerhohen Eismassen. Im Gegensatz zu Stein hat Eis jedoch die Angewohnheit, sich ganz langsam zu bewegen, geradezu zu fließen. Dabei schmirgelt es über den Untergrund. Mit einem Anpressdruck von tausenden Tonnen pro Quadratmeter. Was immer sich seit der Entstehung der Erde in Skandinavien abgelagert hatte – nach nur einer Million Jahren hatte das Eis alles bis auf das nackte, granitene Urgestein abgerieben und den Abrieb als Sand und Schotter nach Süden verschoben. Darum braucht man in Skandinavien auch nicht nach Dinosaurierfossilien zu suchen: Was von ihnen übrig blieb, ruht heute zu Sand vermahlen im Hohen Fläming Brandenburgs und dem schotterigen Weserbergland.

Kupfer und Eisen gehören jedoch zur geologischen Grundausstattung unseres Planeten, ihre Lagerstätten finden sich nicht – wie Kohle – in Urzeitablagerungen, sondern im noch älteren Urgestein, das nun, nach dem Ende der Eiszeit, in Skandinavien offen zutage tritt. In Norddeutschland ist der Harz so ein Urgesteinsbuckel, einst berühmt für seine Erz- und Silbergruben. Für die Schweden ergab der Eisenerzfund von Kiruna allerdings die Frage, wie man das Erz zur Kohle bringen könnte. In Falun, den Kupfergruben, hatte sich diese Frage noch nicht gestellt, denn Kupfer ist viel weicher als Eisen, hat also einen niedrigeren Schmelzpunkt und ließ sich noch mit Holzkohle aus dem Gestein schmelzen. Das Eisenerz aber musste dahin, wo die Steinkohle ist und wo man dringend Eisen brauchte. Das Erz musste also nach Süden, nach England oder Deutschland.

Es gab zwei Möglichkeiten: eine Eisenbahn quer durch Schweden zum nächstgelegenen eisfreien Ostseehafen Stockholm, über 800 Kilometer Luftlinie entfernt, oder aber zum weniger als 160 Kilometer entfernten, ebenfalls eisfreien Atlantikhafen Narvik an der Nordküste Norwegens, das damals zu Schweden gehörte. Man entschied sich für Narvik, schon aus Kostengründen. Kurz nach dem Bau der Luleå-Kiruna-Narvik-Bahn (1890) wurde Norwegen jedoch unabhängig. Das Erz aus Schweden wird seither von Norwegen verschifft. Es wurden keine Verbindungen nach Norden gebaut. Schwedens Norden blieb unerschlossen: Eine *vildmark*. Das rächt sich nun.

Trotz der neuen Fernstraße verraten die in schwedischen Straßenkarten so beliebten Distanztabellen das Grundproblem: Die Kilometerangaben für Ziele nördlich von Uppsala sind meist vierstellig. Da kommt man einfach nicht hin! Und da eine Angabe von 50, 60 Kilometern bis zur nächsten Siedlung irritierend groß ist, hält sich in Schweden eben immer noch hartnäckig der alte Meilenbegriff, *mil*. Als ich ihn zum ersten Mal hörte, dachte ich an alte deutsche Meilen, meines Wissens so um die 1,8 Kilometer lang, doch die schwedische Landmeile, *das* Distanzmaß für den hohen Norden, entspricht genau 10 Kilometern – was zwar das Umrechnen erleichtert, doch zu einer gewissen Aufmerksamkeit beim Fragen nach der Entfernung zur nächsten Tankstelle zwingt.

Inzwischen gibt es zwar eine Schienenverbindung nach Kiruna – schon aus geostrategischen Gründen –, die sogenannte *Inlandsbanan*, die mit über 1300 Kilometer Nord und Süd verbindet: Sie beginnt im südschwedischen Kristinehamn, führt über Östersund, wo das Freiluftmuseum *Jamtli Historieland* Einblick in das Alltagsleben des 18. und 19. Jahrhundert gewährt, bis Gällivare im Norden. In Lappland steuert *Inlandsbanan* nicht nur Arvidsjaur an, wo eine bereits 1607 gebaute Kirche von der einstigen Zwangschristianisierung der Lappen kündet, sondern auch Jokkmokk. Dort liegt auch Laponia mit seinen Nationalparks. Allerdings: Nur die private Lapplandbahn nutzt die Gleise, und das auch nur im Sommer, einmal in der Woche – etwas für Eisenbahnenthusiasten, sozusagen der Transibirienexpress »light«.

Finnmark heißt der nördlichste Landesteil Norwegens, das Grenzland zu Schweden und Finnland. Die Schweden sprechen dagegen von Lappland, der schon sehr sibirisch wirkenden, bergigen Tundra Nordskandinaviens, der Heimat der Samen, den Rentierhirten, den letzten echten Nomaden Europas. Ein wie die Finnen Uralisch sprechendes Volk, Suomi nennen die Finnen Finnland, das Land, das die Schweden im 13. Jahrhundert eroberten. Oder – anders gesagt – okkupierten, also besetzten. Sie drangen einfach ein, so, wie die Engländer 500 Jahre später in Nordamerika. 500 Jahre lang gehörte Finnland zu Schweden, bis 1809. Das hat man in Schweden nicht vergessen: Noch immer sprechen ca. 8 Prozent aller Finnen Schwedisch als Muttersprache, und dass die einst strategisch so wichtigen Ålandinseln – zwischen Stockholm und Turku mitten in der Ostsee gelegen – heute zu Finnland gehören, wird gelegentlich noch als nationale Schmach empfunden.

Doch fast alle Verbindungen in Schweden weisen heute nach Süden, Westen und Osten. Nicht nach Norden. Schwedens Norden blieb weitgehend unerschlossen und stellt heute deshalb eine Besonderheit dar: Kein anderer europäischer Industriestaat verfügt über einen derart großen, weitgehend naturbelassenen Landesteil wie Schweden. Norwegen ist ganz Küste, Fjordland, und Finnland zum größten Teil Wald, also südlicher als der schwedische Landesteil Norbotten gelegen.

Wer dienstlich im Norden zu tun hat, fliegt. Arbeitszeit ist teuer, und es gibt auch außer Kiruna nicht viele Businessziele.

Die wenigen Fernstraßen sind für die großen LKW-Gespanne da, keine Sattelschlepper, sondern schwere Fernlaster mit bis zu fünf Achsen und überlangen Anhängern auf vier Achsen, mit wuchtigem Aufprallschutz und ganzen Batterien von Fernleuchten – sowie für Wildhüter und Touristen. Besonders Touristen aus dem dicht besiedelten Deutschland, für die Nordschweden die nächstgelegene *vildmark* ist, Grenzerfahrung und Abenteuerurlaub. Für zwei, drei Monate im nordischen Hochsommer.

Solche Verbindungen sind wichtig, doch solange es geht, ruft man in Schweden eher an, statt tausend Kilometer zu fahren. Die schwedische Regierung braucht Bewohner, Bürger, Beschäftigte im hohen Norden, doch auch die Schweden sind nicht gern allein. Das Telefon war ein Segen, denn damit ließen sich schon vor hundert Jahren preiswert Verbindungen in den Norden schaffen, doch der elektronische Kontakt senkte nochmals die Bereitschaft, sich auf den Weg zu machen. Im Zeitalter von Internet, E-Mail und Videokonferenz ist sie auch nicht größer geworden. Und das Aufkommen der Handys, in Schweden *mobil* genannt, empfand die Nation als Verwirklichung eines Traumes.

Unsere Nachbarn im Norden haben über alle Generationen hinweg ein entspanntes Verhältnis zum Handy. Für Norweger und Schweden, die einen Kontaktverlust regelmäßig als Lebenskrise empfinden, war das Aufkommen der Mobiltelefone wie der Anbruch des wahren *folkhemmet* (Volksheim), der noch immer stark nachwirkenden Idee des allumfassend sorgenden Wohlfahrtsstaates aus den dreißiger Jahren. Das Mobiltelefon verspricht Kontakt selbst im Wald – und was das bedeutet, kann man in Deutschland nur noch ermessen, wenn man sich unseren scherzhaften Ausspruch »Ich denk, ich bin im Wald!«

einmal ganz langsam auf der Zunge zergehen lässt. Der finnische Handyhersteller Nokia hat vor kurzem genüsslich mitgeteilt, in Schweden gäbe es nunmehr mehr Handys als Einwohner, aber das hat keinen Schweden wirklich überrascht: Aus Angst vor Kontaktverlust hat erst einmal grundsätzlich jeder Schwede, der die Zahlen null bis neun unterscheiden kann, ein Handy. Besorgte Eltern (und in Schweden kenne ich nur besorgte Eltern) benutzen Handys durchaus wie Babyphone! Das sind die privaten Handys, deren Nummern nur im engsten Familienkreis ausgetauscht werden und die selbst beste Freunde nicht erfahren. Jugendliche legen sich dann Handys für die Freunde zu, Erwachsene haben in aller Regel neben dem Privathandy auch ein Diensthandy, das Gott sei dank der Arbeitgeber bezahlt. Wer – und das sind nicht wenige! – nebenher noch einer anderen Tätigkeit nachgeht, einem inoffiziellen Nebenerwerb, hat natürlich auch ein spezielles Handy für diese Kontakte. Und das sind die Handynummern, die in Skandinavien ausgetauscht werden! Aber nicht etwa so: »Gib mir mal die Nummer von Christer, ich hätte da auch ein paar Steine abzutransportieren« – so geht das nicht! Christer ist der einzige im Umkreis, der schweres Gerät hat, Mats, der Christers Nummer hat, besorgt ihm gelegentlich zu »besonderen Konditionen« die entsprechenden, sündteuren Reifen, und ich habe in Deutschland freien Zugang zu hochwertigem Alkohol. So sieht das inoffizielle, ganz private Geschäftsmodell aus.

Die Kontakte zu diesen ominösen Handys sind in Schweden wie Bargeld. Die Besteuerung ist so hoch, dass die Schweden sich angewöhnt haben, in ihrem privaten Lebensumfeld richtiges Geld möglichst nicht anzufassen. Bei Geld hat man in Schweden immer das Gefühl, dass der Staat ziemlich genau weiß, wo jede einzelne seiner Kronen steckt. Wird eine angefasst und wechselt gar den Besitzer, meint man immer, ein leises

»Das hab ich gesehen!« zu hören. Der Austausch von Handynummern wird nicht besteuert. Je mehr ich habe, umso besser kann ich mein Alltagsleben meistern, ohne auch nur einmal in meinen Geldbeutel greifen zu müssen. Mitten im Bauernland auf der ärmeren Seeseite unserer Insel Öland brauchten wir immer vieles. Man ruft dann zum Beispiel bei einem Elektriker an, der den Auftrag auch für seine Firma annimmt, nach Wochen gelegentlich herauskommt und für ein Vermögen zwei Leitungen verlegt. Beim abschließenden Schwätzchen fällt dann irgendwann die Bemerkung: »Ja hör det, du, wenn du das wieder brauchst – ich kann das auch.« »Das will ich doch stark hoffen, Süne, du hast das doch gerade erledigt!« »Nej. Ich meine, statt »El-Truppen«. Ich selber.« »Aber – das ist doch deine eigene Firma?!« »Ja. Ist für dich aber günstiger, wenn ich selbst es mache.« Und spätestens jetzt klingelt sein ominöses drittes Handy, und Süne muss los. Dienstschluss. Jetzt geht's zu Christer, der braucht einen neuen Sicherungskasten, und das sind noch ein paar Stunden Arbeit. Wir haben seither eng mit Süne zusammengearbeitet. Die Firma El-Truppen hat leider keinen Auftrag mehr erhalten.

Es geht hier nicht um gegenseitige Gefallen, die man sich tut, um Nachbarschaftshilfe oder so, nein, es geht um eine fast systematische Organisation des gesamten privaten Lebens mit Hilfe des dritten Handys. Grillparty? Klar, alle werden über Handy zusammengerufen, und dann landet auch prachtvolles Fleisch auf dem Grill. Man guckt verblüfft zweimal hin: Natürlich gibt es in Schweden Fleisch auch im Supermarkt an der Theke, aber erst jetzt wird einem klar, dass diese Fleischabteilungen immer recht klein sind und das Fleisch entweder tief gefroren (*köttbullar*) oder minderwertig ist. Zwei meiner vier besten Freunde in Schweden sind aber nebenbei Schweinemäster, bei denen stehen auf den Höfen hunderte von Tieren in den (in Schweden grundsätzlich penibel gepflegten, lichten und luftigen) Masthallen! Ich kann der Frage nicht widerstehen: »Björn, woher hast du das Fleisch da? Das ist ja toll!« Seitens des Angesprochenen folgt erst einmal umständliches Herumgedrucke, irgendetwas über Kontingentfleisch, aber eins ist jetzt klar: Wieder ein neuer Handykontakt! Jahrelang habe ich schließlich für den Getränkenachschub öländischer Landpartys gesorgt. Übrigens: Das sind auch die Nummern in Schweden, bei denen man tatsächlich Tag und Nacht anrufen kann, die nie vergeblich klingeln. Ich habe mal einen Tischler beobachtet, der bei der Arbeit stets die drei Handys neben sich liegen hatte, wenn eines klingelte, genau hinsah, wer sich da meldete – und nur an das große schwarze Gerät ging!

Schweden lieben ihre *mobil* genannten Handys, doch gerade in der Wildnis des Nordens haben sie einen großen Nachteil: Zum Telefonieren gibt dort kein Netz! Manchmal muss man eben doch hinfahren.

Was des Königs ist
Selbstversorger – Am Zoll – Des Königs Kronen – Besuch vom Kronvogt –
Winterblues – Wasserschaden und Hilfe

Wenn wir hiesigen Urlaub machen wollen, bereiten wir uns gut vor: Vor uns liegen zwei, drei Wochen Erholung mit Vollpension oder sogar *all inclusive*, Sonne, Strand und Meer, mitten im Winter, der Flug ist gebucht, und nun geht es darum, über die geeignete Urlaubsgarderobe zu entscheiden – und dabei das maximale Gepäckgewicht im Auge zu behalten. *Sie* hat es dabei scheinbar leichter als *er*, ihre Bikinis, Wickelröcke, Sommerkleidchen, Sarongs, Flipflops und leichten Tops wiegen fast nichts und lassen sich im Koffer trotz ihrer Proteste kräftig stauchen. Bei seinen Sachen hat sie ein Wörtchen mitzureden («Sag mal, das willst du doch wohl nicht ernsthaft anziehen?!«), doch wenn schliesslich auch seine halbwegs hinnehmbaren Sachen (»Mit dir muss man sich ja schämen!«) verstaut sind und der Gepäckstapel auf der Waage im Badezimmer grünes Licht gibt, kann es losgehen. Wir sind jetzt reif für die Insel! Und da es nun wohlverdient in die Sonne geht, reist man viel zu leicht gekleidet bei Nacht und Nebel fröstelnd nach Leipzig (»Tut mir leid, Tegel ist schon ausgebucht«) und steht dann im albernen Hawaihemd stundenlang mit schlechtem Gewissen neben Schlangen seriös gekleideter Geschäftsleute, die mit Handgepäck auf den nächsten Flug nach München warten und einen abschätzig ansehen. So, als käme man von einem anderen Stern. In solchen Momenten sehnt man es geradezu herbei, in die Röntgen- und Abtastschleuse gewunken zu werden – sie ist das Portal in eine Welt voller Gleichgesinnter.

Stellen Sie sich doch einmal vor, die Anlage piepse plötzlich und zehn, zwanzig Sicherheitskräfte beugten sich konsterniert über den Bildschirm: Konservendosen wären darauf zu sehen, Kaffeepackungen, Schinken und Dauerwurst, ganze Vollkornbrotlaibe, Äpfel und Bananen, Bierdosen, Schnapsflaschen, Tomaten und Salatgurken, Marmelade, Reis und Nudeln. Genug, um die Grundversorgung einer vierköpfigen Familie für zwei Wochen zu sichern. Unvorstellbar, nicht wahr? Das würden Sie niemals mitschleppen. Wozu auch? Sie haben schließlich *all inclusive* gebucht und deshalb auch fast nur leichte Kleidung im Gepäck. Sie Glücklicher!

An einem solchen, kalten Januarabend erhielt ich einen Anruf aus Schweden. Wassereinbruch im Keller unseres Hauses auf Öland. Unser Nachbar hatte bereits eine Tauchpumpe installiert, doch die Temperatur fiel, der Wintereinbruch stand bevor. Öland ist eine Insel in der Ostsee mit einem sehr milden Klima und einer im Sommer merkwürdig mediterran wirkenden, karstig trockenen Landschaft, der sogenannten *alvar*-Heide, doch im Januar kommt der nordische Winter irgendwann auch nach Öland. Um Weihnachten und Neujahr, das wusste ich aus jahrelanger Erfahrung, ist Öland meist noch frost- und schneefrei, die Ostsee kühlt nur langsam aus. Aber im tiefen Winter nach Norden reisen? Mit dem Auto?

Die Zeit drängte, ich hatte eine Ahnung, woher das Wasser kam, und Frost drohte. Jetzt bereiten Sie mal unter diesen Bedingungen eine Fernreise vor, und zwar mit einem fünf- und einem zweijährigen Kind! Urlaub ist anders. Wer nach Mallorca will, geht erst einmal ins Reisebüro. Da wird einem auch im Winter schon aus lauter Vorfreude warm. Wer nach Schweden will, geht dagegen erst einmal in einen Supermarkt, um all das einzukaufen, was in der Flughafengepäckkontrolle für entgeistertes Erstaunen gesorgt hätte. Es ist ein Ritual: Auf nach Schweden! Gut, wer geht einkaufen? Ich will keine falschen Vorstellungen wecken: Man könnte auch in Schweden alles bekommen. Es gibt zwar, anders als bei uns, nur selten mehrere Supermärkte verschiedener Marken nebeneinander, doch notfalls reicht ja schon einer.

Aber Schweden ist – vom nordischen Winter mal ganz abgesehen – auch ein Hochpreisland. In Schweden galt schon ein Mehrwertsteuersatz von 25 Prozent, als in Deutschland noch 15 Prozent erhoben wurden. Jede vierte Krone gehört somit dem Staat. Und der passt gut auf seine Kronen auf. Da weicht man aus, wo immer es möglich scheint: Als der Mehrwertsteuerunterschied gegenüber Deutschland noch fast zehn Prozent betrug und Schweden noch nicht zur EU gehörte, hatte jeder zweite schwedische Laden einen einladenden »Tax-refund«-Aufkleber am Schaufenster. Was man dort kaufte, ließ man stets einpacken und den Einkaufsbon außen sichtbar an das Paket heften. Denn der Mehrwertsteuerbetrag wurde abgezogen und diese Pakete später, im Hafen, vom Zoll kontrolliert. Entscheidend war, dass die Ware noch verpackt und somit offiziell zur Ausfuhr bestimmt war. Nach einem längeren Aufenthalt im Norden war dann das Auspacken nach der Rückkehr jedes Mal wie Weihnachten: »Ach schau mal! Wo haben wir denn *das* gekauft?«

Umgekehrt deckt man sich eben zu Hause mit allen notwendigen, transportablen und dauerhaften Lebensmitteln und Bedarfsgütern ein und schont so die Reisekasse. Da man nach Schweden bis heute in aller Regel als Urlauber nicht fliegt, sondern fährt, entfällt die Gewichtsbeschränkung des Gepäcks. Oder, genauer gesagt, sie steht im Kraftfahrzeugschein. Auf der Hinreise nach Schweden sind die Fahrzeuge meiner Landsleute nicht selten bis über die zulässige Höchstzuladungsgrenze vollgestopft mit Über-Lebensmitteln. Innerhalb Deutschlands fällt man so auch ohne Elchschildchenaufkleber als Nordlandfahrer auf: In den Wartespuren der Fährhäfen von Sassnitz oder Rostock habe ich nicht selten hinter überladenen Kombis mit Dachkoffer und aufgeschnallten Fahrrädern gestanden, deren Heckscheiben unter anderem von 20, 30 Rollen Toilettenpapier verdeckt waren. Man spart eben wo man kann.

Inzwischen ist Schweden sowohl der EU als auch dem Schengener Abkommen beigetreten, und zumindest wir innereuropäischen Skandinavienfahrer haben dadurch eine Attraktion verloren, die vor wenigen Jahren noch für nie versiegenden Gesprächsstoff gesorgt hatte: *Tullen*, den schwedischen Zoll. Als wir auf unserer Winterfahrt mit dem vollgeladenen Kombi in Trelleborg eintrafen und ohne Ausweiskontrolle ungewohnt zügig zur Fernstraße nach Kalmar durchgewinkt wurden, lag unser letztes Erlebnis mit dem schwedischen Zoll erst wenige Monate zurück. Bei der Ausfahrt aus dem Hafen musste man zwei Kontrollpunkte passieren: *Tull* und *Riksgräns*, Zoll und Reichsgrenze. Bis zum EU-Beitritt 1995 unterschieden die königlich schwedischen Behörden zwischen *inrikes* und *utrikes*, was für uns intuitiv verständlich, aber schwer übersetzbar ist: *Inrikes* waren natürlich die Schweden, und *utrikes* die Ausländer. Doch das trifft es eben nicht ganz: Bis 1995 geruhte die Regierung Ihrer schwedischen Majestät, mit diesen Bezeichnungen ausdrücklich zwischen den Untertanen des Königreiches und den Untertanen fremder Reiche zu unterscheiden. Heute hängen über den zwei Hafenausfahrten Schilder mit den Aufschriften »EU« in grün und »Non EU« in rot. Das Königreich hat sich ein wenig zurückgenommen. Aber auf »Non EU« wartet noch immer *Tullen*, der schwedische Zoll.

Während die Reichsgrenze nur noch gelegentlich ein einsamer Polizist bewacht, der eher die Fahrzeugkennzeichen als die

Reisenden mustert, sitzt im Zollhäuschen an der heutigen »Non-EU«-Spur seltsamerweise immer eine hübsche junge Schwedin in einem 20-Taschen-Overall und *Tull*-Käppi, die mit zuckersüßer Stimme fragt:

»*Hej, har ni något att deklarera?*« (Haben Sie etwas zu verzollen?). Im Hintergrund stehen zwei Zollbeamte, von denen man sich weniger gern befragen lassen würde.

»Ich? Öh, nein«, lautet die Standardantwort, und vor 1995 pflegte ich dabei in Gedanken kurz durchzuzählen, ob die zuletzt noch preiswert auf der Fähre gekauften Bierdosen ins zulässige Einfuhrlimit passten.

»Wirklich nichts?«, flötet dann das Blondschöpfchen.

»Nicht dass ich wüsste, nein«, antwortet man und fühlt sich schon schlecht. Ich war immer am Limit gewesen, mindestens, doch das scheint die nette Schwedin von mir nicht denken zu wollen.

»Gar nichts?« Eifriges Kopfschütteln auf der Seite des Einreisenden ...

»Nein, nichts.« Das ist reine psychologische Kriegführung: Wenn mich ein gestrenger Zollbeamter barsch verhört hätte, hätte ich mich gleich als Opfer und damit moralisch im Recht gefühlt. Die so nett fragende junge Schwedin vermittelt einem jedoch ein starkes Schuldgefühl. Wer mehr als einmal in Schweden war, weiß, dass die Freundlichkeit nicht gespielt ist: So geht man hier eben miteinander um. Mit dem gleichen freundlichen Interesse, mit dem unsere schwedischen Nachbarn sehen wollten, wie wir eingerichtet sind, möchte die junge Zöllnerin wissen, was ich im Auto habe.

»Na schön, dann fahren Sie mal zu der Halle da.« Und dort nehmen die wartenden Zollfahnder dann den Wagen auseinander.

So machen die Schweden das immer! Sie sind entwaffnend nett und freundlich, aber in der Sache steinhart. Im Gegensatz zu uns scheinen die Schweden allerdings zwischen einer Sünde, also einem Vergehen, und dem Sünder, dem Übeltäter, zu unterscheiden. Die Sünde muss hart bekämpft, der Sünder hingegen bekehrt werden. Da kommen ein paar nationale Besonderheiten der Schweden zusammen: Die schwedische Gesellschaft glaubt tief an das Gute im Schweden (*vi svenskar*). Bei Ausländern weiß man das zwar nicht so genau, ist aber immer zu einem Vertrauensvorschuss bereit: »Haben Sie wirklich gar nichts zu verzollen?«. Das schwedische *hej* hilft dabei, nett, korrekt und zugleich völlig unverbindlich zu sein. Denn weil der Mensch ja nun mal schwach ist, muss er kontrolliert werden. Das ist eine gesellschaftliche Aufgabe: Wir müssen uns kontrollieren, um wirklich gut zu sein.

In Deutschland sehen wir das dagegen – etwas überspitzt gesagt – genau umgekehrt: Unsere Behörden sind es lange gewöhnt, das Staatsvolk mit einer gehörigen Portion Misstrauen zu betrachten. Zoll und Finanzamt glauben nicht unbesehen an das Gute im Deutschen. Das spürt man. Wir haben nicht dieses *vi-svenskar*-Gefühl, und wir misstrauen unseren Behörden genauso wie diese uns: Wir kennen uns doch schließlich. Und das macht uns von vornherein verdächtig. Unsere Vergehen sind hingegen diskutabel. Dass etwas nicht rechtens ist, wird erst als ungesetzlich angesehen, wenn der Rechtsweg ausgeschöpft ist. Die schwedische Rechtsordnung gibt das ebenfalls her, aber kleine Sünden büßt man hier härter: Die Einfuhr von Spirituosen mit mehr als 45 Prozent Alkohol galt lange als Straftat, und für Parken ohne Parkschein in Kalmar hat mir die Kommune schon mal einen Bußgeldbescheid über 500 Kronen nach Berlin hinterhergeschickt. Das entsprach ungefähr

56 Euro und hat mich tatsächlich zu einem besseren Menschen gemacht: Ich suche jetzt viel geduldiger nach Parkscheinautomaten.

Die Weiterfahrt verlief dagegen unproblematisch. Im Haus angekommen zeigte sich aber sofort der Wert der ganzen mitgeführten Fracht: Das Haus war dunkel, kalt und feucht, die Speisekammer über Winter natürlich leer. Im Keller stand das Wasser wieder zentimeterhoch, die Pumpe war ausgefallen. Also auf nach Borgholm, Ersatz beschaffen. Das ging auf Rechnung, aber wer in Schweden etwas »auf Rechnung« kauft, muss aufpassen. Es gibt ein Zahlungsziel, das kennen wir ja, aber wer das nicht einhält, findet sich unter Umständen rasch am Pranger wieder! Eine Firma, die ihre Rechnungen wiederholt nicht bezahlt bekommt, kann den säumigen Schuldner in amtlichen Mitteilungen verpetzen lassen, womit dessen Bonität ganz schnell dahin ist.

Und wenn er trotzdem weiterhin nicht zahlt, bekommt er es mit *kronofogdemyndigheten* zu tun. Ein schwieriges Wort, nicht wahr? Es gemahnt uns an den Kronvogt, den mittelalterlichen Zwangsvollstrecker! Da kommt also nicht etwa der Staat – was wir gewöhnt sind –, sondern Seine Majestät der König von Schweden, vertreten durch Seiner Majestät Schuldeneintreiber (*myndigheten* hat die gleiche Wurzel wie unser »mündig«, eigenverantwortlich, es handelt sich also um eine öffentliche, amtliche Verwaltung). Monarchie findet eben nicht nur in der Frauenzeitschrift *Dam* statt, sondern vor allem, wenn es ums Geld geht. Plötzlich realisiert man, dass man ja alles in *kronor*, in Kronen, bezahlt – und dass da einer die Krone auf hat. Alles Geld geht vom König aus, das ist in Dänemark und Norwegen nicht anders. Das Verhältnis ist noch ein wenig direkter als zum Beispiel in Großbritannien: Dort waltet ein Schatzkanzler statt eines Finanzministers und ein Premierminister statt eines

Kanzlers, doch in Schweden wird bis heute alles mit der royalen Krone bezahlt statt mit einem Pfund Sterlingsilber. Das Königreich Großbritannien führt sein Commonwealth als Grund an, noch nicht der Eurozone beizutreten, Schweden scheint dagegen eher zu befürchten, dass sich das Verhältnis der Untertanen zur Krone und damit zur staatlichen Autorität ändert, wenn die Krone erst einmal als Währung abgeschafft würde. Daher sind trotz Schengener Abkommen die Wechselstuben noch nicht abgeschafft: Man zahlt in Schweden nach wie vor in Kronen, und Schwedenreisende rätseln jedes Mal, wann und wo man am besten tauscht. Kleiner Tipp: Der direkteste Weg ist der beste! Also in Schweden mit der EC-Karte am *bankomat* (Geldautomat) Kronen vom eigenen Konto abheben – das geht inzwischen fast überall und vermeidet zumindest die sonst übliche Service-*avgift* (Gebühr) in Höhe von 30 bis 40 Kronen.

Jedenfalls bekam ich in Borgholm eine Ersatzpumpe. Es wurde auch höchste Zeit, die Temperatur war unter null Grad gesunken, und es hatte zu schneien begonnen. Schnell noch zur Bank und in den Supermarkt! Ich kann noch so viel aus Deutschland nach Schweden schleppen: Wenn ich da bin, muss ich erst einmal in irgendeinen Laden, um *kanelkringlar* (Zimtkringel), *bregott* (gesalzene Margarine) und *skagenost* (Schmelzkäse mit pürierten Krabben) zu kaufen, Produkte, die es in Deutschland gar nicht, in Schweden aber überall gibt. Das Preisniveau liegt in Schweden bei allen Produkten, die wir auch kennen, noch immer um 10 bis 30 Prozent über den deutschen Preisen, obwohl der Mehrwertsteuerunterschied zwischen Deutschland und Schweden inzwischen nur noch 6 Prozent ausmacht. In Schweden sind die Durchschnittsverdienste höher und die Arbeitslosigkeit (2006 betrug sie 5,3 Prozent, 2007 5,4 Prozent) ist geringer als in Deutschland. Da Schweden ein Exportland ist, prasseln inzwischen allerdings Hiobsbotschaften auf das Land ein: Die PKW-Fertigung steht vor dem Aus, Volvo und Saab gerieten ins Taumeln, Konzerne wie Elektrolux, Ericsson und Atlas Copco kündigten Stellenabbau an.

Das teuerste Konsumgut ist nach wie vor das private Auto – ein eigenes Auto ist für Familien im ländlichen Schweden noch wichtiger als in Deutschland –, und an dem lässt sich erkennen, wie es den Haltern wirtschaftlich geht: Volvo und Saab, die beiden schwedischen Marken, führen zwar noch immer die Wunschliste der Schweden an, doch die Anzahl älterer Modelle und preiswerter ausländischer Fabrikate nimmt zu. Als Arbeitgeber und Wirtschaftsfaktor hat die schwedische Autoindustrie nicht die gleiche Bedeutung wie in Deutschland, doch man spürt bereits die Auswirkungen der Globalisierung: Saab – in Deutschland lange Zeit das Auto gut verdienender Intellektueller – gehörte schon seit Jahren zum US-Konzern General Motors, wäre um ein Haar sang- und klanglos geschlossen worden. Überraschenderweise tun sich Automarken, die bei uns ein betont sportlich-junges Ansehen genießen, in Schweden schwer: Statt an einem modernen 3er-BMW schrauben schwedische Jugendliche eher an alten Volvos oder amerikanischen Modellen.

Ich habe mich mal kurz ich unserem Dorf umgesehen (wenn ich schon neugierig gemustert werde, darf ich ja auch mal genauer hinschauen): Von 13 Autos in der unmittelbaren Nachbarschaft waren drei Volvos, einer älter als 10 Jahre, zwei Saabs, einer ebenfalls älter als 10 Jahre, ein Ford, zwei VWs, ein Chevrolet und ein Mitsubishi-Pick-up, ein alter Lada und zwei Toyotas. Schwedische Automarken müssen selbst in Schweden um ihre Marktanteile kämpfen.

Die Ersatzpumpe habe ich mir übrigens geliehen, nicht gekauft. Obwohl es das gleiche deutsche Fabrikat wie die ausgefallene Pumpe war, hätte mich ein Kauf fast 30 Prozent teurer als in Deutschland zu stehen gekommen.

Ursache des Wassereinbruchs war, so zeigte sich, ein im Kellerfundament frei gelegter Kalksteinblock, Urgestein der Insel. Öland ist ein einstiges Kalksteinriff aus dem Erdaltertum, über 200 Millionen Jahre alt und eigentlich knochentrocken. Grundwasser fand man erst mit Tiefenbohrungen in den sechziger Jahren. Grauer oder rötlicher polierter *Ölandsten*, Kalkstein mit zahllosen Versteinerungen, war jahrhundertelang ein in ganz Europa gefragter Exportartikel. Doch die Insel ist wie ein Schwamm: Wenn es beständig regnet, saugt sie sich voll. Und drückt schließlich das Wasser durch diesen Felsen in den Keller.

Wie befürchtet, schneiten wir im ersten Wintersturm metertief ein, und ich begriff den Zweck der vielen orangerot lackierten Stangen, die von *vägverket*, dem schwedischen Straßenbauamt, im Herbst wie Lanzen von der Pritsche eines langsam fahrenden LKW links und rechts neben den Straßen eingestochen worden waren. Auf der tafelflachen Insel waren die nach dem Wintereinbruch noch aus dem Schnee herausragenden Enden dieser Stangen die letzten sichtbaren Hinweise auf die Existenz von Straßen. 50 Zentimeter Neuschnee in einer Nacht habe ich in Norddeutschland bisher nur einmal erlebt, 1978/79 – ich weiß, in den Bergen kommt das öfter vor! –, aber einen Meter Schnee in einer einzigen Nacht auf einer flachen Ostseeinsel?

Schnee und Frost hatten allerdings einen positiven Effekt: Das im öländischen Kalkriff gestaute Wasser versickerte langsam, weil der Nachschub nun als Schnee erst einmal an der Oberfläche blieb. Und noch in der Nacht des Wintereinbruchs weckte mich ein Dröhnen und Kettenrasseln: Ein schwedischer Kampfpanzer mit Räumschild pflügte durch die Schneemassen! Krieg gegen den Schnee. Wer räumt, ist egal: Hauptsache, die Hauptstraßen sind frei! Am späten Morgen dann, als ich mein Auto ausgrub, wurde mir klar, warum es in Schweden Autos mit auffälligen Steckdosen im Kühlergrill gibt: elektrische Motorheizungen!

Doch was den schwedischen Winter so hart macht, ist vor allem die Dunkelheit. Selbst im Süden des Landes bricht die Abenddämmerung bereits um drei Uhr nachmittags herein, und am Morgen darauf hellt es erst wieder um neun Uhr auf. Gegen die Winterdepression – die man je nachdem, ob man mehr auf Folklore oder mehr auf gewichtig klingender Wissenschaft steht, *Winterblues* oder *Seasonal Affective Disorder* nennt –, die wohl auch so eine Art Exportschlager geworden ist, hilft nur, in den Süden, dem Licht entgegen, zu jetten, oder entschlossen noch weiter in den Norden zu ziehen, nach Jämtland zum Beispiel, der einst zweitgrößten Provinz Schwedens, wo man sich dann von Huskys durch die Weiten ziehen lassen, mit dem Scooter einen Hügel hochjagen oder mit Steigeisen die Eisfälle hinaufklettern kann. Aber nur, wenn einen die Dunkelheit mehr quält als die Einsamkeit! Auf unserem südschwedischen Öland stellen wir lieber noch ein paar mehr Leuchten in die verschneite Einfahrt, damit uns die Nachbarn finden!

Für den Wasserschaden kam glücklicherweise die *fastighetsförsäkring*, die Gebäudeversicherung, auf. Das bedurfte einiger Telefonate. Das bei uns so entnervende System: »Wenn Sie Fragen zur Technik haben, wählen Sie die Eins, bei Fragen zum Vertrag die Zwei ...« und so weiter, bleibt einem in Schweden zumeist erspart. Unter den Kundenkontaktnummern meldeten sich reale Schweden, die sich auch meines Problems annahmen, aber eben nur telefonisch. Dieser Kontakt ist zwar wichtig für die Kundenbindung, aber erst einmal nur ein Kontakt und noch kein Service. Die Gebäudeversicherung war persönlich erreichbar – ohne automatische Leitsysteme –, hat aber später aus der Distanz und nach Belegen (Pumpenrechnung, Handwerkereinsatz) reguliert – letztlich nicht viel anders als bei uns.

Schon viel früher als bei uns wurden in Schweden »Selbermachen« und Callcenter eingeführt. Statt Hilfe und Dienstleistung gibt es überall und für jedes Produkt »Kundenkontaktnummern«. Wer dennoch handwerkliche Hilfe braucht, muss warten und zahlt dann dafür auch noch Unsummen. Deshalb habe ich mich bei jenem Wassereinbruch um alles selbst kümmern müssen. Kritisch gesagt: Kontakt bekommt man in Schweden immer – Hilfe aber (außer Nothilfe) und Service nur auf der persönlichen Ebene. (»Man braucht einander in diesen kleinen Dörfern.«)

Überhaupt habe ich so etwas wie »Werkskundendienst« in Schweden nicht erlebt. Statt Reparatur wird – fast ausnahmslos – ersetzt, man wird nirgendwo bedient oder beraten, Handwerker haben lange Wartelisten und teure Anfahrtswege, Selbstbedienung und Selbstmontage ist der Regelfall. Schäden behebt man in Schweden möglichst selbst und findet dazu umfassende Anleitung im Internet. So wird man selbst zur Allroundkraft, geübt darin, nach telefonischer oder Internetanleitung seine Probleme auch allein zu lösen. Das ist das IKEA-Prinzip.

Uns fehlt aber dieser nordische Schmelz, diese freundliche Bereitschaft, alle Menschen erst einmal irgendwie nett zu finden. Im Gegensatz zu den Schweden, die gern erst einmal Lasse, Linda oder Lotta sind, sind wir gern »dienstlich«. Immerhin haben die Schweden im Unterschied zu uns bereits vor zehn

Jahren begriffen, dass Kundenkontakt direkte Firmenwerbung ist: Wer ein-, zweimal keinen problemlösenden Kontakt gefunden hat, beginnt, nach Alternativen zu suchen. Und ein einmal verlorener Kunde lässt sich fast nie wieder zurückgewinnen. Überraschenderweise gilt das in Schweden sogar für *skattemyndigheten*, das Finanzamt! Deutsche Finanzminister versuchen seit längerem, ihre Behörden »volksnäher« zu präsentieren (auch wenn ein Finanzamt schon aus Prinzip keine »Kunden« verliert!). Doch damit tun wir uns schwer. Es tut uns leid, aber wir sind nun mal im Dienst. Das hebt. Da kann die Regierung lange mit uns trainieren, den Steuerbürger auch mal als Mensch zu sehen oder den Arbeitslosen als Kunden: »Dienstlicherseits« wollen wir das eigentlich nicht. Das Kuriose daran ist, dass wir im Dienst manchmal majestätischer wirken als die königlich schwedischen Kronvögte: Ich habe mal erlebt, wie ein Berliner Verwaltungsrat, der von einem zuständigen, demokratisch gewählten Ausschuss wegen einer Fehlentscheidung gerügt wurde, diesem Gremium entrüstet jedoch selbst das Recht absprach, die geäußerte Kritik auch nur zu protokollieren. In Schweden hätten dagegen alle Beteiligten die offene Konfrontation zu vermeiden gesucht:

»*Titta* (ja, sieh mal), Bengt, *nästan alla* (fast alle) halten das für falsch.«

»*Det vörstår jag* (das verstehe ich), Lina, *men som förvaltningschefen* (aber als der Verwaltungschef) musste ich ja eine Entscheidung treffen.«

»*Javisst* (sicher), *men de mästa känna sej dåligt med det* (aber die meisten fühlen sich nicht wohl dabei).

»*Vad är nu egentligen ert synpunkter* (was sind denn jetzt eigentlich eure Kritikpunkte/Ansichten)?«

»*Oj, där finns många* (oh, da gibt es viele)!«. Und so weiter und so fort.

Man merkt schon, das läuft anders als bei uns. In Schweden streitet man etwas nicht ab, sondern gibt den eigenen Standpunkt zu bedenken. Deshalb gibt es auch keine öffentliche Streitkultur – ich wüsste gar nicht, wie ich einem Schweden gegenüber vorsätzlich Streit vom Zaun brechen sollte! Erst recht nicht gegenüber den netten Leuten vom Zoll oder Finanzamt.

Epilog: Abschied
Heimreise — Jazz — Das schwedische Modell in der Finanzkrise —
Der Sozialstaat — Was ich vermisse

Ich bin spät dran. Es ist gegen zehn Uhr abends, Spätsommer,
Fernstraße E 22 Richtung Malmö und Trelleborg. Rückfahrt
nach Deutschland, die gebuchte Fähre legt um halb zwölf Uhr
nachts ab. Ich fahre schon seit einer Weile, vom Linderödåsen
herabkommend, in die schonische Tiefebene hinein. Meine
Frau und die Jungs schlafen, im Autoradio höre ich Viktoria
Tolstoys *Den första gång*. Den Song der russischstämmigen Sängerin kenne ich schon, lausche aber nun, während ich Burlöv,
einen Vorort von Malmö, passiere, zum ersten Mal bewusst
dem Text. Hinter dem nahen Malmö ist der Himmel im Südwesten noch blutrot, das weite Land ist jedoch schon dunkel
und ganz bei sich. »Das erste Mal« heißt der Titel übersetzt.
Dass der Song aus ihrem Album *My swedish Heart* stammt,
wusste ich bisher nicht. Es ist schon länger still im Wagen, ich
fahre, rolle, schon seit Stunden mit beständigen 90 Stundenkilometern der Küste entgegen.

Manche Eindrücke setzen sich unwillkürlich fest und bleiben.
Auch diese nächtliche Heimfahrt mit den leisen Tönen aus
My swedish Heart im Ohr. Melodiöser Jazz aus Schweden hat
in den letzten Jahren Europa erobert. Als der Pianist Esbjorn
Svensson im Sommer 2008 beim Tauchen mit seinem Sohn in
den Schären ertrank, trauerte die halbe Welt mit, denn sein
Trio e.s.t. war die wohl weltweit erfolgreichste Jazzcombo des
letzten Jahrzehnts. Schwedischer Jazz passt irgendwie zu die-

sen weiten, offenen Landschaften: cool, freundlich, unaufdringlich, hoch professionell.

Während ich die fast leere Fernstraße entlangfahre, frage ich mich, was ich denn in Schweden sehe. Ich fühle mich wohl hier, ich habe hier Nachbarn und Freunde; und jedes Mal, wenn ich nach Schweden komme, lasse ich mich in »meine« dörfliche Gemeinschaft fallen und fühle mich ganz zu Hause. Doch ich bin *tysken*, der Deutsche, derjenige, der wieder wegfährt. Gleich werde ich also wieder auf der Fähre sein, inzwischen bestimmt zum hundersten Mal. Verstehe ich sie denn richtig, »meine« Schweden? Eigentlich waren sie es, die mit meinen Vorstellungen und Vorurteilen aufgeräumt haben: Es gab viele Situationen, in denen schwedische Nachbarn und Freunde an meinem einstigen Bullerbü-Schwedenbild kratzten – und darunter ein bunteres Bild zum Vorschein brachten. Immer mit einem heimlichen Amüsement: Was sich *tysken*, der Deutsche, so vorstellt!

Gerade in Skåne, der kleinen, recht dicht besiedelten ehemaligen Provinz Schonen fällt es auf: Schweden ist der Einwohnerzahl nach zwar keine große, aber eine moderne, effiziente Industrienation. Schweden ist wie Deutschland einer der sogenannten Nettozahler der Europäischen Union, einer derjenigen Mitgliedsstaaten, die mehr in die EU einzahlen, als sie als Förderungsleistung von der EU wieder zurückerhalten. Dadurch entlastet es auch den größten Nettozahler der Union, Deutschland. Schweden ereilte schon Anfang der neunziger Jahre eine Finanzkrise: Der Kreditmarkt war liberalisiert worden, und die Banken hatten großzügig Kredite für Immobilien vergeben, zumal die Inflation den Hauskauf interessant machte. Dann platzte die Blase. 1992 verloren die Immobilien rund 50 Prozent ihres Wertes. Auf einmal standen auch auf »meiner« Insel haufenweise Häuser zum Verkauf, ohne jedoch Käufer zu finden.

Das Verfahren der Schweden, den Einbruch der Finanzwirtschaft durch einen massiven staatlichen Stützungs- und Sicherungseingriff zu bewältigen, steht heute weltweit Pate für den verantwortungsvollen Umgang mit solch einer Krise. Der schwedische Staat verlangte aber für jede Krone, die er für das Überleben der Banken zur Verfügung stellte, einen Gegenwert in Aktienkapital. Damals wurde es als staatssozialistischer Eingriff belächelt: »Ja, ja, die Schweden und ihr geliebtes *folkhemmet*!« Inzwischen ist das alles andere als komisch: Heute schmieden auch die großen Wirtschaftsnationen eiligst Bankenrettungspläne. Dass die Schweden ihr wirtschaftliches Problem damals ohne nationale Grundsatzdebatten rasch und wirksam lösen konnten, habe ich auch nicht als sentimentale *folkhemmet*-Sehnsucht erlebt, sondern als Auswirkungen der sozial hoch eingeschätzten *ansvarlighet*, der Verantwortung, und des stark verbindenden *Vi-svenskar!*-Gefühls.

Noch immer bestimmen vor allem Stockholm, Göteborg und Malmö das wirtschaftliche Geschick des Königreiches, und die Bedeutung der Landwirtschaft nimmt immer weiter ab. Sie ist in Europa nicht konkurrenzfähig. In Mittel- und Südeuropa werden pro Flächeneinheit mehr und günstigere Produkte erzeugt als im kargen Norden. Doch statt auf Bio-Produkte zu setzen und so dem sich ausbreitenden »Hofsterben« entgegenzuwirken, setzt die schwedische Landwirtschaft weiterhin auf die Vorliebe für das einheimische Produkt: *Från svenska gardar* lautet hier das beliebteste Label: »Von schwedischen Höfen«. Da der Anbau von Korn und Kartoffeln jedoch nicht lohnt, weil diese Produkte aufgrund hoher Erzeugungskosten auf dem gemeinsamen Markt nicht konkurrenzfähig wären, lässt man die Felder schon mal brach liegen – zeitweilig versehen mit großen Werbetafeln: »So könnte auch dein Feld aussehen«. Nicht als Warnung, sondern als Aufforderung, die nicht mehr verkäufliche Überproduktion zu drosseln. Diese Schilder gibt es inzwischen jedoch nicht mehr: Schweden setzt nun statt auf Bio-Produkte auf schiere Biomasse, also auf Zellulose zur Treibstoffgewinnung und als Alternative zum teuren Öl-import.

Aber jetzt, in der anbrechenden Nacht, ist Schweden bei sich zuhause. Tagsüber verlässt man Bullerbü und kümmert sich freundlich, aber professionell um das Geschäft, doch nach Feierabend und ganz besonders im Urlaub setzt man die blau-gelbe Flagge und huldigt gemeinsam und überraschend uniform dem schwedischen Lebensstil. Er wandelt sich, ja, aber nur langsam.

Noch ist sie präsent, noch kann man sie im Alltag spüren, doch nach EU-Beitritt, Sundbrücke und Globalisierung beginnt die einst heile, geschlossene *vi-svenskar!*-Welt sich aufzulösen. Das ist für die Schweden ein größeres Problem als für uns. Die Firmen wissen es bereits und richten sich darauf ein: Schwe-disch zu sein ist entweder eine verkaufsfördernde Marke – oder ein Wettbewerbshindernis. Unter diesem Druck rückt man zu-sammen.

Wie stimmig, wie typisch sind aber nun meine Einblicke? Wo bin ich ungerecht und was kann ich nicht sehen? Auch Zu-neigung kann ja den Blick verstellen. Doch diese Zweifel sind bereits Entzugserscheinungen, noch bevor ich Schweden ver-lassen habe. Ich fahre nach Hause und lasse mein schwedisches Zuhause hinter mir. Bis zum nächsten Mal: In den letzten Wo-chen bin ich gleich zweimal in Schweden gewesen, zuerst, um Urlaub zu machen, und kurz darauf noch einmal wegen einer Familienfeier in unserem Dorf. Die *kanelbullar* im Kofferraum sind nur Ersatzdrogen, der wahre Entzug beginnt nach zwei, drei Tagen, wenn sie aufgegessen sind. Was vermisse ich eigentlich? Wenn ich in Deutschland bin, vermisse ich gelegentlich die schwedische Neigung, erst einmal Lasse und Lina zu sein, bevor man Zollinspektor oder Abteilungsleiter ist. Ich vermisse manchmal den entspannten Umgang zwischen Behörden und Bürgern oder die schwedische Aufmerksamkeit, die größtmögliche Fürsorge für alle.

Ich denke dabei an ein Erlebnis bei einem der ersten Besuche in Schweden. Nicht nur, dass eine Nachbarin uns wegen einer akuten Erkrankung meiner Frau umgehend in das 50 Kilometer entfernte *Kalmar Sjukhus*, in das städtische Krankenhaus brachte und eine *patientkort*, die sofortige Registrierung im nationalen Gesundheitssystem organisierte, sondern auch noch eine krankenhausinterne Suche nach einem deutschsprachigen Arzt veranlasste – da sie zu Recht annahm, dass die verständliche Beschreibung der Beschwerden nun wichtiger als ein schwedischer Facharzt für innere Medizin war. Kurz darauf erschien ein aus Österreich stammender Anästhesist und zog erst nach einem eingehenden Gespräch mit meiner Frau eine schwedische Fachärztin hinzu. Es waren dann ebenfalls der österreichische Arzt und unsere Nachbarin gewesen, die von sich aus auch die Regulierung der Behandlungskosten über das damalige deutsch-schwedische Versicherungsabkommen organisierten.

Es war zuallererst eine ganz persönliche Hilfsbereitschaft gewesen. Aber das in meinen Augen typisch Schwedische daran ist noch immer das spontane Bemühen aller Beteiligten, uns nicht nur zu helfen, sondern zu integrieren. Soweit es irgend geht, vermeiden die Schweden Unterschiede in der sozialen Sicherung – seien es materielle oder regionale. Die Idee eines reichsweiten *folkhemmet* bedeutet ja nichts anderes als die hierzulande noch heftig diskutierte Grundversorgung. Die erfolgt in Schweden bereits auf einem einheitlichen, erstaunlich hohen Niveau. Das kennen und schätzen wir als das »schwedische Modell«.

In den siebziger Jahren war es mal ein Vorbild für uns gewesen, doch später galt es für eine so große Bevölkerung wie die unsrige als nicht finanzierbar. Mein Heimatland scheint mir – bezogen auf die sozialen Sicherungssysteme – seither kühler zu sein, knapper und distanzierter, aber auch langmütiger und in gewisser Weise sogar liberaler als Schweden. Das mag manchen überraschen, aber wir akzeptieren eine viel größere individuelle Verschiedenheit der persönlichen sozialen Sicherung, weil wir sie als Privatangelegenheit betrachten. Deutschland erwartet deutlich mehr Eigenverantwortung als Schweden von seinen Bürgern. Da macht sich unser Bundesstaat bemerkbar: Der Bund, die Gemeinschaft der 16 Länder, legt nur Rahmenbedingungen fest. In einer ständigen Auseinandersetzung mit den Bundesländern und den Kommunen, ganz im Gegensatz zum zentral und sehr einheitlich regierten Königreich Schweden. Wenn man jedoch miterlebt hat, wie bei uns im Herbst 2008 in einem nur fünf Tage dauernden Gesetzgebungsverfahren fast 500 Milliarden Euro öffentlicher Gelder zur Absicherung von Banken mobilisiert wurden, die sich gierig verspekuliert hatten, beschleichen einen Zweifel: Wie viel Eigenverantwortung tragen unsere Banken? Jeder einzelne Bundesbürger, ob jung oder alt, stützt nun mit ca. 6 250 Euro (zusätzlich zu den bereits bestehenden Staatsschulden) diese selbstverschuldet notleidenden Banken. Wohin fließt das ganze Geld? Wie viel *folkhemmet* wäre mit nur einem Zehntel der Summe bezahlbar gewesen, wie viel zusätzliche private Nachfrage auf dem Markt? Was soll eigentlich falsch am »schwedischen Modell« sein? Je tiefer sich die Finanzkrise in unser Leben gräbt, umso attraktiver wird dieser Gegenentwurf zum Neoliberalismus.

Der Himmel ist dunkel geworden. Ich habe Malmö umfahren und biege in die »Zielgerade« ein, die letzten 30 Kilometer nach Trelleborg. Rechterhand blinken fern die roten Warnlichter an den über 200 Meter hohen Pylonen der neuen Öresundbrücke. Ich passiere die letzten Ortsschilder, die letzte Abzweigung, Falsterbo, Skegrie und Skanör. Kurz vor Trelleborg biegt die bisher in südlicher Richtung verlaufende Fernstraße scharf nach Osten ab, die Südküste ist erreicht. Es riecht nach faulendem Tang und Schiffsdiesel. Die Fernstraße ist jetzt beleuchtet, die nachtschwarze Ostsee nur 100 Meter entfernt. Trelleborg liegt zwar nördlich von Flensburg, Deutschlands nördlichster Stadt, doch für die Schweden ist Trelleborg quasi Riviera: Um das zu unterstreichen, werden jeden Hochsommer große Kübel mit Palmen entlang der Hauptstraße aufgestellt. Diese Palmen sind sicherlich das Letzte, was man in Schwedens bedeutendstem Fährhafen erwartet, doch sie stehen ja auch nicht meinetwegen da: Die ausreisenden oder heimkehrenden Schweden sind gemeint, für sie ist Trelleborg tatsächlich tiefer Süden. Fast schon Taka-Tuka-Land. So gesehen könnte man die Palmen als Warnhinweis verstehen: Sie verlassen jetzt den schwedischen Sektor!

Was vermisse ich in Schweden? Ich vermisse die respektlose republikanische Streitkultur, die uns selbst gelegentlich lästig ist, diesen von Medien und Öffentlichkeit stets aufmerksam verfolgten Kampf um jede Entscheidung, sei es Berliner Stadtschloss oder Hartz IV. Ich vermisse Gaststätten und Restaurants. Ich vermisse Service und ganz allgemein den Dienstleistungsgedanken. Schweden hat schon vor vielen Jahren seine Behörden »kundenfreundlich« gemacht, während überall im Land der teure Kundendienst auf ein minimales Niveau reduziert wurde. In Schweden wurde der Service, der persönliche

Kundendienst deutlich stärker als in Deutschland reduziert, trotz aller Freundlichkeit im Einzelfall, da es den Unternehmen zu teuer geworden ist, Dienstleistungen zu erbringen.

Wenn man von der Fernstraße in den Fährhafen einbiegt, sich in die Schlange vor dem Kassenhäuschen der TT-Line einreiht und bis dahin vorgerückt ist, fragt hier tatsächlich noch jemand nach meinem Ticket oder meiner Buchungsnummer. In dänischen Fährhäfen schiebt man bereits eine Magnetstreifenkarte in einen Automaten. Das geht aber nicht unbedingt schneller: Wenn der Automat streikt, geht erst einmal nichts mehr! Tücken der Technik. Doch das Verfahren ist zweifellos preisgünstig, auch die Schweden werden diese Automatentickets einführen. Und dann wartet man zwischen Ticketschalter und Mole – schon in einem internationalen Niemandsland – auf die Freigabe, durch das weit offene Bugschott auf die Fähre zu rollen.

Inzwischen habe ich Schweden also faktisch bereits verlassen. Deutschlands größte Kombi-Fähre *Nils Holgersson* liegt schon am Kai, und im gleißenden Licht ihrer Bordscheinwerfer rollen zahllose deutsche und ein paar schwedische Pkws von Bord. Das weiße Schiff entlässt röhrende Lkw in die Nacht und entlädt mithilfe wendiger, dröhnender Hafen-Zugmaschinen schwerbeladene Containerauflieger mit Börje Johansson- und Hangartner-Aufschriften auf den Kai, bevor die im Hafen von Trelleborg wartenden Fahrzeuge in die Fähre gewunken werden. Wer jetzt nicht startbereit im Auto sitzt, behindert alle: Die *Nils Holgersson* hält sich höchstens noch eine halbe Stunde lang im Hafen auf, bevor das Bugschott für die nächste Überfahrt geschlossen wird. Hoffentlich sicher, denke ich, als ich nach dem Verlassen meines Wagens noch kurz von Bord zum geschäftigen Kai herabblicke.

Und dann geht es zurück nach Deutschland. In solchen Transit-Momenten fühle ich mich immer wieder wie ein Tourist, *tysken på hemresan,* der Deutsche auf dem Weg nach Hause. Mit den Jahren ist das irritierend geworden: Ich lasse jedes Mal mehr zurück.

Personenregister

Albrecht von Mecklenburg 75

Bergöö, Karin (siehe Larsson, Karin)
Berghagen, Lars 168, 265 f.
Bernadotte, Jean-Baptiste
   (Karl XIV. Johann) 85, 92–94
Björn (der Alte) 72, 96 f., 99, 102
Botticelli, Sandro 167
Brand, Willy 56
Bueb, Bernhard 105
Burmester, Charlotte 56
Burmester, Peter 56

Carl-Philip Edmund Bertil,
   Prinz von Schweden 92 f.
Carl Eugen von Schweden 268
Cäsar, Julius 227
Christoph von der Pfalz 75
Clary, Désirée 85
Claudius, Matthias 168

Derid, Jannot 269

Erik der Rote 70
Erik VII. (der Siegreiche) 72
Erlander, Tage 56

Fant, Kenne 82 f.
Forsthoff, Ernst 110
Friederich der Große 161

Greta Garbo 55
Gorm (der Alte) 72
Grimm, Jacob 168
Grimm, Wilhelm 168
Gustav I. Eriksson 77 f.

Gustav II. Adolf Wasa 79 f., 84
Gustav VI. Adolf 82, 84, 88

Haakon Magnus, Kronprinz
   von Norwegen 92
Hammarskjöld, Dag 97
Hansson, Per Albin 126
Hansson, Sven Göte 136
Härtling, Peter 248
Heinemann, Gustav 56

Joseffsen, Lars Göran 219

Kamprad, Achim Erdmann 135
Kamprad, Feodor 135
Kamprad, Ingvar 134–137, 158,
   251
Karl VII. Knutsson 75
Karl X. Gustav 84
Karl XII 85
Karl XIII 8 5
Karl XVI. Gustav, König
   von Schweden 82, 86
Kästner, Erich 110
Katharina die Große 55
Keynes, John Maynard 126
Kreuger, Ivar 135

Lagerlöf, Selma 15, 83, 118 f., 206,
   235
Larsson, Carl 130–133, 138, 268
Larsson, Karin (geb. Bergöö) 132
Larsson, Stieg 99, 236 f., 239–243
Lindgren, Astrid 15, 43, 47, 97, 99 f.,
   110, 119, 158, 162, 184, 236,
   242, 250

301

Lindgren, Karin (siehe Nyman, Karin)
Lindgren, Lars 158
Lindgren, Sture 158
Lindh, Anna 100
Linné, Carl von 136, 267
Ludwig XIV. 84
Lundell, Ulf 11,168, 232

Mamstein, Carl 134 f., 138
Mankell, Henning 15, 236–238
Margarete von Dänemark 75
Marklund, Liza 236 f.
Matthias, Lisa 77
Maette-Marit Tjessen Høiby,
    Kronprinzessin von Norwegen
    93
Michelangelo 167
Möller, Gustav 126
Munthe, Axel 88, 235

Napoleon I. 77, 85, 162
Nielsen, Asta 55
Nordqvist, Sven 252
Nyman, Karin (geborene
    Lindgren) 248 f.

Oetinger, Friedrich 248 f.
Olaf III. 72
Olofsson, Maud 223
Otto I. (der Große) 72
Oxenstierna, Axel 84

Palme, Olof 56, 99 f.
Pasch, Gustaf Erik 135
Ptolemäus, Claudius 228

Reinfeldt, Fredrik 223
Rollo der Wikinger 70
Roosevelt, Franklin D. 126

Schätzing, Frank 237
Schubert, Franz 250
Schwarzer, Alice 242
Schurz, Carl 55
Selinko, Annemarie 85
Sommerlath, Silvia Renate (Königin
    von Schweden) 65, 856, 88–95
Sjöwall, Maj 236
Stina-Clara 110
Sträng, Gunnar 124
Svensson, Esbjorn 292
Sybilla von Sachsen-Coburg-Gotha 86
Theorin, Johan 15, 235, 237
Tucholsky, Kurt 77
Tolstoy, Viktoria 292

Ulbricht, Walter 56

Victoria Ingrid Alice Desirée,
    Kronprinzessin von Schweden 65,
    90–95
Viktoria von Baden 88
Wallenstein 77–80
Wallhö, Per 236
Warhol, Andy 156
Wehner (Burmester), Greta 56
Wehner, Herbert 13, 55 f.
Westling, Daniel 65, 92 ff.
Wigforss, Ernst 126
Wilhelm der Eroberer 71
Wilhelm II. 90

Ortsregister

Ahus 156
Agunnaryd 135
Ålandinseln 273
Älmhult 136 f.
Arvidsjaur 273

Bärsebäck 216
Berg 72
Billund 246
Birka 67
Blekinge 71, 79
Böda Sand 191
Bohus 75
Borgholm 33, 88 f., 94, 109, 153,
175, 177, 215, 217, 219, 222, 226,
263, 285
Bredsätra 26
Bürlov 292
Byxelkrok 208, 235

(Schloss) Drottingholm 95
Dalsand 209

Ed (am Stora Le) 214
Ekerö 95
Eketorp 225, 228
Elmtaryd 135
Eskilstuna 77

Falun 27
Färjestaden 27
Fehrmarn 23
Forsmark 216, 218, 220–222
Foxen 209
Fünen 69

Gällivare 273
Glimminge Hus 131
Göteborg 19, 35, 69, 74–76, 124, 127,
160, 181, 220, 238
Gotland 17, 69, 120–122, 224–226,
232, 247, 294
Gråborg 224
Gräsgård 26
Grenna 150

Haithabu 67
Helsinki 31, 181, 191
Helsingör 80
Himmelsberga 232

Isgärde 202
Ismanstorps Borg 224, 227, 232

Jämtland 289
Johannfors 230
Jokkmokk 273
Jönköping 14, 54, 135, 185

Kalmar 13, 23 f., 55, 75, 154, 177,
185 f., 263, 283
Kårehamn 26
Karlskronar 24
Kiruna 268–272, 274
Kivik 229
Köpingsvik 176, 230
Kosta 198
Kosta-Boda 230
Kristianstadt 23 f.
Kristinehamn 273
Kungsälv 75

Laponia 273
Lerkala 27
Lessebo 195, 230
Linderödåsen 292
Linköping 184, 219
Ljugarn 221
Lönneberga 15, 43, 45, 47, 245, 247,
    258 f.
Löts Fornborg 224
Löven 95
Louisiana (Dänemark) 105, 107
Luleå 272
Lund 24, 116, 238

Mälaren 71, 77
Mälarsee 95, 183
Malmö 19, 23 f., 31, 35, 69, 118, 124,
    181 f., 216, 238, 294
Mariefred 72
Mörbylånga 33, 182
Müritz 181, 192

Narvik 272
Näs 244
Norbotten 273

Öland 13, 15, 17, 26–28, 32 f., 41,
    44–55, 59, 74, 86, 88 f., 101, 110,
    134, 138, 147, 153, 169, 171,
    177–179, 184 f., 195, 197, 200,
    202, 204 f., 224, 227–230, 232,
    276, 287, 298
Örebro 184
Orrefors 230
Ösharshamn 215, 221
Östersund (Freiluftmuseum Jamtli
    Historieland) 30, 273
Oslo 17, 30, 70, 75 f., 192,
    194

Rödby Havn 23
Rosenfors 35
Roxensee 219

Sandvik 27
Schonen 15, 35, 71, 85, 130, 136, 198,
    260, 293
Simrishamn 229
Skåne 293
Småland 15, 136, 162, 230, 244, 247
Stockholm 14, 16, 19, 23, 25, 31, 34,
    38, 41 f., 55, 67, 80, 83, 95, 124 f.,
    133, 160 ff., 178, 181, 183 f., 192,
    216, 237, 267, 270–272, 294
Stora Le See 200, 209, 214
Stralsund 177 f.
Sundborn 268

Timmernabben 215
Töndern 17
Trelleborg 23 f., 34, 36, 259, 298
Trollskog 26
Turku 273

Uddevalla 209, 238, 272
Uppsala 183, 267
Utö 22

Vänersee 76, 209
Vättersee 54
Velje 67
Vickelby 134, 153
Vimmerby 27, 244 f.
Visby 55, 120–122, 124, 127, 185,
    244, 247–251, 253 f.

Wismar 16, 80

Ystad 130, 237 f.